青少年万有书系
发现之旅系列

叹为观止的世界文明奇迹

TANWEIGUANZHI DE SHIJIE WENMING QIJI

青少年万有书系编写组 编写

北方联合出版传媒（集团）股份有限公司
辽宁少年儿童出版社
沈阳

图书在版编目（CIP）数据

叹为观止的世界文明奇迹/青少年万有书系编写组编写.—沈阳：辽宁少年儿童出版社，2014.1（2022.8 重印）

（青少年万有书系.发现之旅系列）

ISBN 978-7-5315-6024-1

Ⅰ.①叹… Ⅱ.①青… Ⅲ.①世界史—文化史—青年读物②世界史—文化史—少年读物Ⅳ.①K103-49

中国版本图书馆CIP数据核字(2013)第003565号

出版发行：北方联合出版传媒（集团）股份有限公司
辽宁少年儿童出版社
出 版 人：胡运江
地　　址：沈阳市和平区十一纬路25号
邮　　编：110003
发行部电话：024-23284265　23284261
总编室电话：024-23284269
E-mail:lnsecbs@163.com
http://www.lnse.com
承 印 厂：三河市嵩川印刷有限公司

责任编辑：朱艳菊
责任校对：谭颜葳
封面设计：红十月工作室
版式设计：揽胜视觉
责任印制：吕国刚

幅面尺寸：170 mm × 240 mm
印　　张：12　　字数：330千字
出版时间：2014年1月第1版
印刷时间：2022年8月第4次印刷
标准书号：ISBN 978-7-5315-6024-1
定　　价：45.00元

全案策划　唐码书业（北京）有限公司
WWW.TANGMARK.COM

图片提供　台湾故宫博物院　时代图片库 等
www.merck.com　www.netlibrary.com
digital.library.okstate.edu　www.lib.usf.edu　www.lib.ncsu.edu

ZONGXU 总序

青少年最大的特点是多梦和好奇。多梦，让他们心怀天下，志存高远；好奇，让他们思维敏捷，触觉锐利。而今我们却不无忧虑地看到，低俗文化在消解着青少年纯美的梦想，应试教育正磨钝着青少年敏锐的思维。守护青少年的梦想，就是守护我们的未来。葆有青少年的好奇，就是葆有我们的事业。

正是基于这一认识，我社策划编写了《青少年万有书系》丛书，试图在这方面做一些有益的尝试。在策划编写过程中，我们从青少年的特点出发，力求突出趣味性、知识性、神秘性、前沿性、故事性，以最大限度调动青少年读者的好奇心、探索性和想象力。

考虑到青少年读者的不同兴趣，我们将丛书分为“发现之旅系列”“探索之旅系列”“优秀青少年课外知识速递系列”“历史地理系列”等。

“发现之旅系列”包括《改变世界的发明与发现》《叹为观止的世界文明奇迹》《精彩绝伦的世界自然奇观》和《永无止境的科学探索》。读者可以通过阅读该系列内容探究世界的发明创造与奇迹奇观。比如神奇的纳米技术将如何改变世界？是否真的存在“时空隧道”？地球上那些瑰丽奇特的岩洞和峡谷是如何形成的？在该系列内容里，将会为读者一一解答。

“探索之旅系列”包括《揭秘恐龙世界》《走进动物王国》《打开奥秘之门》。它们将带你走进神奇的动物王国一探究竟。你将亲临恐龙世界，洞悉动物的奇趣习性，打开地球 生命的奥秘之门。

“优秀青少年课外知识速递系列”涵盖自然环境、科学科技、人类社会、文化艺术四个方面的内容。此系列较翔实地列举了关于这四大领域里的种种发现和疑问。通过阅读此系列内容，广大青少年一定会获悉关于自然以及人类历史发展留下的各种谜团的真相。

“历史地理系列”则着重于为青少年朋友描绘气势恢宏的世界历史和地理画卷。其中《世界历史》分金卷和银卷，以重大历史事件为脉络，并附近千幅珍贵图片为广大青少年读者还原历史真颜。《世界国家地理》和《中国国家地理》图文并茂地让读者领略各地风情。该系列内容包含重大人类历史发展进程的介绍和自然人文风貌的丰富呈现，绝对是青少年读者朋友不可错过的知识给养。

现代社会学认为，未来社会需要的是更具想象力、更具创造力的人才。作为编者，我们衷心希望这套精心策划、用心编写的丛书能对青少年起到这样的作用。这套丛书的定位是青少年读者，但这并不是说它们仅属于青少年读者。我们也希望它成为青少年的父母以及其他读者群共同的读物，父女同读，母子共赏，收获知识，收获思想，收获情趣，也收获亲情和温馨。

谁的青春不迷茫？愿《青少年万有书系》能够为青少年在青春成长的路上指点迷津，带去智慧的火花，带来知识的宝藏。

Contents

目录>>

TANWEIGUANZHI DE SHIJIE WENMING QIJI

PART 1

迷雾重重的古文明奇迹 2

PART 2

美轮美奂的皇家宫堡

PART 5

深邃厚重的历史名城 144

Part 1

迷雾重重的古文明奇迹

● 远古时期，世界各地相继出现了许多文明区域，并伴随着文明民族的兴盛而产生了诸多瑰丽的艺术奇迹。即使是在科技发达的今天，这些融入先人智慧的文明结晶依然令世人惊叹不已。但是，如同它们谜一样的崛起和发展一般，许多古文明的衰亡和消失也充满了神秘色彩，留下了一个个更为难解的谜。

英文名：Altamira Cave　　位　置：西班牙阿尔塔米拉洞窟
年　代：公元前3万至前1万年　　特　色：史前绘画艺术杰作

阿尔塔米拉洞窟

1. 洞穴中的彩色公牛

1875年，西班牙考古学家马塞利诺·德桑图奥拉到阿尔塔米拉洞穴附近收集化石，他初步断定，这里就是史前人类活动频繁的地方。四年以后，他再度来到这里进行研究，并且把他四岁的小女儿玛利亚也带在身边。一天，在父亲埋头工作时，玛利亚偶然爬进了一个低矮的洞口。由于洞内一片漆黑，她点燃了蜡烛。很快，洞内的黑暗就被烛光驱散了，当玛利亚抬起头打量这里时，突然发现一只直瞪着的公牛眼睛，她当即吓得大叫起来。马塞利诺·德桑图奥拉立刻赶了过来，就这样，举世闻名的阿尔塔米拉洞窟被发现了。

后来，人们发现，玛利亚所发现的这头野牛被画在主洞的窟顶上，绘画的手法是先勾线后填色。壁画的色彩以赭红与黑为主，并且带有黄色和紫色。专家经过考证，发现壁画的颜料是用矿物质、炭灰、土壤掺和动物的油脂、血制作而成。几万年过去了，壁画的色彩仍然鲜艳夺目。专家推测，当时绘画者所用的“画笔”可能是苔藓类植物或兽毛。许多考古学者认为，这类洞穴壁画可能是某种迷信仪式的组成部分，即通过符咒使野兽易于捕捉。但也可能是用来教导年轻猎手如何来捕杀野兽的，因为一些画上的标枪正刺中兽类的致命处。

2. 史前绘画艺术的高峰

位于西班牙桑坦德市的阿尔塔米拉洞窟是史前人类活动遗址。目前，在阿尔塔米拉洞窟发现的石器工具和洞穴壁画都可以追溯到马德格林文化中期，即旧石器时代晚期。

阿尔塔米拉洞窟壁画：
阿尔塔米拉洞窟是最早发现旧石器时代壁画的地点，它的壁画也是这种壁画艺术的典型代表。主要是用数种颜料绘制的一群动物形象，每个形象长约2米，形态生动，富有生机，充满活力。

 文明拾贝：现今最为完整的早期人类骨架是在什么地方、什么时间发现的？

位于西班牙北部桑坦德市西的阿尔塔米拉洞窟总长270米，150多幅壁画都集中在长18米、宽9米的入口处。这些形象逼真的壁画大概完成于旧石器时代晚期。

壁画中的公牛：阿尔塔米拉洞穴壁画中多是以黑色和赭红色颜料画的公牛，它们形象逼真，富有表现力。经过漫长的岁月，壁画依然鲜艳如新。

阿尔塔米拉洞窟壁画线条十分清晰，大多采用写实和重彩的手法，刻画了原始人所熟悉的动物形象，风格十分粗犷。窟顶画中有两只负伤的野牛，它们的身躯蜷缩成一团，外轮廓被处理为稳定的三角形状。而在细节方面，诸如抽搐的四蹄、甩动的尾部、斜刺如剑的双角、直竖的耳朵，都采用寓动于静的手法，把野牛处于生命的最后时刻，困兽犹斗的特点表现得惟妙惟肖。此外，野牛倒在地上，两腿无法站立起来，却低着头来保护自己，也是极为生动的一个画面，表现了它在生命最后一刻所做的挣扎，体现了动物的尊严与力量。由此，原始艺术家敏锐的观察力以及富有活力的艺术表现手法，都一一得以体现。

洞窟中的画面富有表现力和浮雕感，形态生动逼真，达到了史前艺术的高峰，所以人们称阿尔塔米拉洞窟为“史前西斯廷小教堂”。由于这些壁画绘画艺术非常高超，而且保存完好，专家们甚至曾怀疑这并非出自原始人之手。

【百科链接】

洞窟的保护

多年来，阿尔塔米拉洞窟受到西班牙人的高度爱护。1936年，德国法西斯空军对西班牙北部进行狂轰滥炸，共和国军士兵为保护山洞，宁可在洞外遭敌机袭击，也不进入山洞，因此使山洞免遭浩劫。现在，这里已开辟成阿尔塔米拉洞窟艺术博物馆，西班牙文化部门严格规定：洞窟每天的参观者不得超过15人，每人在洞内只能停留15分钟。除洞窟壁画馆外，这里还有考古陈列馆，展出附近地区出土的文物，包括动植物化石、各种石器、陶器、铁器和青铜器等。

3.壁画数万年不朽之谜

1902年，考古学家阿贝·亨利·布罗伊尔在洞穴中又挖掘出了很多动物骨头。这些骨头上有许多雕刻画，其手法几乎与洞穴顶上的完全一样。1940年，人们在洞内又向下挖了5米多深，找到了洞穴的底层。在这里，人们又发现了更为灿烂多姿的壁画。这些重大的考古发现终于引起了考古学家的重视，经过鉴定，他们确信这的确是史前人类的艺术作品。

随着越来越多的艺术品不断被发现，考古学家和科学家又遇到了一个新的困惑：近代的许多名家名画，由于各种原因都会遭到不同程度的损毁，但是，为什么这些经受漫长岁月侵蚀的古代艺术品能够保存得如此完好呢？

经过长时间、多方面的调查，科学家们才最终得出结论。原来阿尔塔米拉的绘画是画在漆黑的洞穴里的，多个世纪以来这些绘画都被塌落的岩石所封盖。这个洞穴在小女孩玛利亚来到之前，才重见天日不久。洞中的温度和湿度经久不变，通风良好且适度，空气中的水分又足以保持颜料不致干燥和剥落。这多种多样的因素融合在一起，使得这些珍贵的壁画经历漫长的岁月保存至今。

桑坦德：

西班牙北部港口城市，历史悠久，附近有阿尔塔米拉洞窟壁画和胡育山洞的神庙等史前人类艺术遗迹，有“西班牙知识和文化界的夏都”之称。

英文名：Sahara Prehistoric Rock Paintings　位　置：撒哈拉大沙漠
年　代：公元前1万至公元300年　特　色：闻名于世的撒哈拉沙漠远古大型岩画

撒哈拉史前岩画

1.撒哈拉沙漠中的远古文明

1850年，德国探险家巴尔斯到撒哈拉沙漠进行科学考察时，无意中发现，在沙漠的岩壁上刻有鸵鸟、水牛以及各式各样的人物像。1933年，法国的骑兵队来到撒哈拉沙漠，在沙漠中部塔西利台、恩阿哲尔高原上发现了长达数千米的岩画群。这些岩画全部绘制在受水侵蚀而形成的岩壁上，颜色绚丽，具有很高的艺术水平，反映了远古人类的生活情景。此后，欧美考古学家纷纷到沙漠中寻找这些文明奇迹。1956年，亨利·罗特率领法国探险队在撒哈拉沙漠发现了多达1万件的岩画。1957年，当他将总面积约11600平方英尺的岩画复制品及照片带回巴黎时，引起了全世界的关注。

对于撒哈拉大沙漠中这些岩画的绘制年代以及岩画中某些奇怪形象的含义，今天的人们已经难以考证清楚了。考古学家认为，这是人类文明史上的又一个不解之谜。

2.多姿多彩的岩画

撒哈拉大沙漠的岩画群中，描绘的动物形象比较多，千姿百态，各具特色。尤其是那些动物受惊后四蹄腾空、四散奔逃的紧张场面，被技艺高超的远古画家描绘得生动无比，其绘画水平并不逊色于同时代的任何国家的岩画艺术水平。在沙漠岩画中，还有很多人物形象，如强壮的武士，他们手持长矛、圆盾，乘坐着战车在战场上飞驰，真实地再现了古代武士作战的场景，表现了他们凛然不可侵犯的威武神态。在其他的岩画人像中，有些人头戴小帽，身缠腰布；有的似乎正在敲击乐器；有的仿佛正在向神灵供奉祭品，以欢迎“天神”降临；有的正翩翩起舞。

从岩画的画面上看，狩猎、舞蹈、祭祀和宗教信仰是当时人们生活和风俗习惯的重要内容。考古学家推测，远古人类将他们战斗、舞蹈和祭祀的情景描绘在岩壁上，是在表达他们对生活的热爱。此外，他们所用的颜料水分渗入岩壁内，在与岩壁的长久接触中发生了化学变化，两者最终融为一体。因此，近万年来，虽然历经无数风雨，但岩画的色彩依然鲜艳夺目。

撒哈拉大沙漠：

撒哈拉沙漠横亘在非洲北部，无垠的沙地连绵起伏，荒芜而又神秘，是一道天险，阻碍着旅行者深入探险。

撒哈拉沙漠岩画：

撒哈拉沙漠岩画的主体有各种动物、人物、狩猎、采集、车马、战争等，形象栩栩如生，画面富有表现力。这些岩画为研究古代非洲历史提供了素材。

3.文明在沙漠绽放之谜

考古学家发现，约公元前1万至公元前4500年，撒哈拉并不是干燥、荒凉的大沙漠，而是满布清澈湖泊的茂密草原。大约在6000多年前，撒哈拉的气候高温多雨，在这里，各种各样的动植物生存繁衍，物种十分丰富。当时，有许多远古人类以部落的形式在这个美丽富饶的地方生活，他们创造了高度发达的文化。这主要表现在磨光石器的广泛流行和陶器的制造上。在有些岩画中，考古学家还发现了撒哈拉文字和提斐那古文字，这表明当时的文明已经发展到相当高的水平。

可是，大约在公元前200年至300年，由于地球的气候变化，肥美的大草原逐渐变成了荒凉的大沙漠。从岩画中的动物图像上，也能够看出历史上撒哈拉地区自然面貌的变化。如在有些岩画上，描绘着人们划着独木舟捕猎河马的情景，这说明撒哈拉曾有过奔腾不息的河流。随着时间的推移，岩画上的动物形象不断变化，从最古老的水牛，渐渐到鸵鸟、大象、羚羊、长颈鹿等草原动物，这说明撒哈拉地区的气候越来越干旱，最终变成了不适宜人类生存的大沙漠。因此，世世代代在这里生存的人们，不得不选择离开，于是撒哈拉大沙漠逐渐成为人迹罕至的绝地。

【百科链接】

中国最早的壁画

河南永城县东北芒山柿园村附近西汉梁王墓中的壁画，是我国已发现的时代最早的壁画。在墓室主室的顶部及两侧绘有以赤龙为主题，附有鱼龙、白虎、朱雀及云气内容的大型彩色壁画，面积约20多平方米，色彩艳丽，形象生动。该墓壁画的发现，在艺术史、文化史和考古学等方面，都有非常重要的价值。

4.岩画上的“宇航员”

在恩阿哲尔高原丁塔塞里夫特，考古学家曾发现一幅描绘人物形象的岩画，画中的人都戴着奇特的头盔，其外形竟然与现代宇航员的头盔非常相似。

正当考古学家疑惑不解的时候，美国航空航天局对日本陶古的研究结果，似乎让人们得窥撒哈拉岩画的一线天机。日本陶古，就是在日本发现的一种陶制的小人雕像。一直以来，陶古被许多历史学家认定为古代日本妇女的雕像。可是，美国航空航天局科研人员经过鉴定，认为这些陶古实际上是一些穿着宇航服的宇航员。在陶古的身上，研究人员不但发现了呼吸过滤器，也注意到了陶古由于充气而膨胀起来的裤子。

如果日本的陶古的确是来自外太空的宇航员的雕塑，那么，撒哈拉岩画中那些穿着类似宇航服服饰的人物画像，会不会也是天外来客的形象呢？

英文名：Carnac Stones
位　置：法国布列塔尼半岛的卡纳克城郊外
年　代：约建于公元前4300至公元前1500年
特　色：建造难度极高，充满神秘色彩

卡纳克巨石阵

1.精心排序的巨石阵

在法国布列塔尼半岛的城镇卡纳克郊外，长达8千米的范围内到处都是林立的花岗岩巨石柱，有的在庄稼、树林中耸立，有的在农舍之间相望。这些巨石柱井然有序地竖立着，形成了一片片整齐的石阵，这就是著名的卡纳克石阵。

据说，卡纳克石阵曾有10000根石柱，现在仅存2471根。石柱全部沿东西方向分行排列，各行之间的间隔距离不等，接近外缘即南北边缘的行距相对比较密。且每一行越接近东端，石块越高，排得也越密，大多数石块都是排成直线，也有少数石块排成平行曲线。

所有这些都表明，卡纳克石阵是一座经过精心设计的文明奇迹。

2.令人费解的建造过程

卡纳克巨石阵：

濒临大西洋的城镇卡纳克，是法国布列塔尼半岛的一个神秘地方，这里有着“比金字塔更神秘”的石柱群——卡纳克巨石阵。

石阵究竟是什么时候、怎样被建造起来的呢？

1959年，科学家利用放射性碳元素年代推测法测定出，石阵大约是从公元前4300年到公元前1500年分期竖立的，并确认卡纳克为世界上最大的新石器文化发源地之一。让人吃惊的是，石阵中的石块最大的重约350吨，高达20米。那么，建造石阵的人是如何将如此巨大、坚硬的花岗岩打磨并竖立起来的呢？又是什么激起了他们的狂热情绪，使他们在数千年里坚持不懈地建造石阵呢？难道是某种神秘的力量？

更离奇是的，经考证，卡纳克本地并没有石料，那么建造石阵所用的巨石是从哪里运来的呢？有人认为，它们是从数千米外甚至更远的地方被开采并搬运到这里来的。可是，在新石器时代，人类的搬运工具很简单，只有绳索、滚木、杠杆等，操作方法也非常落后，就是推、拉、滚，或利用土坡下滑——也就是说，无论当时采用何种工具和方法，要把轻则数吨、重则数十吨的巨石搬运数千米，绝非易事。更何况，建造这样一个石阵，需要搬运的巨石有成千上万块。

3.石阵与古墓的神秘联系

为了解开卡纳克石阵建造之谜，不断有科学家、考古学家在石阵附近进行考察。终于，1979年，在卡纳克海滨的格夫尔林尼岛上，考古学家勒霍斯带领的考察队发现了一个甬道

 文明拾贝：被世人称为“巨神之塔”的最古老的石块建筑是什么？建于何时何地？

墓。经同位素鉴定，甬道墓与石阵的建造时间大致相同。此墓其实是个地下建筑，墓壁上刻有精美的浮雕图案，如同心圆弧、斧头、蛇、牧羊者手杖等图形，还有类似女神的人像。墓的内室顶板的大石板上，刻着一头长角牛的牛头及其前身，还有一把斧头的前半截。在距此地20千米外，勒霍斯又发掘出另外一个古墓，墓内的石雕也有类似图案，在墓的内室顶板上，也发现了相似的一段石板。把两块石板拼在一起，就是一块14米长、30多吨重的有完整刻图的石板。

史前的卡纳克人既然有能力建造规模如此宏大的墓室，那么架设相对简单的石阵就更不在话下了。但是，不仅石阵附近没有岩石资源，甬道墓周围也没有可供开采的石料。

考虑到石阵与墓室的建造时间大致相同，位置又如此接近，考古学家推测，建造墓室的巨型石板，与卡纳克石阵的石柱很可能来源于同一个地方。

4.坟场·图腾·外星人·月亮观测台

“卡纳克”，布列塔尼语中意为“坟场”，而这些高高竖起的石块，也很像埋葬死人时竖立的墓碑，所以法国百姓推测卡纳克石阵应该是墓碑群。但是，到目前为止，这种观点仍然没有相应的证据来支持。

而文化学者认为，石阵可能与古人崇拜的图腾——蛇有关。蜿蜒前行的巨石列队，的确体现了蛇的特征。不过，虽然考古学家于19世纪在卡纳克周围发现了许多蛇崇拜的遗迹，但没有证据表明这种崇拜与石阵存在着什么必然的联系。

科学家则认为，在遥远的史前时代，科学技术非常落后，光靠人类的力量不可能竖起这样庞大的巨石阵。因此，他们大胆地推断石阵应当是外星人竖立的，这里是外星人访问地球的基地。

【百科链接】

半岛

半岛是指伸入海洋或湖泊，一面同大陆相连，其余三面被水包围的陆地。从分布情况看，世界主要的半岛都在大陆的边缘地带。而欧洲海岸曲折，有众多的半岛，素有“半岛的大陆”之称。其中面积超过10万平方千米的半岛有5个，最大的是北欧的斯堪的纳维亚半岛，面积达75万平方千米，它也是世界上第五大半岛。

还有一些考古学家认为，石阵是一个复杂的月亮观测台。20世纪70年代中期，英国人亚历山大·汤姆认为，古人在观测月亮时，随着其出没而不断改变自己的观测位置，在每一个新的位置，都会竖起一个石块作为标记，以掌握月亮的运行规律。不过，英、法考古学家在20世纪80年代初的联合考察证实，巨石的排列次序与月亮的出没规律也不存在任何联系。

英文名：Stonehenge　　位　置：英国伦敦威尔特郡索尔兹伯里平原

年　代：约建于公元前3100至公元前2000年　　特　色：显示了古人非凡的数学和建筑才能

斯通亨奇巨石阵

1.同心圆形状的巨石阵

巨石阵矗立在英国伦敦西南120多千米外空旷的索尔兹伯里平原上，占地大约11公顷，主要是由30多块直立的、8米多高的长方形青色砂岗岩石柱组成。这些巨大的石柱平均重25吨，有的甚至重达50吨。它们巧妙地构成了几个很大的、完整的同心圆，其中最大的圆直径约为30米。尤其令人称奇的是，还有不少重达7吨的巨石横架在石柱的顶端。据推测，石柱顶端的巨石曾经次第相连，并且与地面的巨石柱一样能够相互构成圆圈。巨石阵外围是直径约90米的环形土岗和沟，而巨石阵内侧则是56个圆形坑。这些坑是17世纪英国的考古学家约翰·奥布里发现的，因此又叫“奥布里坑”。

20世纪50年代，考古学家推断，斯通亨奇巨石阵至少已有两千年的历史。

2.石阵建造之谜

考古学家根据放射性同位素测定，巨石阵这一伟大工程的建造历时近千年。工程于新石器时代后期，即公元前3100年左右开始，分三个阶段进行。建造者们首先挖出一道环形旱沟，并用挖出的碎石沿着沟筑成矮墙，然后在沟内侧挖了56个圆形坑。奇怪的是，这些坑挖好之后又被填平了。这就是工程的第一阶段。约公元前2150年，巨石阵建筑的二期工程开始了。这次修筑了通往石柱群中央的通道，完成了部分青石的排列。三期工程大约始于公元前2000年，庞大的巨石圆阵终于建成，形成了夏至观日的轴线。其后的500年间，巨石柱的位置被不断调整，最终形成了今天的大致格局。

据考古学家们考证，建造巨石阵所用的重达二十五六吨的青色巨石、砂岩石，是从30至200千米以外的地方运来的。而巨型石阵于公元前3100年开始建造，距今已有5000多年。据估算，按照当时的生产力水平，建造巨石阵至少需要3000万小时的人工，即至少需要1万人连续工作1年。

但是，在发掘过程中，考古学家始终没有发现轮载工具或是牲畜的痕迹。曾有专家组织

> **斯通亨奇巨石阵：**
>
> 斯通亨奇巨石阵是欧洲著名的史前时代文化神庙遗址，位于英格兰威尔特郡索尔兹伯里平原。它充斥着某种神秘的气息，有人怀疑是外星人留下的遗迹。

斯通亨奇巨石阵坐落在索尔兹伯里平原上，是新石器时代末期到青铜时代的产物。科学家们推测，巨石阵很可能是古代祭祀的场所，也有人认为它是远古时代的巨石日历。

索尔兹伯里大教堂：这是英国最高的天主教堂（高123米），位于索尔兹伯里古城中，与闻名遐迩的史前巨石阵一样，深受游览者的青睐。

索尔兹伯里平原：

宁静安详的索尔兹伯里平原距英国首都伦敦120多千米，史前巨石阵的发现让它名扬海内外。

人力，试图用最原始的工具把一块重约25吨的巨石从几十千米外运来，结果费尽周折也没有成功。事实上，单靠滚木和绳索，有些巨石可能要上千人才能移动。所以，有人认为建造者不可能是一个未开化的民族。

3.夏至日的圣地

史前人类为什么要建造这样的巨石阵？有人说巨石阵是太阳神庙，有人说是祭坛，有人说是陵墓，还有人说是观象台。

20世纪初，英国天文学家洛基尔经过研究指出：从巨石阵中心望去，93号石柱指向5月6日和8月8日日落的位置，而91号石柱则指向2月5日和11月8日日出的位置。因此，他推断在建巨石阵的年代已有一年分8个节气的历法。

20世纪60年代，天文考古学家纽汉表示，他找到了指向春分日和秋分日日出方位的标志，并提出91、92、93、94号四块石头构成一个矩形。矩形的长边分别指向月亮的最南升起点和最北下落点的方位。

1963年，波士顿大学天文学教授霍金斯提出了一个惊人的推论：他认为斯通亨奇巨石阵其实是一部“古代计算机”，可以预测和计算太阳与月亮的轨道。霍金斯认为，巨石阵中的主轴线、通往石柱的古道和夏至日清晨初升的太阳在同一条线上，从反方向看，恰好又是冬至日太阳降落的位置。此外，石阵对月亮的起落点似乎也有记载。通过石阵，古人可以了解太阳、月亮的方位并观测推算星象。

霍金斯的这一推论已被学者们证实具有极高的正确性。现在，每当夏至这一天，人们都会聚集在巨石阵周围等待日出，并举行庆祝活动。

【百科链接】

欧洲最大的史前墓群——锡伯里山古墓

2003年，在索尔兹伯里平原附近的锡伯里山上，英国的考古学家发现了用泥土和石膏混合物垒起来的古墓群。古墓群很大，高约40米，直径约180米。经过考证，其中一座古墓的主人大约死于公元前2300年，这个阶段恰好是巨石阵形成的时期。这些古墓是迄今为止欧洲最大的史前墓群。

令人惊讶的是，古墓距离巨石阵只有几千米远。那么这座墓的主人生前是否和巨石阵有着某种联系呢？

◁英文名：Megalithic Temples of Malta ◁位 置：分布于马耳他内陆和沿海岛屿
◁年 代：建于距今5500年以前 ◁特 色：人类最早的宗教场所之一

马耳他巨石神殿

1.比古埃及金字塔更古老的巨石神殿

建于距今5500年以前的马耳他巨石神殿，是世界上最古老的不需支撑的石头结构，甚至比埃及的金字塔还要古老。目前人们已经在马耳他群岛上发现了33座神殿，而杰刚梯亚神殿和哈格尔基姆神殿是其中最耀眼的明星。

杰刚梯亚神殿的庙宇大门和墙壁都是用巨石垒成的，神殿外墙的最后部分所用的石材高达6米，最大的巨石重达几十吨。最初神殿只有南庙后部的3个穹顶，后来建造者又增建了两个小穹顶，使整座神殿显得更为典雅美观。

哈格尔基姆神殿的建造技术更先进，巨石块之间吻合严密，石头的位置也都经过精心布局。在哈格尔基姆神殿，还有一块由长达660米的大石板做成的铺路石。这么长的石板是如何搬运的呢？这又是一个难解的谜。

【百科链接】

岛国马耳他

马耳他位于地中海中部，有“地中海心脏”之称，是闻名世界的旅游胜地，被誉为“欧洲的乡村”。全国由马耳他、戈佐、科米诺、科米诺托和菲尔夫拉五个小岛组成。首都瓦莱塔是一座欧洲文化名城，以圣约翰骑士团第六任首领让·德拉·瓦莱塔的名字命名，是全国政治、文化和商业中心。关于这座城市有许多有趣的别名，如：“圣约翰骑士团之城”“巴洛克的伟大杰作”“欧洲艺术之城”等。

蒙娜亚德拉神庙：

位于马耳他岛上，高出海平面48米，人们习惯把它称为太阳神庙。根据太阳神庙中相当精确的太阳钟，人们惊奇地发现，这些尚未开化的远古人类竟拥有非常丰富的天文学知识和精确的历法。

2.以珊瑚岩为主体的古代建筑

马耳他神殿的修建者善于就地取材，在建造神殿的过程中，他们大量使用了坚硬的珊瑚岩和柔软的海底软泥。珊瑚岩硬度大，加工比较困难，但它的优点在于可以根据其天然缝隙，选取建造建筑物所需要的石材，而且珊瑚岩还具备坚固、耐风化能力强等特点。海底软泥主要用于修建内墙，因为其足够柔软，因此建造者可以对其进行精细加工，雕琢壮观、丰富的浅浮雕。

很显然，神殿的建造者们对珊瑚岩和海底软泥的特性非常清楚，所以将其运用得恰到好处。巨大的珊瑚石块接合在一起，形成了神殿的外墙。在神殿里面，海底软泥被制作成精美的内墙。当然，也有例外存在，有的神殿的墙壁就是由内外两面成形的石块组成，在两块石块中间，建造者填充了泥土和碎石。

考古学家还发现，建造神殿墙壁所使用的部分石头是从远处运来的，个别巨石甚至重达20吨，建筑者将巨石从几千米外的采矿场运送到建筑工地时，使用了木滑板和支架等工具。在一些殿庙遗址附近，考古学家还发现了被丢弃的石球，在安放巨石到位的过程中，这些石球可能会起一定作用。

3.万年前的“太阳神”庙

在马耳他群岛的神殿中，还有一处不可思议的巨石建筑——蒙娜亚德拉神庙，当地人又称之为“太阳神”庙。马耳他绘图员保罗·麦克列夫在测量这座神庙后发现，它竟是一座精确的太阳钟。

在夏至日日出时，太阳光擦着神庙出口右边的独石柱射进后面椭圆形的房间，正好在房间左侧的一根日历柱上形成一道细长的光柱。随着季节的不同，光柱的位置会有所改变。在冬至日，上述情况又出现了，不过这次出现在神庙右侧的日历柱上。

这样，在冬至日和夏至日，太阳光会分别在神庙右边和左边相应的日历柱上形成一道光柱。这两根日历柱宽度不等，右边一根宽1.33米，左边一根宽1.20米。太阳光柱在两根日历柱上扫过一遍，大约需要25800年的时间。根据石柱的宽度，正好可以得出这一情况开始的时间——公元前10205年。

迄今为止，太阳光柱射向祭坛石中心只出现过一次，即公元前10205年的那次。

在公元前10205年的冬至日，太阳光柱正好扫上右侧日历柱的边缘；同年夏至日，太阳光柱落在左侧日历柱后面的祭坛石中心。考古学家据此得出了一个惊人的结论：神庙是公元前10205年建成的。

4.埋藏着近7000具尸体的地下迷宫

在马耳他的巨石神殿中，有一个哈尔萨夫利恩尼地下墓室，里面有近7000具尸体。人们还发现，墓地本是在一个石灰石质的小山上开凿出来的。此后的几百年里，坟墓中的房间不断增加，通往新出口的新通道也越来越完善，最终形成了一个有3层33个房间的地下建筑，成为一个名副其实的地下迷宫。

在地下建筑的一个外室中，岩墙上雕刻着高大典雅的柱子，一条宽阔的走廊从这里通入地下建筑的中心。在墓室的“礼拜堂”中，人们还发现了一个小的赤土陶器，里面有一个10厘米高的女神雕像。考古学家推测，这可能是具有某种象征意义的祭祀用品。不过，学者们至今尚未找到更多的线索，以便弄清这种特殊的埋葬方式。

哈尔萨夫利恩尼地下墓室：

哈尔萨夫利恩尼的地下陵墓，建于公元前2500年左右。这座地下陵墓共有3层33个房间，面积达500平方米。地下陵墓中央为礼拜堂，礼拜堂内有圆顶房间，都是用石器凿开石灰岩后建成，体现了高超的建筑技巧。

英文名：Ruins of Babylon
年　代：始建于公元前3000年
位　置：伊拉克首都巴格达以南
特　色：巴比伦王国的首都、空中花园、巴别塔

巴比伦城遗迹

1.“神之门”——巴比伦

巴比伦的意思是“神之门”，古城的遗址位于伊拉克首都巴格达以南约90千米处，在幼发拉底河的东岸。巴比伦城始建于公元前3000年，经过五六百年的发展，逐渐由小村落发展为重要城市，最后成为古巴比伦王国和新巴比伦王国的首都。公元前4世纪末，巴比伦城逐渐衰落，至2世纪，已经沦为一片废墟。目前所发掘的古城遗址，是新巴比伦王国的国王尼布甲尼撒二世在位时期的巴比伦城。

巴比伦城规模庞大，宏伟壮观，希腊历史学家希罗多德在其名著《历史》中，曾经详细记录了巴比伦城的盛况。作为当时两河流域的政治、经济和文化中心，巴比伦古城面积达1万公顷。自北而南贯穿全城的幼发拉底河，将古城分为东西两部分，河东为老城，主要建筑有宫殿和神庙等。城内街道宽阔，均用砖铺设，并使用了沥青。巴比伦城的城墙高大厚实，数十米高的城墙上有雄狮、公牛等浮雕，虽历经几千年的风雨，仍然清晰可辨。城墙分外墙和内墙，外墙周长16千米，内墙周长8千米，墙下挖有深壕。墙外还筑有一道防护土墙，与内墙和外墙形成三重墙垣。古城设有8座城门，仪仗大街直通其中的伊什特门，街西是南宫，街东为宁马克神庙，街北为主宫。

【百科链接】

巴别塔的毁灭

《圣经·旧约》上说，人类的祖先最初讲的是同一种语言。他们在底格里斯河和幼发拉底河之间发现了一块非常肥沃的土地，于是就在那里定居下来，修起了城池。后来，他们的日子越过越好，决定修建一座可以通到天上去的高塔，这就是巴别塔。他们用砖和河泥作为建筑材料，直到有一天，高高的塔顶已冲入云霄。上帝耶和华得知此事，立即从天国下凡视察，看到此景又惊又怒，认为这是人类虚荣心的象征。上帝心想，人们讲同样的语言，就能建起这样的巨塔，日后还有什么办不成的事情呢？于是，上帝决定让人世间的语言变得混乱，使人们言语不通，因而阻止了巴别塔的顺利建成。

巴比伦城的伊丝塔尔门：

古巴比伦城雄伟壮丽，城墙有两重，以泥砖或砖砌成，间有塔楼，其中外墙最宽处有7.1米。作为城内古建筑精华之一的伊丝塔尔门，是为献给女神伊丝塔尔而建的，高12米、宽近20米，门墙镶嵌着形象生动的釉彩动物图案。

2.巴比伦雄狮和巴别塔

巴比伦城北面主宫遗址中，有一座雄狮足下踏人的巨石雕刻，这就是著名的巴比伦雄狮。雕像用巨大岩块雕琢而成，狮身长约3米、高约2米、宽近1.5米，屹立在一块长方形的石垫上，强有力的狮足下踩着一个石人。巴比伦雄狮象征着古阿拉伯人英勇顽强的英雄气概。

巴比伦城内的埃萨吉纳大庙及所属的埃特梅兰基塔庙，宏伟高大，是巴比伦城的主要建筑。塔庙高达91米，基座边长91.4米，上有7层，最顶层为蓝琉璃小庙。这就是《圣经》中记载的、未能造成的巴别通天塔。

3.因爱而建的空中花园

巴比伦城的南宫是巴比伦国王的主要宫殿，古代世界七大奇迹之一的巴比伦“空中花

空中花园复原图：

空中花园是尼布甲尼撒下令重建巴比伦城时建造的，是古代世界七大奇迹之一。重建后的巴比伦城宏伟壮丽，空中花园更是精妙绝伦，遗憾的是，它们早已湮没在历史的废墟中。人们只能从复原图中回味它曾经的辉煌。

园”就在南宫内。相传，空中花园是尼布甲尼撒二世为取悦他的妃子修建的。这位来自山区的妃子不适应气候炎热、缺少花草的巴比伦，经常怀念繁花似锦的家乡。国王为了排解妃子的愁闷，便修建了这座风格独特的花园建筑。

现在，考古学家只能根据古代的历史典籍和考古发掘的材料，大致推断空中花园的建筑形式和结构。空中花园高约25米，是阶梯式的4层建筑，最底层的面积约为1260平方米，上面的4层平台架设在用石块垒砌的石柱上。平台由下到上逐渐缩小，层与层之间都用石梯相连。每层平台都用大理石拼砌而成，上面铺有芦苇和沥青的混合物，在混合物上面还铺设了两层砖，并浇注有一层铅，这样可以防止渗水。最后，建造者在每层平台上都铺上了肥沃的泥土，种植各种珍奇的花草树木。远远看去，这些花草就好像长在空中，因此被称为“空中花园”。

为了解决浇水的问题，巴比伦人还特意设计了机械的提灌设备，以便从幼发拉底河中取水浇灌花园。后来，伊拉克政府在巴格达市建造了一座模拟的空中花园，从中可以领略到巴比伦空中花园当年的些许风采。

巴比伦泥版：

早在公元前4000年，古巴比伦就有了类似古埃及的图形文字。这种文字用芦管刻在泥版上，晒干后成为长久保存的文书。

4.最著名的国王

汉谟拉比（公元前1792—公元前1750年）是古巴比伦第一王朝第六代国王，也是古巴比伦王国最著名的一个国王，自称为“强大之王，巴比伦之王，苏美尔、阿卡德之王，天下四方之王”。

他在当政时期制定了人类社会有文字记录的第一部法典——《汉谟拉比法典》。该法典奉行“以牙还牙”的原则：如果建筑倒塌造成人员死亡，建筑承包商将会被处以死刑；如果在手术后，贵族患者死亡，医生会被截去一只手以示惩罚。法典还规定了工资、贷款利息水准，允许妇女拥有财产并从事商业，还规定如果人们冒犯了神职人员及贵族将受到严惩。

巴别塔：

即巴比伦通天塔。此塔硕大无比，有许多供僧侣们朝拜的豪华殿堂，还有许多宽敞的仓库、环绕的碉堡以及林立的1000座岗楼。当年这样的景象在整个巴比伦是无与伦比的。

英文名：Site of Mohenjodaro
位 置：今巴基斯坦境内
年 代：公元前2500年
特 色：被大爆炸毁灭的远古文明

摩亨佐·达罗古城遗迹

1.发掘佛塔时的意外发现

摩亨佐·达罗的意思是“死亡之丘”。1922年，印度考古学家在摩亨佐·达罗发掘佛塔时，意外发现了许多刻有动物形象和文字的印章。随着考古的进一步深入，人们在这里发掘出了一座至少可以追溯到公元前2000年的古城遗址。迄今为止，在北起喜马拉雅山麓，南至纳巴达河，西到伊朗莫克兰海岸，东达恒河盆地的广阔范围之内，考古学家发现的遗址已多达200余处。

学者们将这一时代的文化称为“哈拉帕文化”。经考证，其年代大约起始于公元前2500年。而且，这个属于印度河流域的文明高度发达，甚至已经出现了文字。然而，这种印章文字至今仍无人能解，考古学家也只能通过那些不会说话的文物来推测4000余年前的这段历史。

摩亨佐·达罗古城遗址：

在古印度信德省方言中，摩亨佐·达罗真正的含义是“死亡之丘”。这座印度河古文明鼎盛期的最具代表性的城市遗址，在地下埋没了几千年后，终于在20世纪初被发掘出来。

2.土著居民创造的灿烂文明

考古学家终于证实：是黑色皮肤的土著居民——达罗毗荼人创造了古印度的灿烂文明。

达罗毗荼人建造的摩亨佐·达罗，占地达260公顷，由卫城和下城两部分组成。在卫城的四周，建造有高耸的塔楼。城内有大浴池、粮仓、宽敞的会议厅以及其他许多公共建筑。这些都显示了古达罗毗荼人周密的设计和高超的技术水平。

考古学家发现，古城遗址中还有各种农业生产器具和手工业工具，有棉花、麦类、椰枣、瓜果等农产品，有水牛、绵羊、骆驼、狗、马、鸡等家畜家禽，有

摩亨佐·达罗考古遗址是印度河古文明鼎盛期的最具代表性的城市遗址，在地下埋没几千年后，再次展现在人们面前。古城设计周密、规划严整，被考古学家称为“青铜时代的曼哈顿”。

古印度印章：考古学家在摩亨佐·达罗古城遗址发现了许多用皂石以及象牙、红铜、陶土等制作的印章，主要为正方形，上面刻着独角兽、象、牛、虎等动物的图案。

素陶、彩陶、纱、布、青铜器皿等工业品。此外经过对比，考古学家确信当时达罗毗荼人已掌握了十进位制的计算规则，并有其特殊的重量单位，基本单位是0.86千克。

在出土的文物中，还有大量造型精美的艺术品，如小雕像、骨刻、绘画等，其中护身符印章多达2000余枚。根据统计，印章上的动物形象和文字符号近400个，包括人形、鱼形、脚形、桌形等，虽然专家们至今仍没能破译这些文字，但这足以证明当时的文化艺术已达到极高的水平。

3.“死亡之丘”中的大浴池

摩亨佐·达罗建有完善的水井网络，能够为每个街区提供方便的淡水来源。考古学家发现，几乎每户人家都有沐浴平台，许多家庭还有厕所，城中建造有一个范围广大的排水系统，能够将城里多余的水排走。

1925年，考古学家在城市中央挖掘出了一个被建筑群包围着的砖砌大浴池。浴池用红砖和灰浆砌成，四周建造有精巧的上下水道。整个浴池长11米，宽7米，深2.4米，在当时，能建造出这个浴池的确是一个技术上的奇迹。对于浴池的作用，学者们的意见并不统一：有人认为是贵族们洗浴用的，也有人认为是为某种宗教仪式而建的。

4.大爆炸之谜

考古学家在发掘摩亨佐·达罗古城的过程中发现，几乎在同一时刻，全城约5万人全部死于来历不明的横祸，城市也在瞬间变成废墟。而且，在同一时期，印度河地区的其他城市都遭到了破坏，印度河文明甚至到此结束。是什么如此彻底地毁灭了这一文明呢？

【百科链接】

达罗毗荼人

达罗毗荼人是南亚地区操达罗毗荼语系诸语言的各民族的统称，又称德拉维达人，主要分布在印度、斯里兰卡和巴基斯坦。考古学家们普遍认为土著达罗毗荼人是哈拉帕文明的创造者。雅利安人的到来，使得达罗毗荼人被赶到次大陆南部，建立安度罗、潘地亚、朱罗、哲罗等王国，从而创造了高度发达的文化。

达罗毗荼人雕像：

古印度原住民达罗毗荼人非常聪明，他们是世界上最早种植棉花并用棉花纺线的民族。

经科学家调查后发现，在古城中有明显的爆炸留下的痕迹，爆炸中心全部夷为平地，破坏程度由近及远逐渐减弱，只有最边远的建筑物得以幸存。科学工作者还在废墟中央发现了由黏土和其他矿物烧结而成的器物的碎片。罗马大学和意大利国家研究委员会通过实验证明：废墟当时的温度高达1500℃，这样的温度只有在冶炼熔炉中或持续多日的森林大火中才能达到。然而这里从未有过森林，因而只能推断这里曾经发生了一次大爆炸。

那么，摩亨佐·达罗到底是怎样毁灭的呢？通过科学家的研究，这个谜终于解开了。科学家证实，这座城市的确毁于爆炸，巨大的爆炸力来源于大气中电磁场和宇宙射线的双重作用。空气中异常活跃的化学微粒导致气溶胶产生并迅速积聚，占据了广阔的空间，形成大小不等的球体。这种化学性球体是一种未曾燃烧起来的或明或暗的“闪电”。这种现象，自古至今都曾出现。在古埃及新王国时期的编年史中就有空中出现明亮火球的记载，古罗马人也曾多次描述这种现象。这种球体能产生剧毒物质，并能导致大爆炸。摩亨佐·达罗大概就是受到有毒空气的侵袭后，又经历了剧烈的爆炸，最终被毁灭的。

英文名：The Sanxingdui Site

位　置：中国四川的成都平原

年　代：距今5000至3000年左右

特　色：上千件青铜器、金器和玉石器等文物将古蜀国的历史上溯至距今5000年前

三星堆遗址

1.中国西南的“世界第九大奇迹”

在距四川广汉约三四千米的成都平原上，有三座突兀的黄土堆，三星堆即因此得名。1986年，三星堆两个商代大型祭祀坑被发掘，上千件稀世之宝赫然面世，轰动了世界，被誉为“世界第九大奇迹”。

三星堆遗址一直是考古工作者探索古蜀文化的重要目标。考古工作者曾在这里发现过一座古城遗址，据考证，其建造年代最晚为商代早期。

自1931年以后，人们在这里多次发现祭祀坑，坑内大多埋放有玉石器和青铜器。在1986年出土的文物中，除青铜容器具有中原殷商文化和长江中游地区的青铜文化风格外，其余的器物种类和造型都具有极为强烈的本地特征。它们的出土，首次向世人展示出商代中晚期，蜀国青铜文明的高度发达和别具一格的面貌。

三星堆的发现将古蜀国的历史推前到5000年前，证明了长江流域与黄河流域一样是中华民族的发祥地。

2.曾是世界朝圣中心？

三星堆祭祀坑的建造年代约为商末周初，被认为是蜀人祭祀天地山川诸神祇的遗迹。两个商代大型祭祀坑的发现，上千件蜀国珍贵文物的面世，顿时轰动了中国，震惊了世界。据学者研究，两个大型祭祀坑内的文物，大部分都是古蜀国王室的宗庙重器，可能是遭遇改朝换代，新王朝将前代王室的宗庙重器全部焚毁，在举行祭祀仪式后埋入坑中的。

三星堆青铜器以大量的人物、禽兽、虫蛇、植物造型为特征。青铜器除罍、樽、盘、戈外，还有大小人头像、立人像、爬龙柱形器和铜鸟、铜鹿等。其中青铜人头像形象夸张，极富地方特色；立人像连座高2.62米，大眼直鼻，方颐大耳，戴冠，穿左衽长袍，佩脚镯，是难得的研究蜀人体质与服饰的资料。

铜人立像：

这座青铜人像连座高2.62米，身着饰云雷纹的长衣，赤足并戴有脚镯，立于高座之上，是已发现的形体最大的青铜人像。

据研究，青铜的人头像、人面像和人面具代表被祭祀的祖先神灵；青铜的立人像和跪坐人像则代表祭祀祈祷者和主持祭祀的人；眼睛向前凸出的青铜兽面具和扁平的青铜兽面具，可能是蜀人崇拜的自然神祇；以仿植物为造型特点的青铜神树，则反映了蜀人植物崇拜的宗教意识。以祖先崇拜和动植物等自然神灵崇拜为主体的宗教观念，是早期蜀人精神世界的核心内容。

三星堆出土的大量青铜器中，基本上没有生活用品，绝大多数是祭祀用品，这表明古蜀国的原始宗教体系已比较完整。这些祭祀用品带有不同地域的文化特点，特别是青铜雕像、金杖等，与世界上著名的玛雅文化、古埃及文化非常接近。

戴有黄金面罩的青铜头像：

这件戴有黄金面罩的青铜头像出土于中国四川广汉三星堆，与常人面庞大小相同，眉、眼、口部镂空，鼻梁突出，甚为珍奇。

3.来自其他大陆的文明？

在三星堆祭祀坑出土的上千件青铜器中，二号祭祀坑中出土的立人像头戴兽面形高冠，身着三层衣服，最外层衣服近似“燕尾服”，两臂平抬，两手呈持物献祭状。同坑出土的大型兽面具宽1.38米，重80多千克，造型极度夸张，方形的脸看起来似人非人，似兽非兽。

这里数量庞大的青铜人像、动物像不归属于中原青铜器中的任何一类。三星堆文化来自何方？青铜器上没有留下一个文字，简直让人不可思议。

出土的“三星堆人”高鼻深目、颧面突出、阔嘴大耳，耳朵上还有穿孔，不像中国人，倒像是“老外”。

【百科链接】

中国茶叶的发源地——巴蜀

巴蜀之地主要在今四川境内，东部为巴，西部为蜀，而中国茶业，最初就兴起于巴蜀。《汉书·地理志》称：“巴、蜀、广汉本南夷，秦并以为郡。”清初学者顾炎武在其《日知录》中说：“自秦人取蜀而后，始有茗饮之事。”指出各地对茶的饮用，是在秦国吞并巴、蜀以后才慢慢传播开来的。顾炎武的这一结论，统一了中国历代关于茶事起源上的种种说法，也为现在绝大多数学者所接受。因此，常称“巴蜀是中国茶业和茶叶文化的摇篮”。

4.古蜀国消失之谜

古蜀国的繁荣持续了1500多年，然后又像它的出现一样突然消失了。关于古蜀国的灭亡，人们假想了种种原因，其中最著名的是水患说、战争说、迁徙说和灾难说。

三星堆遗址北临鸭子河，马牧河从城中穿过，因此有学者认为其消亡是洪水肆虐的结果。但考古学家并未在遗址中发现洪水留下的沉积层。而遗址中发现的器具大多被事先破坏或烧焦，似乎验证了战争说这一解释。但后来人们发现，这些器具的年代相差数百年。迁徙说无需太多考证，但它实际上仍没有回答根本问题：人们为什么要迁徙？成都平原物产丰富，土壤肥沃，气候温和，用灾难说解释似乎也难以自圆其说。

三星堆博物馆：

三星堆博物馆位于三星堆古遗址东北角，南距成都40千米，北距德阳26千米，是一座现代化的专题性遗址。博物馆集中收藏和展示三星堆遗址及遗址内一、二号商代祭祀坑出土的千余件珍贵文物。

黄金礼杖（局部图）：

出土于三星堆的这柄金杖十分引人注目。这是世界上最早的金杖，用纯金包卷而成，长1.42米，重0.78千克。金杖中部刻有三个相同的人头像，头像上部平雕两对对称的鸟头纹。作为有特殊意义的重要礼器，它象征着当时最高首领的身份和权力。

英文名：Archaeological Site of Mycenae　位　置：巴尔干半岛
年　代：公元前2000年　特　色：古希腊文明的一部分

迈锡尼遗址

迈锡尼遗址：
约公元前2000年，希腊人开始在巴尔干半岛南端定居。从公元前16世纪上半叶起逐渐形成一些奴隶制国家，出现了迈锡尼文明。

1.希腊神话里的传说之城

希腊人大约在公元前2000年开始在巴尔干半岛的南端定居。从公元前16世纪上半叶起，在爱琴海诸岛，逐渐形成了一些奴隶制国家。在当时这些国家中，最强大的王国的首都被称为迈锡尼，所以，人们称该地区此时的文明为迈锡尼文明。

考古学家根据在迈锡尼遗址中出土的线形文字泥版文书认为，当时的迈锡尼已经处于奴隶制国家的成熟阶段。在发掘迈锡尼遗址的过程中，考古学家还发现了大量的精美手工艺品、青铜武器、金器和陶器以及以战争题材为主要内容的壁画。

专家们认为，迈锡尼文明各中心城市大约在公元前1400年以后的100多年内，与地中海地区的许多地方都保持着频繁的贸易往来。与海外先进文明地区密切的经济往来，又进一步促进了迈锡尼的经济与文化的迅速发展。大约在公元前1400年至公元前1200年，迈锡尼文明达到全盛时期。考古发现的迈锡尼遗址，主要是当时的国王所居住的城堡，城墙用巨石环山建成。城堡还建造有宏伟壮观的“狮子门”，城内是统治者居住的豪华宫殿。

2.卫城的主要入口——狮子门

迈锡尼遗址的城堡坐落在一个三角形的小山丘上，约建于公元前1350年至公元前1330年。遗址的城墙保存完好，根据山岩的高低取平，其高度一般在4.5米至10.5米之间，最高处达16.8米，厚度3米至13.8米不等，全部用雕凿成长方形的巨石砌成。位于遗址西北角的“狮子门”，是卫城的主要入口，门柱由3.15米高的独石建成，上面覆盖着一块矩形独石门楣。门楣上镌刻有两头雄狮图案的浮雕，“狮子门”因此得名。迈锡尼“狮子门”被看做是人类雕刻史上的杰作，但从建筑的角度来看，“狮子门”只是一个普通的叠涩券。（叠涩券，又称挑石券，只有垂直支撑而无横推力。）

3.线形文字泥版

迈锡尼文明非常发达，他们甚至有一种为王室、官吏和平民所共同使用的文字系统——线形文字B。1876年，考古学家谢里曼在发掘迈锡尼遗址时，发现了大量的线形文字泥版文书。据鉴定，这些泥版文书大多出现于公元前13世纪，泥版上的文字少则三四个，多则百余个。

迈锡尼是希腊伯罗奔尼撒半岛上的古代王国，开端可追溯到公元前2000年，实行官僚君主政治。卫城、迈锡尼宫殿和宏伟的圆顶墓都体现了迈锡尼文明时期的艺术特色。

阿伽门农的黄金面具：1876年，由德国考古学家谢里曼在迈锡尼“狮子门”城墙内的竖井墓里发现。尽管后来证明这个面具下的面孔并不属于阿伽门农，但人们还是习惯性地称之为“阿伽门农的黄金面具”。

1952年，迈锡尼人的这种文字系统被英国建筑师文特里斯释读成功。专家们发现，线形文字B是一种音节文字，属于希腊语，是由克里特岛的线形文字A发展而来的。公元前13至14世纪，线形文字B在希腊各地非常流行，后来，随着迈锡尼文明的衰落，这种文字逐渐被人们遗忘。

从这些文字上，考古学家了解到迈锡尼当时的人口状况、牲畜和农产品数量、土地数量、武器数量等，据此又推断出了迈锡尼当时的经济、政治、宗教和社会结构。令考古学家惊讶不已的是，迈锡尼当时已经是奴隶制国家的成熟阶段，在自由民中已经出现了程度很大的贫富悬殊。

4.谁毁灭了迈锡尼文明?

昔日辉煌无比的迈锡尼文明，后来却只剩下断壁残垣。人们不禁产生疑问：迈锡尼文明究竟是怎么毁灭的呢？

有人认为，迈锡尼文明的衰亡与特洛伊战争有关。他们认为长达10年的战争浪费了大量的人力和物力，同时，特洛伊城由于被围困时间太长，已经相当贫困。因此，当希腊人攻破特洛伊后，并没有得到足够多的财富。此后，元气大伤的迈锡尼很快就被北方游牧民族多利人攻灭了。但是，很多人对这种观点表示反对：他们认为早在多利人入侵之前，迈锡尼文明就已经衰落了。有人认为迈锡尼实际是因为遭到海上民族的入侵而灭亡的。不过考古学家并没有在泥版文书上发现与迈锡尼有关的特殊的军事行动。此外，迈锡尼的许多城邦都有用巨石筑成的高墙，防卫力量很强，不可能没有留下任何记录就瞬间灭亡。也有人认为，是天灾导致了迈锡尼的灭亡。有些考古学家认为，当时在迈锡尼发生了连年的干旱，造成食物短缺，人口锐减，饥民不断暴动，导致迈锡尼文明逐渐衰弱，并最终被异族消灭。但是，这种说法仍需要进一步考证。

到底迈锡尼文明是怎样灭亡的呢？我们只能期待考古学家通过研究给出更为合理的解释。

【百科链接】

蜂窝式墓穴建筑——阿特柔斯宝库

在迈锡尼遗址城墙的南面，考古学家发现了建于公元前1300年的“阿特柔斯宝库”。阿特柔斯宝库又称阿伽门农墓，位于距“狮子门”西南约500米的一个山谷中。一条35米长、6米宽的石头长廊通向这座传奇陵墓的入口。在石头走廊的尽头，是一扇由巨石砌成的门，门的结构与“狮子门”相似，上面为三角形，形状类似蜂房，下面为长方形，中间用重约100吨的巨石横梁隔开。这块巨石长8米，宽5米，高1.2米，比“狮子门”的横梁还重。墓室高13.4米，直径14.5米，用32层环形石块垒砌而成。

狮子门：

迈锡尼卫城的主要入口——狮子门建于公元前1350年至公元前1330年，门宽3. 5米，可供骑兵和战车通过。门上过梁是块巨石，重达20吨，中间比两头厚，在巨石的门楣上有一个三角形的叠涩券，用来减少门楣的承重力；中间镶着一块三角形的石板，上面刻有一对雄狮护柱的浮雕。

英文名：Archaeological Site of Troy　位　置：土耳其
年　代：公元前16世纪　特　色：有多层文化堆积的古城，著名的古战场

特洛伊遗址

1.《荷马史诗》中的古战场

土耳其古城特洛伊，位于恰纳卡莱南部，北临达达尼尔海峡。特洛伊是公元前16世纪前后为古希腊人渡海所建，公元前13世纪至公元前12世纪时，它成为一座颇为繁荣的城市。这里也是荷马的不朽史诗《伊利亚特》中描写的特洛伊战争的战场，希腊人曾经包围这座城市达10年之久。最终，特洛伊人战败，特洛伊也在一夜之间成为废墟。

2.九层堆积遗迹

19世纪中期，特洛伊城遗址的发掘工作开始。在深达30米的地层中，考古学家发现了分属九个时期的特洛伊城遗迹，时间从公元前3000年至400年，包括了罗马帝国时期的雅典娜神庙以及议事厅、市场和剧场的废墟，等等。

遗址的最下面一层（约公元前3000—公元前2600年）的特洛伊为一个小城堡，建有石墙和城门。出土的铜器、陶瓷以及针钻等骨器表明：特洛伊城在远古时代就是一个聚居地。第二层（约公元前2600—公元前2300年）的特洛伊有所扩大，城市中出现了王宫和其他建筑。这两层属于希腊文化时期。第三层、第四层和第五层（约公元前2300—公元前1900年）遗址显示，特洛伊城在不断扩大。第六层废墟是特洛伊文化的一个转变期，这时城市面貌出现了新的元素。第七层（约公元前1275—前1100年），此时的特洛伊应该就是《荷马史诗》里记载的特洛伊城。10年的特洛伊战争印证了这个城市城墙的坚不可摧。而今，人们只有凭着想象力来拼凑特洛伊昔日的辉煌了。

帕里斯和海伦：

斯巴达王后海伦是当时世界上最美丽的女人，年轻的特洛伊王子帕里斯为她的美貌所倾倒。然而，帕里斯的多情和轻率行为，引发了之后旷日持久的特洛伊战争。

在公元前1300年至公元前900年这一时期的地层中，考古学家发现了一座被焚烧过的城市遗址，它的石垣厚达5米，带有明显的烟熏火燎的痕迹，这勾起了人们对特洛伊战争的无限猜想。在这座城市的遗址内，考古学家还发现大量绘有几何图形的彩陶和其他生活用具，这些陶器造型朴素，但富有含蓄的活力。

3.被误解的金冠

1873年5月，德国考古学家谢里曼在特洛伊遗址一处有明显被火焚毁痕迹的城市废墟中，挖掘出一件价值连城的金冠。这只金冠由16000多件金片连缀而成，造型非常精巧。谢里曼无比兴奋地向全世界宣布：这个遗址就是传说中的特洛伊古城，这件金冠就是美丽绝伦的海伦王后的王冠。

特洛伊木马复原模型：

这座高达3层楼的木马形建筑位于土耳其的特洛瓦镇，也就是古代特洛伊故事的发生地。从马肚子下面的梯子进入马的腹部，通过开启的窗户可以俯瞰特洛伊遗址全貌。

后来，专家发现谢里曼发掘的这层废墟并不是荷马笔下的特洛伊城，而是另一处更为古老的遗址，它的年代至少可以上溯到公元前23世纪的青铜时代。显然，谢里曼发现的那顶金冠也就不可能是海伦的王冠了。

4.“身世”坎坷的宝藏

据说当年谢里曼在挖掘出“特洛伊宝藏”之后，并没有上报给土耳其当局，而是把它们运到了希腊。这个消息一经传出，顿时引起轩然大波：土耳其政府强烈要求谢里曼归还这批宝藏，而希腊政府在土耳其人的压力下，也不敢接受这批宝藏。最后，谢里曼只得把它们送回到自己的祖国——德国，存放在柏林国立博物馆中。

第二次世界大战后期，苏军逼近柏林，德国的艺术珍宝被统统打包，藏进了地下碉堡。但等到二战结束时，这些无价之宝却神秘地消失了。

于是，有的考古学家开始怀疑谢里曼所描述的寻宝经过是否真实。还有的学者认为这批宝藏并非一次发掘，而是谢里曼把遗址不同层次和位置所发掘出的许多量少的珍宝，汇集在一起，再当作“普里阿摩斯宝藏”宣布，以便更强烈地渲染这次稀世考古发现引发的轰动效应。

【百科链接】

荷马史诗《伊利亚特》

宏伟巨著《荷马史诗》包括两个部分《伊利亚特》和《奥德赛》。其中《伊利亚特》叙述了希腊联军围攻小亚细亚的城市特洛伊的故事，以希腊联军统帅阿伽门农和勇将阿喀琉斯的争吵为中心，集中描写了战争结束前几十天发生的事件。《伊利亚特》的主题是赞美古代英雄的刚强威武、机智勇敢，讴歌他们在同异族战斗中所建立的丰功伟绩和英雄主义、集体主义精神。

直到1996年4月，“特洛伊宝藏”才在莫斯科普希金博物馆重见天日。为保证这些珍宝的安全，博物馆采取了严密的保护措施，这些珍宝被放在19颗子弹都穿不透的橱窗里展出，每个橱窗旁还安排一名警卫，博物馆每天只接待800名至1000名参观者。

目前，土耳其、希腊、德国和俄罗斯均宣称拥有这批财宝的所有权。看来，这场被称做第二次“特洛伊之战”的宝藏之争将是旷日持久的。

英文名：Rapa Nui National Park　　位　置：太平洋东南部的小岛
年　代：公元前1680至公元前1100年间　　特　色：近千尊巨石雕像

复活节岛国家公园

1.岛名的由来

复活节岛位于太平洋东南部，波利尼西亚人在这里生活繁衍，他们在没有外部影响的情况下，创建了许多充满想象力的巨型雕刻和建筑。在公元前1680年至公元前1100年间，岛上的居民建造了神殿并竖立起了巨大的石像，他们称之为“莫阿伊”。

1722年，荷兰的一个舰队司令罗格文率领他的三艘军舰在南太平洋航行。突然，在舰队前方出现了一个亮点，罗格文检查了航海图，但上面并没有标明这个岛屿。当船逐渐靠近小岛的时候，船上的荷兰人才发现，岛的四周矗立着一大批巨石雕像。因为这一天正是复活节，所以罗格文就把这个小岛叫作复活节岛。

2.巨石雕像之谜

在复活节岛的四周，矗立着600余尊岩石雕凿的半身石像，这些石像一般高7米至10米。在复活节岛东南部的山区，还有300多尊尚未完工的巨石像。在复活节岛的1000余尊石像中，最重的石像有400吨以上，最轻的也有几吨，平均重量大约60吨。有的石像头部还有着由红色岩石雕刻而成的发髻，这些发髻直径为1.8米至2.5米，高约1.5米，最重的达30吨。

复活节岛的石像有着非常奇特的造型：它们的鼻子高高翘起，嘴唇很薄，紧紧地闭着，石像的表情似乎是在表示轻蔑，又像是在嘲笑。此外，所有的巨石像都没有眼珠，只有前额下凹陷着的两个轮廓分明的眼窝。它们眉弓很宽，耳廓宽大，双手置于腹部，凝视着大海，若有所思。考古学家经过测定，发现这些石像是在公元前1680年至公元前1100年间完成的。

3.关于外星人的猜想

考古学家分析，这些石像可能是岛上的居民为他们崇拜的神所雕刻的雕像，或者是为祭祀已经死去的酋长或被神化了的祖先所雕刻的，目前很多人都对这种观点表示同意。

但是，一部分专家认为，这些石像具有的高鼻梁、薄嘴唇的特点，显然不是波利尼西亚人的特征。而且，当时岛上及周围并没有足够的材料和充足的人力来完成这项工程。应当注

复活节岛上的巨人石像：

巨人石像均由整块的暗红色火成岩雕凿而成，而且全部是半身像，看起来非常相似。石像均面向大海，表情冷漠，神态威严，远远望去，就像一队准备出征的武士，蔚为壮观。

文明拾贝：第一个史前巨石阵大概是在什么时间出现的？

意，当人们在生存都存在危机的日子里，不可能有大量的劳动力耗费漫长的时间来创造这些具有极高艺术性的石雕。而且，即使是掌握着先进科学技术的现代人，也不具备制作这些石雕所需要的神奇技艺。仍处于石器时代的波利尼西亚人显然更不可能具备完成这项工程的能力。此外，当时岛上的居民根本没有掌握相应的搬运技术，不可能完成搬运这些巨大石像的工作。

未完工的石像：

复活节岛上还有很多散落在周围的半成品石像和石料，不禁让人联想到，雕凿石像的工匠们遭遇突发事件后逃离现场的景象。

詹姆斯·库克：

英国著名探险家库克于1774年3月11日率船队抵达复活节岛，船上有自然科学家、画家等专业人士，他们对复活节岛进行了比较彻底的考察。正是他的这次考察，使得复活节岛声名大振。

因此，有人提出，复活节岛上的石像可能根本就不是岛上人雕刻的，而是掌握了先进技术的外星人的杰作。出于某种特殊的目的和要求，外星人在这里建造了这些石像。但是，考古学家在岛上发现了许多用钝了的石器工具，显然，如果外星人有能力穿越太空来到地球，是绝对不可能使用这些原始的工具来完成这些雕像作品的。

4.石像未完工之谜

在复活节岛的山区，还躺着几百个没有完工的石像，当时雕刻石像的人们为什么没把它们雕刻完成呢？在这些石像周围，为什么还散落着许多石器工具呢？

1991年，美国的一个考古小组在复活节岛的山洞和石像下面的墓窟中，发掘出了308具尸骸。通过对这些尸骸的检测，研究人员证实：在复活节岛上曾经同时存在两个不同种族的部落。他们推测：最早到复活节岛上定居的是波利尼西亚人，后来南美印第安人也来到这里。印第安人上岛之后，就开始雕凿石像。后来，因为某种原因，两个种族发生了冲突，最终爆发了战争。大约在17世纪末，波利尼西亚部落的武士包围了岩石坑，印第安部落的工匠丢下工具和尚未完工的巨大雕像，仓皇而逃，留下了今天人们所看到的尚未完工的雕像和纷乱的石雕场。但是，这种说法也仅仅是一种猜测，目前并没有充分的证据来证实。

【百科链接】

刻满“天书”的石板

在复活节岛的南部，还有一些刻有象形文字的石板。人们曾在岛上发现了一块长约2米的大石板，上面也刻满了方块形的象形文字。这种象形文字的刻字方式非常独特：一行从右到左，另一行却从左到右，前后两行首尾相互连接，形成“S”形。这些象形文字被称为“天书”，至今仍无人能够破译。对于谁刻出了这一复杂的“天书”，它说明了什么，考古学家仍然在寻找着答案。

英文名：Archaeological Site of Chavín De Huántar

年　代：公元前1500至公元前300年

位　置：秘鲁安第斯山区

特　色：被废弃的南美洲最重要的文明中心之一

查文·德·万塔尔遗址

1.物产丰富的查文·德·万塔尔

查文·德·万塔尔在安第斯群山峡谷之中，在查文人的居住地，无论地上或是地下的物产都十分丰富，许多产自这里的谷物、矿石和原材料都是独一无二的。在查文人居住的村落周围，有既适宜于耕种，又很适合放牧的土地。查文的居民中有种植农作物的农民，也有在周围高原上放牧的牧民。他们所放牧的美洲驼和羊驼，为其提供了大量鲜美的肉食。其中，美洲驼还是非常重要的役畜，查文人利用它来驮运东西。此外，有组织的大型美洲驼队还为查文人带来了许多当地没有的东西，例如他们所喜爱的水果、辣椒、可可和鱼等。通过大规模的贸易往来，查文人与其他地方的人进行了充分的交流，这促使查文·德·万塔尔逐渐兴盛。

2.“U”字形祭拜中心

公元前900年左右，查文人开始在查文·德·万塔尔修建他们的石庙，这座金字塔形神庙后来成为安第斯山区最重要的庙宇。随着时间的推移，查文·德·万塔尔以及周边地区的大量信徒开始信奉这些面目狰狞的查文神。这对周围地区宗教和艺术的发展、查文人的宗教信仰以及其他查文文化都产生了深远的影响。

在发掘查文·德·万塔尔村落遗址时，考古学家发现了查文遗址中的建筑物，包括许多用石头建造的宗教建筑。这些宗教建筑是附加建筑和改建后建筑的结合物，人们称之为老庙和新庙。

遗址中的老庙是用大石块建筑而成的，神庙中还有很多大小各异的石像，有些石像是先刻在巨石上，然后直接砌到墙里的。其原始建筑约在公元前900年开始修建，因此被考古学家称为老庙。老庙包括三个互相连接的土墩，北部的土墩高14米，中部的土墩高11米，南部的土墩高16米。三个土墩形成了“U”字形结构，这个“U”字形结构正好围绕着一块凹陷的圆形广场。在庙宇的下面，是四通八达的狭窄通道和无数房间，就像迷宫一样，人们称之为“画廊”。在“画廊”的地板上，散落着大量作为供品的陶器。专家还发现，有些陶器显然来自很远的地方，这表明查文当时是一个祭拜中心。

查文石雕：

这些雕像装饰在查文·德·万塔尔神殿遗址外面，是查文人崇拜神灵的象征。

3.神谕物的石雕像

考古学家在查文遗址中发现了一座戴着精美头巾的石刻人像。据鉴定，这座石像大约在公元前400年雕刻而成。人像双手各握着一根节杖，双臂自然下垂，人们称之为“节杖神”。在蒂瓦纳科和瓦里，也存在形状略有不同的类似雕刻。除了这种“节杖神”外，考古学家在查文遗址还发现了一些独特而又神秘的雕像。

在查文·德·万塔尔庙宇上面的方砖檐口上，有大量的浮雕。建筑的门楣通常采用两根柱子来支撑，门楣上雕刻着一排站着的鸟

蛇纹陶瓶：

出土于查文·德·万塔尔遗址。陶瓶制作精良，上面绘有蛇纹图案。也许是和查文身处茂密的山林环境有关，因此，以丛林动物为形象的查文遗物非常多。

儿，柱子上刻有人像、鸟头、鸟翅、尖牙和利爪等。在一块方尖碑上，还刻有鳄鱼形象。有人认为，查文文化曾经受到周围环境，尤其是山脉东部的茂密丛林的影响，因此在查文文化中丛林动物十分普遍，美洲豹、蛇、凯门鳄等都频繁出现，还有许多动物和人类形象相结合形成的半人半兽怪物。

兰藏独石柱：

查文·德·万塔尔神庙中央大厅中的兰藏独石柱高达5米，宛如短剑插入石头地面，上面雕刻着奇特的图案，这些神秘的雕刻尚未被科学家破解。

在查文石板雕刻中，最令人费解的就是兰藏独石柱。这根石柱高达4.5米，由白色花岗岩雕成，底部埋藏于查文·德·万塔尔神庙的地基内，顶端直达庙顶。在这根石柱上，刻有一只猫口、犬牙、大眼、头上爬满了蛇，但手脚与人相似的生物。很明显，这个生物带有猫科动物的特征。有人认为，这个生物拥有进入天堂和地狱的能力，可能是某种神谕物，也可能是一种发源于亚马孙的宗教崇拜。甚至有人猜测，这座神庙就是围绕这座雕像建的。不过，对于这个生物到底是什么，有什么作用，考古学家并没有得出一个令人信服的结论。

4.突然被弃之谜

考古学家认为，大约公元前400年，这座神庙经过了一次修缮，并且随后又进行了一系列的修建。修缮后的神庙规模比原来更大，但它的结构仍呈“U”字形，正是这种结构形成了新“U”字形的平台和遗迹，聚集于正方形的广场上，形成了新庙宇。令考古学家不解的是，大约公元前200年，不知什么原因，查文文明开始衰落，所有的建设都停顿下来，这座著名的神庙也被当地的人们弃之不用了。

学者们普遍认为，在公元前，查文文化曾广泛传播。作为当时的文明中心，查文人掌握着较高水平的金银冶炼技术和纺织品工艺。此外，查文文化的影响也很深远。稍后兴起的如纳斯卡文明和莫契文明等，其设计的装饰图案以及生产的陶器、纺织品和金属制品，都与查文文化有明显的相似之处。但一度兴盛的查文为何会衰落并被人们遗弃呢？在此后的岁月中，人们为何不再把它作为祭拜场所呢？至今，考古学家仍在寻找答案。

【百科链接】

查文文化时期的陶器

查文文化的陶器通常呈红、棕、黑等色，质地坚硬，最有特色的器型是马镫壶和敞口碗，常饰以半人半兽的图案。早期陶器器身厚重，较小的壶嘴上有较厚的凸缘。后来器身变轻薄，壶嘴逐渐加长，嘴上的凸缘也逐渐变小以至消失。当时金属加工较普遍，常见的金属制品有耳坠、镯子、腰带、镊子等，通常被雕刻或压印在金、铜薄片上。

查文·德·万塔尔遗址：

查文文化的中心城市。因年代太过久远，查文·德·万塔尔的多数建筑已成为废墟，然而在这些废墟下，却埋藏着南美洲地区最古老的文明。

◁英文名：Olmec Colossal Heads
◁年　代：公元前1200至公元前400年
◁位　置：墨西哥
◁特　色：史前文明创造的巨石人头像

奥尔梅克巨石头像

1.中美洲文明之母

奥尔梅克文明被誉为“中美洲文明之母”，其历史可以追溯到公元前2000年。传说，奥尔梅克人的家乡就在科泽科克斯河注入墨西哥湾的地方，那里水草丰美，河流众多。“奥尔梅克”的意思是“橡胶之乡”，因为此地盛产橡胶。

在科泽科克斯附近的崔斯萨波特古城、圣罗伦古城和拉文塔城，考古学家陆续发现了大量的奥尔梅克人雕像。在这些巨大雕像中，有些是庞大的人头像，其他则是巨型石碑，上面雕刻着两个人相会的情景。有理由相信，只有高度发达并且强大的文明，才能制作出这些杰出的艺术品。但令研究者感到困惑的是，这个文明只留下了巨型石雕像和石碑，此外再也没有任何能够显示它们的根源和性质的东西了。唯一能够确定的，就是在公元前1200年左右，有着高度文明的“奥尔梅克人”突然在中美洲出现，然后又神秘地消失了。

玉石面具：

奥尔梅克玉石面具的面部表情丰富，琢磨细腻，显现了奥尔梅克人高超的玉器制作技术。而且，奥尔梅克出土的很多玉石面具都具有中国人的相貌特点。

2.三十多吨重的巨人头像

在奥尔梅克文化中，最大的成就就是石雕像和石刻艺术。奥尔梅克人的作品一般体积庞大，构思新颖，比例匀称。1936年，最早的“奥尔梅克巨石头像”被发现，此后，人们总共发现了14个巨石头像，最大的重达30多吨。这些头像是奥尔梅克文化中最著名的艺术品，它们都是用整块的玄武岩雕成，雕像设计精巧，并且具有强烈的写实性。

令人感到不可思议的是，在出土石像的地方并不盛产石头，当地的奥尔梅克人如果要制作大型石雕像，必须到几十甚至几百千米外的地方去开采巨石并运送到雕刻地点，这项宏大的工程到底是如何完成的呢？

3.巨像“人种”之谜

在墨西哥的特南哥，人们曾经发现过一个奥尔梅克文化时代的翡翠人头像。虽然该头像

拉文塔奥尔梅克文明遗址：

拉文塔的奥尔梅克文明大约出现于公元前900年，到了公元前400年时，突然莫名其妙地消亡了。

的鼻部已经破损，但从其扁平的脸形、并不凹陷的眼窝、眉毛、前额和颧骨等特征，仍不难判定这是个中国人的头像。此外，在危地马拉也曾发现一个与中国人具有相同相貌特征的石雕人像。

奥尔梅克武士头像：

奥尔梅克人具有高超的艺术技巧，尤其体现在他们的石雕作品上。这个头戴饰有花纹的头盔的武士，厚唇塌鼻，是典型的非洲人长相，眉目之间冷峻严肃，好似将要出征的模样。

而在墨西哥的委拉卢克斯出土的另一个石雕头像，嘴唇厚实，前额浑圆，完全是非洲黑人的特征，与美洲的印第安人相貌完全不同。

在蒂瓦纳科著名的太阳门旁边，也矗立着48个巨石人像。人们曾经以为它们是祭神的仪仗队或侍僧，就如同通常在神庙前的石像一样。然而引人注目的是，这48个石像容貌各不相同：它们有的嘴唇厚，有的鼻梁高，有的鼻梁矮，有的耳朵大……这引起了考古学家和人类学家的注意。经过仔细考察，他们发现，这些石像实际上表现了地球上人类主要种族的形象。

但是，艺术必然来源于生活，古代美洲的印第安人怎么能雕刻出自己完全不熟悉，甚至不可能知道的种族的人像呢？关于古代中国人曾到过美洲的说法，有人认为确有可能，也有人相信史前腓尼基人可能曾到过美洲，但是这些提法并没有得到证实。最让人难以理解的，就是出土的那个非洲黑人的头像，唯一可能的解释就是古代腓尼基人船队中有黑人奴隶。且不说这种解释能否站住脚，即使这种情况真实存在，又有谁会为一个奴隶雕塑头像呢？况且这个雕塑工程并不简单，这些石像大多是在其制作者们掌握了人类各个人种和民族特征的基础上制作的。有的考古学家认为，只有从陈列或展览的角度去理解，才能窥见制作者们的真正意图。

4.“萨萨卡特拉”遗迹

墨西哥考古学家曾在首都墨西哥城附近挖掘出一处受奥尔梅克文化影响的古代城池遗迹，名为“萨萨卡特拉”，距今已有2000多年历史。

奥尔梅克“萨萨卡特拉”遗迹的挖掘工作于2006年在莫雷洛斯州索奇特佩克镇展开，经过6个月左右的挖掘和清理，人们终于发现了6座建于公元前800年至公元前500年之间的建筑遗迹。据考古学家估计，“萨萨卡特拉”占地约9500平方米。

考古学家吉塞尔·坎托表示，最引人注目的发现当属一座奥尔梅克大庙基座和两个奥尔梅克石雕。残留的大庙基座用石灰岩石板建成，大致还能看出金字塔的形状。而两个石雕上刻的则是奥尔梅克时期的神职人员，厚嘴唇、塌鼻子，头上戴有露出利齿的美洲豹面具。据悉，美洲豹是奥尔梅克时期人们最敬重的神明之一。

【百科链接】

殷人东渡美洲论

最早提出殷人东渡美洲设想的是19世纪英国翻译家梅德赫斯特。他指出，周武王伐商纣王时可能发生殷人渡海逃亡，途中遇到暴风，被吹到美洲之事。而后，很多学者进一步研究和论证这一学说，并阐明了殷人东渡美洲的根据。

英文名：Acropolis Athens　位　置：希腊雅典
年　代：公元前12世纪　特　色：建筑和雕刻艺术的奇迹

雅典卫城

1.古希腊灿烂文化的象征

在巴尔干半岛东南的阿蒂卡平原，有一座世界闻名的古城，那就是希腊首都雅典，人们称之为“西方文明的摇篮”。公元前12世纪，迈锡尼人开始在阿克罗波利斯山上修筑围墙，即卫城山，这就是雅典的雏形。现在的雅典是以卫城为中心，历经3000多年发展而成。公元前8世纪，伊奥尼亚人建立了奴隶制城邦，后来，他们又在阿克罗波利斯山上建立起帕特农神庙等宗教建筑，雅典卫城从此闻名于世，被认为是古希腊灿烂文化的象征。

卫城建造在海拔150米的石灰岩山冈上，是祭祀雅典守护神雅典娜的圣地，距今已有3000多年的历史。古代的希腊城市具有在战时为市民提供避难所的功能，是由坚固的防护墙壁护卫的山冈城市。卫城坚固的城墙修筑在面积约为4平方千米的高地四周，高地的东面、南面和北面都是悬崖绝壁，地形十分险峻，因此，人们只能从西侧登上卫城。公元前1500年，这里曾经是王宫的所在地，从公元前800年开始，人们开始在这里兴建神庙等祭祀用的建筑，使之成为雅典宗教活动的中心，高地下面也逐渐形成了城市。

雅典卫城是希腊最杰出的古建筑群，现存的主要建筑有山门、帕特农神庙、伊瑞克提翁神庙、埃雷赫修神庙等。这些古建筑是人类遗产和建筑精品，在建筑学史上具有重要地位。迄今保存下来的这些大量的珍贵遗迹，集中展示了希腊的古代文明。

2.“希腊国宝”——帕特农神庙

在卫城的断壁残垣中，古希腊帕特农神庙巍然屹立，至今依然光彩夺目。这座神庙里供奉着雅典娜女神，所以又称“雅典娜帕特农神庙”，雅典也是因此而得名。公元前5世纪，在大政治家伯利克里当政时代，帕特农神庙是重建卫城山工程的重点项目。神庙建于公元前447年至公元前438年，雅典娜神像的创制人——著名建筑师、雕刻师菲迪亚斯承担了神庙的设计工作。帕特农神庙被认为是多立克式建筑艺术的登峰造极之作，素有“希腊国宝”之称。它代表着古希腊建筑艺术的最高成就，被称为“神庙中的神庙”，是古代世界七大奇迹之一。

帕特农神庙呈长方形，全部用洁白的大理石砌成。神庙的基座长69.5米、宽30.88米，其建筑材料为石灰岩。神庙的外部由46根高14米、直径1.5米的大理石柱环绕，由92块白色大理石饰板装饰中楣。石板上还有描述

雅典酒神剧场：
酒神剧场位于雅典卫城东南的一处山坡上，在三面山坡环绕之中，依山建起阶梯状的条形座椅，就形成了庞大的露天圆形剧场。

雅典卫城也称为“雅典的阿克罗波利斯”，原意为“高丘上的城邦”。它是祭祀雅典守护神雅典娜的圣地，由著名的雕刻家菲迪亚斯负责设计，距今已有3000年的历史。

雅典娜神像：雅典娜是雅典的守护神，是一位掌管智慧与正义战争的女神，据说她有着强大的力量。

帕特农神庙：

帕特农神庙是雅典卫城主体建筑，为歌颂雅典战胜波斯侵略者的胜利而建。

希腊神话内容的连环浮雕，内容表现的是希腊人与异族人紧张的搏斗场面。那遒劲的肌肉、迎风飘扬的战袍、坚毅的眼神，无不表达出雕刻者对美的热爱和对生命的理性思索。

遗憾的是，经过几千年的风风雨雨，昔日辉煌的帕特农神庙已是断壁残垣了。在神庙的内部，原本供奉着菲迪亚斯雕刻的雅典守护神——雅典娜的神像。据说神像高12米，由黄金、象牙制成，眼睛的瞳孔也由宝石镶成。可是由于战争爆发，神庙中雅典娜的巨大神像被罗马帝国皇帝掳走，早已不知所终。

现在，残缺的帕特农神庙看上去依然异常华丽，那多立克式的圆柱、大理石凹槽的质地仍然给人冰凉高贵之感，那逐渐细小，到达顶端时无任何装饰的弧形柱显得如此优雅动人。虽然许多石柱已经倒塌，但神庙那简约而又庄严的美却依然长存。

3.少女像支撑的伊瑞克提翁神庙

伊瑞克提翁神庙位于帕特农神庙的对面，建于公元前421年至公元前405年之间，是典型的爱奥尼亚式神殿，为雅典娜与海神波塞冬两座神室合一的复合造型。它是培里克里斯制订的重建卫城计划中最后完成的一座重要建筑。

伊瑞克提翁神庙有三个神殿，分别供奉希腊的主神宙斯、海神波塞冬、铁匠之神赫菲斯托斯，有两条别具特色的柱廊把它们连接起来。北方廊柱的天花板和地板上都有方形孔，据说是波塞冬在与雅典娜争斗时，用三叉戟刺破的。

伊瑞克提翁神庙：

位于帕特农神庙的对面。传说是雅典娜和海神波塞冬为争做雅典保护神而斗智的地方，本为放置八圣徒遗骨的石殿，是雅典卫城建筑中爱奥尼亚样式的典型代表，整体设计非常精巧。

神庙北侧有一个小柱厅，6根大理石柱都雕成少女形象，顶起石顶的6个少女身着长裙，亭亭玉立，神态各异，形象逼真，显示了2500年前希腊艺术家高超的技艺。由于石顶的分量很重，如果要承受这种重量，必须加粗少女像的颈部，但这样必然会影响其美观。于是聪明的建筑师给每位少女颈后保留了一缕浓密厚实的秀发，再在她们的头顶加上花篮，这样既解决了建筑上的问题，也解决了美学上的难题，成为举世闻名的经典。现在，左边第二根的真品存于大英博物馆，接替它的则是一件复制品。

最初，神庙中还有身着戎装的雅典娜雕像，这尊雕像曾是所有雅典娜雕像创造者所依据的形象。雕像前有一年只需加一次油的金灯，还有棕榈树形的烟囱和木雕神像。现在，人们只能依据这6根少女像石柱想象神庙当年的辉煌了。

【百科链接】

几经战火的卫城

在希波战争中，波斯人破坏了雅典卫城。在公元前5世纪后期，希波战争结束，人们修筑了一条长65千米的“长墙”，连接了雅典与比雷埃夫斯港。此外，卫城内的神庙也再次重建。公元前4世纪以后，雅典人在卫城山下建起了一整套建筑物，如竞技场、会堂、扩建的狄奥尼索斯露天剧场、大柱廊等。17世纪，雅典卫城遭受破坏，变成一片废墟。1833年希腊建立王国后，逐渐进行修复。

英文名：Ashur Site of Nineveh　　位　置：中东摩苏尔地区

年　代：公元前19世纪以前　　特　色：出土了大量巨型浮雕和楔形文字泥版

亚述古城尼尼微

1.《圣经》中描述的伟大城市

“尼尼微”之名最早见于《圣经》之中，被称为“伟大的城市”。现今的尼尼微城是伊拉克著名的古城遗址，位于底格里斯河上游东岸。

约在公元前19世纪与公元前18世纪之交，沙姆希亚达德一世建立了亚述王国，将尼尼微列为都城之一。此后，经过历代帝王的扩建，尼尼微逐渐成为亚述帝国的政治、经济中心，也是西亚地区商旅云集的贸易中心。公元前705年，森纳谢里卜即帝位，尼尼微被定为亚述帝国首都，盛极一时。公元前612年，尼尼微被新巴比伦和米提亚的联军攻陷，绝大部分城区化为废墟，亚述帝国也从此消失了。

2.尼尼微城的发掘

1840年，法国探险家保尔·伊迈尔·波塔被任命为法国驻摩苏尔的领事。1842年，当他听说北面几千米外的科霍沙巴德出现了大量的古代砖块后，立刻安排了考察，并很快发掘出了有雕刻的墙壁，墙上有公牛像、大胡子人像和带翅膀的狮身人面像。波塔兴奋地向全世界宣布，自己已经找到了尼尼微。法国政府命令他尽量发掘遗迹古物并送回法国。

此后，英国人奥斯丁·亨利·勒亚德也来到了摩苏尔。按照《圣经·约拿》中对尼尼微城址的描述，英国人在库扬基科找到了两座亚述宫殿的遗址，并发掘出了象牙雕刻、楔形文字碑和记载战斗场面的雕塑画板。1847年，勒亚德开始正式发掘库扬基科。随后6年，这里出土了大量的文物。勒

亚述浮雕：

亚述人骁勇好战，战争是他们生活的主题。他们东征西侵获得了大片疆土，但也造成了无数生灵涂炭。在历史记载中，亚述士兵被描述为凶猛残暴、杀人如麻之徒，他们所过之处，尸横遍野，血流成河。

亚德发现波塔当时找对了地方，只是挖掘得不够深。因此他深信，自己找到的才是真正的尼尼微遗址。实际上，在库扬基科下约6米处还藏着大量的文物。最后经过专家证实，库扬基科才是长期被人们寻找的尼尼微。而勒亚德发现的第一个遗址是一座名叫尼姆路德的城市。尼姆路德城与波塔发现的科霍沙巴德在历史上都曾作过亚述帝国的首都。

■ 3.被掩埋的壁画和巨型浮雕

勒亚德在库扬基科找到了亚述国王辛赫那里布的王宫和巴尼拔王的部分藏书室，这表明他发掘的地方正是亚述帝国的首都尼尼微。在发掘过程中，勒亚德发现辛赫那里布的王宫有71个房间，并至少有27个入口。在每一个入口处，都有巨大的牛、狮或者狮身人面石雕卫士守卫。最惊人的发现，就是那些记载着亚述历史和神话的石雕壁画，勒亚德估计，如果将这些画一幅接一幅地排列起来，几乎有2英里长。

1852至1854年期间，伊拉克考古学家拉萨姆在库扬基科土丘下发现了亚述巴尼拔王的王宫。在这里，拉萨姆找到了许多新的楔形文字泥版和浮雕。在王宫废墟的墙上，拉萨姆发现了著名的浮雕《皇家狩猎图》。

■ 4.亚述楔形文字泥版

在亚述巴尼拔王的藏书室里，人们发现了刻有亚述楔形文字的大小不一的泥版。最大的一块楔形文字泥版长3米，宽2米多；最小的一块不到1寸长，只刻有一两行文字。在2500年前，这些泥版是亚述人的图书，上面记载了古亚述的历史、法律、宗教、文学、天文、医学等方面的知识，是研究古亚述的宝贵资料。

亚述巴尼拔王宫中也出土了许多楔形文字泥版，在这些文书上刻有许多亚述和古巴比伦的神话，其中包括著名的神话史诗《吉尔伽美什》。泥版上记载，古巴比伦时期，上帝派大雨和洪水来惩罚邪恶有罪的人类，一个名叫尤特拿比利姆的人造了一只木船，载上家人和许多动物，在洪水中幸存了下来。这个故事和《圣经·创世记》中描述的诺亚方舟的故事非常相似，引起了人们的极大关注。

【百科链接】

“血腥的狮穴”

公元前743年，亚述军队攻陷叙利亚首都大马士革。虽然城中军民拼死抵抗，但仍然无法抵挡敌人的入侵，城破之后被亚述士兵斩下的叙利亚人头颅，竟然堆成一座小山。亚述人还把战俘绑在上端削尖的木桩顶部，让他们在痛苦中慢慢死去。城中所有的贵重物品都被运回亚述。公元前8世纪，亚述王辛赫那里布将都城由萨尔贡迁到底格里斯河左岸的尼尼微。此后在犹太人的经典中，尼尼微被称为“血腥的狮穴”。

尼尼微古城复原图：

公元前612年，新巴比伦和米提亚联军攻陷了尼尼微城。全城被洗劫一空后，又被大火所焚毁。就这样，名都尼尼微和亚述帝国一起消失了。如今我们只能根据史书上的记载，去回味和想象这座古城曾经的壮丽辉煌。

英文名：Site of Carthage
年　代：公元前814年
位　置：突尼斯湾
特　色：古罗马文明遗迹

迦太基遗址

1.“忧伤女王之地”

“迦太基”在腓尼基语里称为“卡尔特·哈达什特”，意为“新城”。迦太基古城遗址位于突尼斯首都突尼斯城东北17千米处，毗邻地中海。迦太基最早由腓尼基人于公元前814年兴建，比古罗马城的建立还早61年。后来，迦太基逐步发展成为一个强大的贸易帝国，迦太基人也创造了一段辉煌的文明，其领土一度扩展到地中海的大部分地区。

事实上，相对于古城的遗址而言，大多数考古学家对于迦太基传奇女王黛多的兴趣可能更大。黛多使迦太基城如同被掩埋的艳丽花朵，让今天的人们怀念、感伤。这片遗址也因此被称为“忧伤女王之地”。

2.迦太基女王黛多的传奇

公元前814年，泰雅国的公主黛多带着随从乘船西渡，来到迦太基。黛多见这里可以控制地中海交通要道，遂决定在此建城。然而当地的土著居民禁止外来人占有超过一张牛皮大小的地方，但聪明的黛多还是巧妙地运用了这条法律：她把一张牛皮切成一根根细丝，然后把细丝连在一起，在紧靠海的山丘上围起一块315公顷的地皮，建起了迦太基城。

此后，黛多创建的迦太基城兴旺昌盛，而这种昌盛却因特洛伊城的王子埃尼亚斯的出现顷刻消亡。黛多对埃尼亚斯一见钟情，遂允许埃尼亚斯以及他的部队在迦太基长期驻守。

埃尼亚斯夜夜笙歌的行为引起了宙斯的不满，他派使者下凡命令埃尼亚斯光复特洛伊城。无情的埃尼亚斯当晚就离开了迦太基，失望之极的黛多结束了自己的生命，并在临终前发下毒誓让迦太基人和埃尼亚斯的后人永世为仇。

3.毁灭性的布匿战争

公元前5世纪，迦太基城成为奴隶制强国的都城，盛极一时，是当时地中海地区的文明中心之一。而公元前2世纪，古罗马与迦太基发生了激烈的争夺战，双方先后进行了三次布匿战争。公元前146年，这场持续了近百年的战争终于结束，迦太基战败，迦太基城也变为废墟，迦太基人建造的皇宫、城池等一切都随着帝国的灭亡而灰飞烟灭。

今天来遗址旅行的人们，只能为迦太基

迦太基遗址：

迦太基坐落于非洲北海岸（今突尼斯），与罗马隔海相望。后因迦太基人在三次布匿战争中均被古罗马人打败而灭亡。现在迦太基残存的遗迹，多数是古罗马人在占领迦太基时重建的。

曾经的辉煌而感慨。因为现在人们所看到的迦太基古城遗址，大多是后人重建的。但从现存的城墙、神庙、竞技场、剧场等遗迹，也不难想象出当时工程的宏伟浩大。

迦太基镶嵌画：

镶嵌画历史悠久，是以大小不同的彩石、玻璃料器、金属等硬质片料拼嵌而成的图画。这种画保存时间长，色彩鲜艳，具有很高的艺术价值。迦太基镶嵌画多以神话人物为背景，这幅画中的人物是罗马神话中的女灶神。

4.当时的第二大城市

迦太基城遭古罗马军烧毁后，成为废墟。现在所见到的迦太基古城遗址，是古罗马人在公元前146至439年占领迦太基时重建的。该城曾发展为当时仅次于古罗马的第二大城市，主要建筑有长34千米、高13米、厚8米的城墙以及宫殿、神庙、别墅、住房、公共浴室、竞技场、跑马场、剧场、基地和港口等，现在仍旧依稀可辨。

在迦太基山的山顶之上，如今还能看到迦太基帝国原来的政治中心——政府大厦的断壁残垣。其地上零星地散落着许多古迹残痕：厚大的石块砌成的墙基、粗大断折的花岗石圆柱，显示出当年巨型建筑的规模和辉煌；殿堂中雕有花篮形、卷叶形、铃形、荷花形、棕榈叶形、兽形、扇形等各式形状的花岗石柱头，均雕刻精细，生动逼真。

5.安东尼公共浴池和渡槽

安东尼公共浴池紧靠着海边，是2世纪古罗马皇帝安东尼统治时期建造的，面积达3.5公顷。从残存遗迹中，仍能看出它巨大的规模。在浴池的底层结构上，人们可以清楚地看到两边对称排列着的更衣室、热水游泳池、按摩室、蒸汽浴室等。很显然，洗澡已经成为古罗马人生活的重要部分，而公共浴室则是古罗马人最为喜爱的去处。

安东尼浴池的用水是从60千米以外的扎古旺通过渡槽引来的。渡槽架设在几十米的高空中，就像是一条在空中腾飞的长龙。注入清水的渡槽，就好似人工“天河”一般，气势恢宏。现在，这个雄伟的建筑还残存数段。古罗马人修建的可蓄水3万立方米的贮水池，至今仍在使用。

6.至今仍在使用的古罗马剧场

宏伟壮丽的古罗马剧场，坐落在一座公园的小山上。这座依山势而建的露天剧场，共有21级由石头砌就的观众席。宽大的观众席将整个舞台团团围住，不论坐在哪一个座位上，观众都可以清晰地听到舞台上动人的歌声和台词，看到舞台上演员优美的表演。目前，经过修复的古罗马剧场保存非常完整。每年，突尼斯政府都要在这里举办“迦太基国际联欢节”。

【百科链接】

古城的彻底消逝

古罗马人在迦太基建立殖民地后，曾将一些没有土地的公民遣送到这里。公元前29年奥古斯都统治后，则将迦太基设为非洲行省的一部分。4世纪，古罗马帝国分裂后，迦太基又隶属于西罗马帝国。到了5世纪汪达尔入侵迦太基，成立了阿兰·汪达尔国。7世纪，迦太基又被阿拉伯人征服，直至1221年，当第5次十字军东侵横扫迦太基之后，这座饱经沧桑的古城被严重损坏，终于完全消失在历史长河之中。

英文名：Maya Site of Copan
年　代：约公元前1200年
位　置：洪都拉斯首都特古西加尔巴西北部
特　色：玛雅文明中最古老且最大的古城遗址

玛雅古城科潘

1.最古老的玛雅古城

玛雅文明诞生于公元前2000年，大约在公元前250年进入古典期，并逐渐走向鼎盛。其中心地带从危地马拉高原、墨西哥城、萨尔瓦多、洪都拉斯一直延伸到墨西哥尤卡坦半岛的辽阔平原，身处其间的科潘古城是其前哨。

公元前1200年起，玛雅先民出于一种对玄幻世界的想象，开始在各地修建大型城市，并像其他古代民族一样修建了一座座巨大的建筑。不同的是，玛雅建筑散布在高山丛林中，但他们并未修建连接都市与密林的道路。在这些城市中最古老的，就是科潘古城。

科潘古城遗址位于洪都拉斯首都特古西加尔巴西北部大约225千米处，靠近危地马拉边境。它坐落在13千米长、2.5千米宽的峡谷地带，占地面积约为15公顷，海拔600米。公元前7世纪至公元前1世纪，这里曾经是古代玛雅人的宗教和政治中心之一，也是玛雅文明中最古老且最大的古城遗址。这里依山傍水，土地肥沃，森林密布。遗址中有金字塔、广场、庙宇、雕刻、石碑和象形文字石阶等建筑，是十分重要的考古区，吸引了众多著名学者到此进行考古研究。

16世纪，西班牙人登上美洲大陆时，玛雅人还巢居树穴，过着原始部落生活。相比于公元前8世纪产生的科潘文明，实在是令人感到匪夷所思。

2.石阶上的象形文字

现代研究表明，科潘古城曾经是一个繁盛的商业中心，它的第一批定居者在公元前1200年就出现了。西班牙人加西亚于1576年发现了科潘古城，当时它已湮没在丛林之中。遗址的核心部分是宗教建筑，主要有金字塔祭坛、广场、6座庙宇、石阶、36块石碑和雕刻等。遗址的外围是16组住房，有接近宗教建筑的祭祀用房屋，还有部落首领、贵族及商人的住房以及一般平民的住房，这16组住房反映了当时阶级社会中的等级制度和宗教的崇高地位。

在科潘的山丘上有一座祭坛金字塔，高30米，由2500块刻着花纹及象形文字的方石块垒成，有一条宽约10米、长约60米

人像石柱：

在科潘发现的36根石柱中，每根都是用一块整石雕凿而成的。这根巍峨耸立的石柱代表着太阳神，上面还刻有金星，可能和古玛雅人祭祀和举行天文观象活动有关。

科潘祭坛金字塔：

高30米，共有63级台阶，它是由2500块刻着花纹及象形文字的方石块垒成，由一条宽约10米、长约60米的石梯直通塔顶，每级石阶都刻着玛雅人的象形文字。

公元前200多年，科潘是玛雅王国的首都，也是当时的科学文化和宗教活动中心。1576年，西班牙人迭戈·加西亚无意中发现了这处湮没在草莽丛中的古城遗址。

科潘武士雕像：科潘是古代玛雅人的宗教和政治中心之一，用于祭祀神灵的石雕在这里随处可见。图中这座风格独特，表情迥异的武士雕像，可能是古玛雅人祭祀活动中的守卫。

的石梯直通塔顶。石阶两侧雕刻着两条倒悬的花斑大蟒。每级石阶都刻着玛雅人的象形文字，这些文字记载了关于玛雅人的重大事件，所以又称为“象形文字石阶”。在玛雅人祭祀活动中这座石梯是祭司和部族首领登上塔顶进行祭祀的通道。

祭司石雕：

在科潘古城祭坛中，刻有四个盘腿对坐的祭司。他们身上佩戴有传统的装饰品，上面还刻有古老的象形文字。

3.宗教雕刻群

在广场附近，一座庙宇的台阶上立着一个硕大的、代表太阳神的人头石像，上面雕刻着金星。另一座庙宇的台阶上，是两个狮头人身像，雕像的一只手握着一支象征着雨神的火炬，另一只手攥着几条蛇，嘴里还叼着一条蛇。在山坡和庙宇的台阶上，耸立着一些巨大的、表情迥异的人头石像。据说，玛雅人的第一位祭司、象形文字和日历的发明者伊特桑纳死后，就被雕刻成众神中的主神供奉于此。

在广场的中央，有两座由地道连通、分别祭祀太阳神和月亮神的庙宇，各长30米，宽10米，它们的墙壁、门框上有丰富的人像浮雕。在两座庙宇之间的空地上，耸立着14块石碑，这些石碑建于613年至783年之间，所有的石碑均由整块的石头雕刻而成，高低不一，上面刻满了具有象征意义的雕刻和数以千计的象形文字。在众多的人物雕像中，只有一个看起来像女性，表明了当时妇女的地位十分低下。

在科潘玛雅遗址中，还发现了一个面积约300平方米的长方形球场，地面铺着石砖，两边各有一个坡度较大的平台。现在台上仍有建筑物的痕迹。据考证，科潘的玛雅人在举行祭祀仪式时，要进行一场奇特的球赛，从中来选拔部落中的勇士。

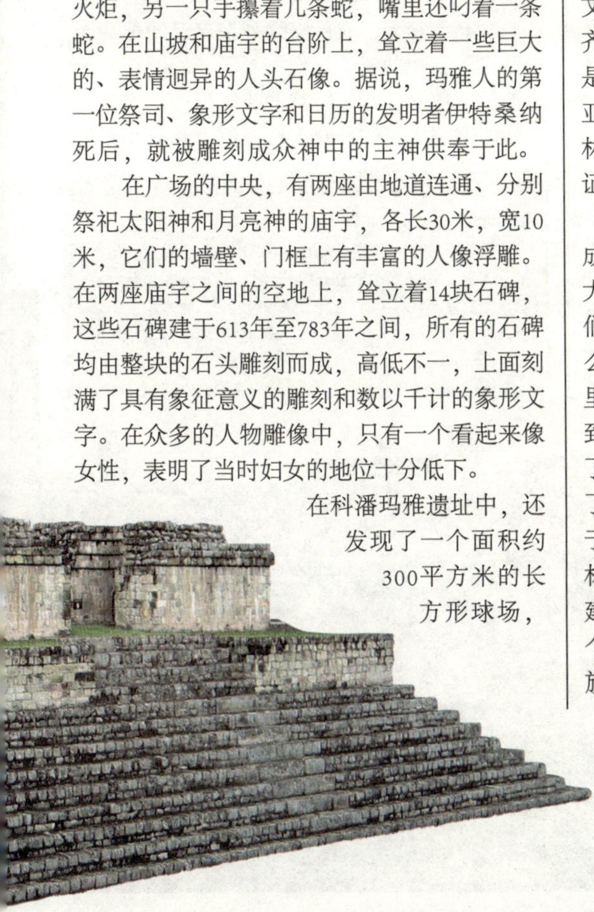

4.文明失落之谜

19世纪90年代以来的考古成果表明，科潘文明是玛雅文明古典时期的重要代表。在拉乌齐·伊米克斯王统治时期（628—695），科潘是中美洲规模最大、势力最强的城市。但加西亚发现它时，整个城市几乎都被浓密的热带雨林吞噬了，只有那严丝合缝的高大石墙默默地证明着曾经无比壮观的古城的存在。

这么宏伟的建筑只有强大的民族才能完成，那些伟大的建造者们后来为什么抛弃了这里呢？他们到哪里去了？是灭亡了吗？遍布于中美洲丛林中的其他建筑也和这个神秘的民族有关吗？

【百科链接】

尤卡坦半岛

尤卡坦半岛东靠加勒比海，西临墨西哥湾、坎佩切湾，东北隔尤卡坦海峡与古巴相望，面积19.76万平方千米。尤卡坦半岛属热带气候，北部多热带草原，南部则为热带森林。这里以玛雅文明的兴盛而闻名于世，是玛雅人的故乡。直至今日，玛雅人以及带有部分玛雅血统的混血儿仍然是该半岛的主要居民，玛雅语在尤卡坦半岛上仍然被广泛使用。

公元600年，玛雅帝国进入了鼎盛时期，并创造了举世震惊的玛雅文化。

◁英文名：Archaeological Areas of Pompei
◁位　置：意大利那不勒斯
◁年　代：公元前8世纪至公元79年
◁特　色：保存完好的古罗马城市

庞贝古城遗迹

1.火山吞没的古罗马第二大城市

庞贝位于意大利南部那不勒斯附近，始建于公元前8世纪。经过几百年的发展，庞贝城成为当时仅次于意大利古罗马的第二大城。当时，庞贝绚丽的自然风光和城内宏伟的太阳神庙、巨大的斗兽场、壮观的大剧院、新奇的蒸汽浴室等，吸引了地中海周边国家和地区的许多富商和贵族。不料，公元79年，庞贝城附近的维苏威火山突然爆发，瞬间吞没了这座闻名遐迩的庞贝城。

庞贝古城略呈长方形，城市周围环绕着城墙，城墙的四面设有城门。庞贝城内有纵横交错的大街，街道布局就像棋盘一般。城内的重要建筑围绕着市政广场，包括朱庇特神庙、阿波罗神庙、大会堂、浴场、商场等。此外，这里还有剧场、体育馆、斗兽场、引水道等古罗马市政建筑必备设施。庞贝城里有很多作坊和店铺，都按照行业分街设置，它们连同大量的居民住宅，是研究古罗马民用建筑的重要实物。比较富裕的家庭通常都有花园，主宅环绕中央天井布置厅堂居室，花园中建有古典柱廊，摆放着大理石雕像。在厅堂内，还绘有大量具有较高水平的壁画，是古罗马壁画的重要遗存。它们被发现后，对欧洲的新古典主义艺术产生了较大的影响。

2.一锄头掘出的奇观

庞贝城被火山吞没后，随着岁月的流逝，渐渐被人们淡忘了。当新的移民来到这里时，维苏威火山山脚一带已经长满茂密的森林。人们砍倒树木之后，发现下面就是肥沃的黑土地。在这块沃土上，新移民们种植了很多葡萄。

1748年春天，农民安得列在自己的葡萄园中劳作时，他的锄头好像掘到了一块巨石，无论他怎么使劲，都不能将锄头拔出来。安得列立刻叫来家人帮忙，众人扒开泥土和石块，发

庞贝古城遗址：

庞贝古城位于维苏威火山脚下，现在属于那不勒斯市的一部分。古城始建于公元前8世纪，后来发展成为古罗马帝国的重要行政中心。公元79年8月24日，维苏威火山爆发，导致该古城被火山灰湮没，1600多年后经发掘才重见天日。

 文明拾贝：古罗马最早的角斗士表演开始于哪一年？

现锄头竟然穿透了一个金属柜子。大家把柜子挖出来打开一看，里面竟是一大堆熔化或半熔化的金银首饰及古代钱币，人们立刻想起了祖辈口口相传的关于庞贝城失踪的传说。后来，一连串的发现终于引起了历史学家和考古学家的注意。

庞贝古城壁画：

庞贝壁画具有古罗马绘画的特点，奇异的结构和华丽的色彩极富空间感和动感，常被称为“庞贝的巴洛克”。

1876年，意大利政府根据专家们的建议，开始组织科学家有序地发掘庞贝古城。百余年后，经过七八代专家的持续发掘以及数千名工作人员的辛勤工作，庞贝古城终于真实地再现于世人面前。参与发掘庞贝古城的历史学家瓦尼奥说：“那是多么令人惊骇的景象啊！许多人在睡梦中死去，他们高举手臂张口喘着气；不少人家的面包仍在烤炉里，狗拴在门边的链子上；奴隶们还带着绳索；图书馆书架上摆放着草纸做成的书卷，墙上还贴着选举标语……”

3. 2000年前的斑马线与自来水龙头

目前，庞贝古城向游人开放的只有三分之一，其余的部分仍然被埋在地下。不过，在1.8平方千米的土地上，人们能够看到的用白色、青色巨石铺筑的大街小巷已经有几十条。庞贝城的街巷方正而整齐，小巷大约两米宽，大的街道有四五米宽。在庞贝城，每条人行道都比马路要高出一二十厘米，考古人员发现，当时的马车运输非常发达，在街道中间的路面，留下了一道道痕迹很深的车辙，连路面也被磨低了。站在庞贝的街道上，不难想象当时富商和贵族的马车在道路中间疾驰，而奴隶和小市民在两旁的人行道赶路的情景。在街道交叉的路口，都设置着一块块凸起的约30厘米高的“隔车石”。在古代，飞奔而来的马车临近交叉路口时，可以清楚地看到“隔车石”，这时他们就会放慢速度，让车辆从巨石的夹缝中缓缓驶过。或许，现代城市中所使用的斑马线，就源于当时的发明。

在许多街口和交叉巷口，还有刻着浮雕的大石槽。石槽上的浮雕种类很多，如神面、兽头、鱼嘴等，在浮雕的背后，都连接着青铜水管，并装有可以旋扭的龙头。路人只需轻轻一旋龙头，水管中的清水就会汩汩流出，供人饮用或清洗。现在，许多著名的大城市也有类似的设置。

【百科链接】

维苏威火山

维苏威火山海拔1277米，是欧洲大陆唯一的活火山，位于意大利坎帕尼亚的西海岸，世界上最大的火山观测站就设在此处。在古代传说中，维苏威火山是一座截顶的锥状火山。火山口内和周围是长满野生植物的陡壁悬崖，岩壁的一侧有缺口；火山口底部不长草木，有一处较平的地区。在火山锥的外缘山坡上覆盖着适于耕作的肥沃土壤，其山脚下有赫库兰尼姆和庞贝两座繁荣的城市。在公元前，维苏威火山曾喷发过多少次，历史上并没有详细记载。公元63年，维苏威火山地区曾发生过一次地震，对附近的城市造成了相当大的损失。此后，该地区经常发生小地震。

英文名：Pre-Hispanic City of Teotihuacan
年　代：据传约建于公元前500年
位　置：墨西哥城城北
特　色：几何图形和象征性排列的建筑遗址及其庞大规模

特奥蒂瓦坎古城

1. “众神之城”

位于墨西哥城城北约40千米处的特奥蒂瓦坎古城，是印第安文明的重要遗址，被称为“众神之城”。根据留存的建筑遗址和出土的文物，考古学家判断，在5世纪时，特奥蒂瓦坎城处于全盛时期，它不仅是墨西哥的圣城，也是当时世界上最大的城市之一。3至6世纪，该城居民可能多达20万左右。特奥蒂瓦坎人拥有高度发达的文明，创造了举世闻名的太阳金字塔和月亮金字塔。

2.是谁在何时建造了它?

19世纪，考古学家发掘出了这座古城遗迹的一小部分时，认为它是托尔特克人所建造的城市。不过，根据后来的研究结果，考古学家发现，托尔特克人的历史始于10世纪后半期，此时，特奥蒂瓦坎早已成为废墟。

到目前为止，甚至考古学家也无法找到确切的证据来证明这座古城到底是在什么年代建造的。对于特奥蒂瓦坎城建立的年代，学者有很多看法，并且始终没有达成一致：大多数人认为，这座城市兴盛于公元前1世纪到6世纪之间；在考古学家利用碳14对古城内的灰烬和木块进行鉴定的过程中，有人指出，整座古城的历史年代应比目前断定的还要早几百年；也有人认为，特奥蒂瓦坎城约在公元前1500年到公元前1000年之间崛起；还有的学者根据地质资料认定，特奥蒂瓦坎的建城日期在公元前4000年之前。

3.“黄泉大道”

在特奥蒂瓦坎的中心广场上，两条大道垂直相交，4千米长、45米宽的黄泉大道纵贯南北，街道的坡度巧妙地设定为30度。在4千米长的黄泉大道上，每隔若干米建有一个有6级台阶的平台。从北向南望去，台阶隐没在坡度差之中，看上去是一条笔直的街道；而从南向北望去，街道上的台阶与3千米外月亮金字塔的台阶融为一体，没有尽头，给人直上云霄之感。

位于“黄泉大道”东面的太阳金字塔，体积比胡夫金字塔还大。它的底边周长与塔的高度之比刚好为4π。塔的设计采取了被古代印第安人视为神圣符号的五点形，即在正方形四角各置放一点，而把第五点放在代表生命的中心，使所有相互对立的力量在此聚集。因此，

月亮金字塔：

月亮金字塔坐落在特奥蒂瓦坎古城城北，是祭祀月亮神的地方。它坐北朝南，基址长150米，宽120米，塔高46米，共有5层，塔前的宽阔广场可容纳上万人。

特奥蒂瓦坎古城遗址：

特奥蒂瓦坎古城位于墨西哥首都墨西哥城北约40千米处，历史悠久，以几何图形和象征性排列的建筑遗址及其庞大规模闻名于世。

有人认为，太阳金字塔代表着宇宙中心。而且，在阿兹特克人的传记中，也有“太阳从特奥蒂瓦坎升起，徐徐升到宇宙的中心”的说法。每年的5月19日中午和7月25日中午，太阳就会升到金字塔顶上；同时，金字塔的西面也会准确地朝向日落的位置。而在每年的3月21日和9月22日，即春分和秋分日，阳光会从南往北移动，到了中午，金字塔西南的最下层就会出现一道笔直的不断扩散的阴影。从阴暗到洒满阳光，所需时间总共是66.6秒。

坐落在黄泉大道最北端的月亮金字塔略小一些，但同样气势雄伟。它也有5层重叠的平台，逐层减小。月亮金字塔脚下的广场上建有魁扎尔帕帕洛特尔宫，亦即神奇的鸟蝶宫。在宫中院子里的柱子上刻有蝶翅鸟身的浅浮雕。这座华美的殿堂是特奥蒂瓦坎古城中为数不多的非神庙建筑之一，可能是月神祭司的宅邸。

4.突然衰落之谜

关于“众神之城”的衰落，人们提出了种种猜测：有人说是遭到了外敌入侵。但是这样一种发达的文明，不可能因为某些尚未开化的原始民族入侵而被消灭。一些考古学家勘察了部分遗迹后认为，特奥蒂瓦坎后期曾发生过大火灾。因此，他们提出是火灾导致了特奥蒂瓦坎的衰落。不过这种说法并没有足够的证据。还有人认为，特奥蒂瓦坎的衰亡是内部斗争引起的。可是如此发达的文明，从内乱到崩溃、衰亡，肯定会是一个长期的过程，不可能在这么短的时间内突然消亡。

而特奥蒂瓦坎衰亡后，那些知识丰富的智者、手艺精湛的工匠以及几十万居民又去了哪里呢？如果说他们与周围的其他民族融合了，为什么那些高度发达的科学技术会消失呢？随着对特奥蒂瓦坎发掘和研究的不断深入，考古学家们也陷入到更多的谜团之中。

【百科链接】

乌斯马尔古镇的“占卜金字塔”

乌斯马尔在墨西哥尤卡坦半岛北部，梅里达南79千米处。在玛雅语中，“乌斯马尔”意为“重建三次之地”。当地的主要建筑“占卜金字塔”高48米，东、西两面有石阶，南、北面的坡呈椭圆形。东面即正面的石阶比较陡峭，共有121级，一直通到顶端平台。在塔顶上有一座寺庙，共有三间房，中间一间朝西。祭司们在祈祷时必须注视着天空中的星星，然后根据星相学来进行占卜、预言等。

英文名：The Lighthouse of Alexandria
位　置：法罗斯岛的东端
年　代：公元前280年
特　色：古代七大奇迹之一

亚历山大灯塔

1.最“高尚”的奇迹

世界公认的古代七大奇迹有两个在埃及：一个是名列七大奇迹之首的吉萨金字塔，另一个就是名列第七位的亚历山大灯塔，又称“法罗斯灯塔”。它不带有任何宗教色彩，纯粹为人民实际生活需要而建。亚历山大灯塔的灯光在晚上照耀着整个亚历山大港，保障海上的船只安全通行达上千年。从这一点来看，亚历山大灯塔堪称最“高尚”的古代奇迹。

亚历山大灯塔的遗址在埃及亚历山大城边的法罗斯岛上。公元前330年，不可一世的马其顿国王亚历山大大帝攻占了埃及，并在尼罗河三角洲西北端，即地中海南岸，建立了一座以他的名字命名的城市。亚历山大城是一座战略地位十分重要的城市，在以后的100年间，它成了埃及的首都，是世界上最繁华的城市之一，而且也是整个地中海和中东地区最大、最重要的国际转运港。

亚历山大灯塔复原图：

如今，亚历山大灯塔已经不复存在，后人只能从复原图中回首它昔日的辉煌。

2.亚历山大灯塔的由来

公元前280年秋天的一个夜晚，月黑风高，一艘埃及皇家喜船在匆匆驶入亚历山大港时，突然触礁沉没了，船上的皇亲国戚及从欧洲娶来的新娘全部葬身鱼腹。

这是一件震动古埃及朝野的悲剧，国王托勒密二世随即下令在最大的港口入口处，修建导航灯塔。经过建设者40年的艰苦努力，一座雄伟壮观的灯塔屹立在法罗斯岛东端的礁石上，它就是亚历山大法罗斯灯塔，简称“亚历山大灯塔”。当然，还有一种说法，亚历山大灯塔的由来同当时亚历山大城频繁的贸易活动有关。

亚历山大城：

亚历山大在被征服地区建立了数十座城市，其中位于埃及的亚历山大城就是一座集政治、经济、文化、娱乐于一体的“完美之城”。

地处重要战略地位的亚历山大城，曾作为古埃及的首都，是当时世界上最繁华的都城之一，是地中海东部地区最大最重要的一座国际转运港。频繁的贸易往来，使各国商船云集于此，因此迫切需要有一座灯塔，来指引船只夜间进进出出。于是，标志古埃及人聪明才智的世界伟大奇迹——亚历山大灯塔便应运而生了。

亚历山大灯塔高120米，加上塔基，整个高度约135米。整座灯塔都是用花岗石和

据说，公元前280年，为了保证夜航船的安全，古埃及托勒密国王普图莱梅·菲莱代夫下令在法罗斯岛上建造一座灯塔。公元前280年动工，历时40年，建成了高达135米的亚历山大灯塔。

铜等材料建筑而成，灯的燃料是橄榄油和木材。聪明的设计师还采用反光的原理，用镜子把灯光反射到更远的海面上。这座无与伦比的灯塔，夜夜灯火通明，一直兢兢业业地为出入港口的船只导航。

克丽奥佩特拉：

古埃及克罗狄斯·托勒密王朝的最后一任女法老，她的一生充满了戏剧色彩。在有关亚历山大灯塔出现年代的争论中，克丽奥佩特拉曾被认为是灯塔的真正建造者，当然这一说法有待进一步考证。

3.灯塔毁灭之谜

850年，罗马帝国与法罗斯岛上的回教徒发生战争。由于站得高看得远，控制灯塔的军队总能及时发现来袭的敌人，这使得罗马军队大伤脑筋。于是，罗马人便散布谣言，说灯塔下面埋有宝藏，贪婪的人们为了夺得宝藏，给灯塔带来了难以修复的创伤。此后，1301年和1435年的两次大地震使灯塔彻底损毁，它成为除金字塔以外最后一个消失的古代世界奇迹。

15世纪，亚历山大城发生了一场罕见的大地震，摇晃的大地以巨大的力量摧毁了亚历山大灯塔——这座古代世界的建筑奇迹。这位亚历山大城的忠诚卫士、这顶亚历山大城的王冠就这样消失了。又过了一个世纪，埃及国王玛姆路克苏丹为了抵抗外来侵略，保卫埃及及其海岸线，下令在灯塔原址上修建了一座城堡，并以他本人的名字命名。埃及独立之后，城堡改成了航海博物馆。1996年11月，一组潜水员在地中海深处发现了据说是亚历山大灯塔的遗留物。

4.谁是真正的建造者？

近年来的考古发现又让人们对亚历山大灯塔提出了新的疑问。1994年，人们在灯塔旧址附近修筑防洪堤时，意外地发现了古代石料船之类的东西，于是，令世人瞩目的海底考古开始了。

令人困惑的是，在打捞过程中，不仅在海底发现了比托勒密二世年代更加久远的文物，还打捞出了埃及的方尖塔，这是法老时代的遗物，在塔的下面用象形文字刻着赛提一世的名号和他统治的第十九王朝守护神的形象。据此推测，该塔应有3000多年的历史。此外，他们还发现在不少文物上都刻有大量的象形文字和法老时代的符号。

失落的亚历山大灯塔终于重见天日，长期以来人们对灯塔是否存在的疑虑被彻底打消了。但为什么在灯塔周围发现的大批雕像和石材里，有很多是公元前3000年以前古埃及时代的遗物？灯塔本身到底是在什么时代建造的呢？

有人认为，灯塔出自3000多年前法拉时代的古埃及人之手；也有人认为，灯塔是托勒密王朝所建，这些古埃及时代的雕像和石材只是亚历山大大帝征服埃及后从古埃及神庙征调来的。

还有学者认为，亚历山大灯塔可能是埃及艳后克丽奥佩特拉的杰作，认为埃及艳后并不像希腊传记中描写的那样，是一个美艳妖娆、专爱勾引男人的风流女子，她可能是一位富有才华的早期数学家、化学家和哲学家。

【百科链接】

亚历山大图书馆

亚历山大图书馆始建于公元前3世纪，据说当初建亚历山大图书馆唯一的目的就是"收集全世界的书"，实现"世界知识总汇"的梦想。历代国王都下令搜查每一艘进入亚历山大港口的船只，只要发现图书，不论国籍，马上归入亚历山大图书馆。这使得亚历山大图书馆迅速成为人类早期历史上最伟大的图书馆，据说极盛时馆藏各类手稿逾50万卷（纸草卷）。642年，图书馆被一场大火彻底焚毁。

英文名：Nazca Lines　　位　置：秘鲁纳斯卡地区
年　代：公元前50至600年　　特　色：在天空俯视才能看见的巨画

纳斯卡线条

纳斯卡荒原巨猴图案：

图中的巨型卷尾猴长达108米，相比起纳斯卡大量的直线条，这只猴子是运用众多的弧线组成的图案。据科学家们推测，古老的纳斯卡人制作这些巨型图案，可能是用于与天文学有关的宗教仪式。

纳斯卡荒原巨型蜂鸟图案：

科学家无意中发现，荒凉无比的纳斯卡高原谜团重重，除了那些不知何用的线条外，还有巨大无比的动物图形。图中是长约300米的巨型蜂鸟图案。

1.最大的“天书”

在秘鲁西南的纳斯卡荒原及其附近的胡马纳荒原，满布着深度相同但宽窄不一的“沟”所组成的线条。这些线条的平均深度为0.9米，有的宽达数米，有的只有15厘米。线条构成三角形、长方形、平行四边形和螺旋形之类的几何图形，并分别组合成蜥蜴、蜘蛛、章鱼、鹰、蜂鸟等动物以及仙人掌等植物的图案。

这些奇特的图案如此巨大，就像是镶刻在大地上的一幅幅巨画，但在地面上人们却很难注意到它们。令人觉得不可思议的是，每隔一定距离，这些生动形象的图案又会在非常精确的位置重复出现，而且同类的动、植物的形象完全相同。在阳光的照射下，这些巨幅图画还能借错综的阴影显现出来，那些飞鸟像全都呈现出展翅欲飞的姿态。在附近的山头上，可以清楚地看到这种奇景，但当太阳升高后，那一幅幅巨画又消失了，只有在飞机上俯视才能看见。

根据分析考证，有人认为，这些线条很可能是古印第安人根据天文现象描绘出来的，它们构成了世界上最大的“天书”。德国学者玛利亚·莱因切认为，这些刻在大地上的直线与螺线代表着宇宙中星球的运动，而那些动物的图形则代表着各个星座。

可是，纳斯卡线条如此巨大，在不具备现代飞行技术的2000年前，古人是怎样设计并完成这些巨大而且精确的直线、弧线以及那些动物图案的呢？

2.飞行的“标志线”？

有人发现，纳斯卡巨画中的某些线条，竟然与飞机飞行时的“标志线”十分相似。据此，有人进一步推测，纳斯卡线条并不是简单的巨画，而是飞机的“跑道”。

美国畅销书作家冯·丹尼肯认为，来自外太空的旅行者在远古时代，曾经降落在纳斯卡荒原，他们在那里为自己的飞行器修建了跑道。冯·丹尼肯这种推测的证据，就是那些酷似机场跑道的线条。

但是，科学家们并不认同这种看法。他们认为，根据目前所掌握的科学知识，宇宙飞船根本不需要跑道。而且，纳斯卡的沙土非常柔软，并不适合任何沉重的飞行器降落。他们戏称，如果外星人的宇宙飞船真的在纳斯卡荒原降落，恐怕这些宇宙飞行员的脚会陷进土里拔不出来。

3.古纳斯卡人和外星人

纳斯卡荒原非常荒凉，祖祖辈辈在这里居住的土著居民十分贫穷，社会发展水平非常低下，至今他们在某些领域甚至还停留在石器时代。这种文化水平，显然不可能与纳斯卡巨图所表现出来的杰出的设计、测量和计算能力以及对几何图形的认识程度相联系。那么，谁才是纳斯卡线条真正的绘制者呢？有些学者认为，纳斯卡线条很可能是外星人的手笔，因为在远古时期，只有高度文明的外星来客才有能力完成对科学技术要求如此高的宏大工程。

有些学者经过多年的辛勤研究和探索后，认为纳斯卡荒原上的巨幅图案很可能是由古代纳斯卡人创制的。古纳斯卡人是古代南美印第安人中的一个部落，公元前4世纪至6世纪期间，曾经生活在秘鲁南部沿海地区，并创造出了高度的文明。花纹多样、图案别致的陶器是古纳斯卡文化的象征。

在秘鲁国家地理学会的支持下，女科学家玛利亚·莱曼对纳斯卡荒原的图案进行了仔细研究。在整整35年的时间里，她一直致力于绘制一幅标注着几百条“跑道”和图形的地图。当地图最终绘制完成时，这位可敬的科学家已经72岁了。她认为，这里的线条的确出自古纳斯卡人之手。在制作图案之前，古纳斯卡人会先在地上设计一个小图形作为草图，草图的边长为1米左右。然后，他们会把图形逐一放大到几十米、几百米甚至几千米，最后他们揭开地表，使底层淡黄色的砂砾露出来形成图案。玛利亚·莱曼认为，古纳斯卡人当时所用的长度单位比1英尺稍长，大约322毫米。他们在绘制某些近似圆形的图形时，可能是先将绳子的一端固定在一根木桩上，然后利用另一端当作圆规的一脚来画出图形。

1982年8月6日，根据玛利亚·莱曼所说的方法，美国肯塔基大学的乔·尼克尔教授率领工作队做了一个试验：在肯塔基的一块未开垦的荒地上，他们绘制出一只神鹰的图形，其结果与纳斯卡荒原图案中的神鹰完全一致。当然，这个试验只证明了一种可能性，还不能解开纳斯卡荒原的谜团。

【百科链接】

印加人的结绳记事

印加人有一种奇特的记事方法——结绳记事，就是在一条主绳上结上许多小绳，用结节表明数字，用不同的颜色和长度表明不同的类别。印加人把这种用棉线、骆驼或羊驼毛线制成的绳结叫作奇普，它是在一根主绳上串着上千根副绳组成。主绳通常直径为0.5至0.7厘米，上面系着很多细一些的副绳；每根副绳上都结有一串令人眼花缭乱的绳结，副结上又挂着更多的绳索。

纳斯卡灌溉系统：

纳斯卡高原干旱少雨，古代纳斯卡人对于水有着天生的渴求和崇拜。他们精心修筑的灌溉系统，既能起到灌溉农作物的功用，也能储水满足日常生活的需求。

英文名：Pyramids of Mochica
年　代：约建于100年
位　置：秘鲁北部海岸
特　色：莫奇卡文明的见证，莫奇卡王国最重要的圣殿之一

莫奇卡金字塔

1.沙漠里的古老王国

大约100至700年间，在秘鲁北部沙漠海岸，武士和僧侣集权统治下的莫奇卡文明曾经盛极一时。莫奇卡人掌握着先进的农耕技术，他们利用从安第斯山上流下来的雪水，建造了大型河谷灌溉系统。在开拓出的肥沃土壤上，莫奇卡人不仅种植粮食，还大量种植棉花以编造精美的织物。

莫奇卡人还建造了梯级的大型金字塔，如太阳塔及月亮塔。太阳塔和月亮塔位于莫奇卡谷的庆典中心，约在100年开始建造。其中，太阳塔是当时美洲最大的金字塔。在金字塔的内部，有大量的装饰壁画和回廊，上面绘着神灵和宗教典礼图案。有些金字塔里，还埋葬着莫奇卡贵族，贵重、精美的随葬品令人叹为观止。在最繁荣的时期，有大约1万人居住在那里，他们还在两座塔之间的平原地带创造出了大量的艺术精品。不过，现在我们只能从废墟中想象当时这里的繁荣景象了。

2.太阳塔上的奇怪记号

高耸在河谷底的太阳塔长345米，宽160米，高度达40米。1602年，来自西班牙的寻宝者为了寻找宝藏，将莫奇卡河改道，导致太阳塔的大部分都被河水冲毁。现在，太阳塔昔日的雄姿已经荡然无存。太阳塔曾经是莫奇卡王国统治者的官邸，是统治者履行行政职能的地方。在太阳塔受毁最严重的北面，曾经有一条通向十字形高地和阶梯形塔尖的斜坡，现在也已经被毁坏了。令人奇怪的是，太阳塔及其周围的许多建筑物，都曾被涂上颜色。

经考古学家考证，太阳塔的建设工程共分八个阶段进行，大部分工程于450年之前竣工。当时，建造者大约动用了14300万块用模具制造的砖坯，他们把砖坯堆

头像陶器：
莫奇卡遗址中出土了很多制作精细的陶器，其中尤以这种头像陶器最为奇特。它以人的头部为器身，面部表情栩栩如生，头上戴着莫奇卡两片式的奇特帽子。

莫奇卡太阳塔：
经过岁月的侵蚀，太阳塔已不复往日的雄姿。不过作为莫奇卡庆典和祭祀的中心，太阳塔过去一直承担着充当统治者官邸的神圣责任。

成高高的像柱子一样的砖垛。在砖垛上，一些砖坯还印有一些奇形怪状的记号，人们称之为“制砖人”的记号。这些记号种类繁多，包括手印、脚印、圆圈和弯弯曲曲的线条等。通过考古学家的努力，现在已经有上百个记号被辨认出来。专家认为，它们可能是用来区分为莫奇卡统治者服劳役的不同工匠的记号。

莫奇卡陶罐：

莫奇卡人有着高超的彩陶制作技术。在他们的彩陶罐上，大部分都绘有宗教和祭祀仪式的场面。莫奇卡人崇拜神灵，和玛雅人一样用活人献祭，其目的是为了保佑整个部落风调雨顺。

3.进行残忍祭祀的月亮塔

在白山脚下，莫奇卡人建造了用于宗教祭祀的月亮塔。月亮塔的修建至少分为六个阶段，持续时间近600年。月亮塔的走廊、斜坡与建筑物的三个平台、四个广场相互连接。在一些建筑物的上部，建造者还修建了房顶加以遮盖。

经过研究，学者们认为，在建造月亮塔时，当年的建造者大约使用了5000万块泥砖。他们先填平早期的广场，然后搭起平台以建造新建筑。在建造过程中，他们一边仔细地封填早期的建筑，一边埋葬曾经在月亮塔组织过宗教仪式的巫师。塔的部分外墙被涂成白色、红色和赭黄色。在月亮塔的天井里，有大量的回廊和壁画，回廊上和壁画中都描绘了一个刽子手的形象：一个长着翅膀的神，一只手拿着一把仪式上用的月牙形弯刀，另一只手则提着一个表情痛苦的人头。考古学家推测，这可能反映了莫奇卡人用人来做祭祀牺牲品的习惯。

莫奇卡人的纺织品：

莫奇卡人不仅掌握了先进的农耕技术，种植了大量粮食，而且在纺织品制作方面也毫不逊色，远远超过同期的美洲其他文明。图为制作精美的莫奇卡人的纺织品，上面绘有莫奇卡人的形象。

4.吃人的部族

1995年，考古学家在该地又有惊人发现：工作人员发现了许多脊骨上布满细小刀痕的骸骨。这些刀痕意味着受害者遭到残忍屠杀后，又被人用刀将肉细细地割下。受害者的尸体难道被吃掉了吗？

在美洲，活人献祭和吃人的关系十分密切。

【百科链接】

西潘王墓室

西潘王是古代莫奇卡人的一位帝王。在西潘王的墓室里摆满了琳琅满目的陪葬品，他的尸骨放在墓室的正中间，手中抓着一个重达0.5千克、纯金制成的小铲子。他的头上和前胸覆盖着华丽的金制面具，手臂上挂满精美的首饰，就连尸体周围都堆满了数不清的首饰和工艺品。西潘王墓室的发现是整个西半球最辉煌的墓葬文物发现，被喻为新大陆的“图坦卡蒙墓”。

◁英文名：Aksum
◁年　代：1至13世纪之间
◁位　置：埃塞俄比亚北部和厄立特里亚西部
◁特　色：重要的非洲文明，遗址中有方尖石碑、大型石柱、王室墓地和古代城堡

阿克苏姆

1.埃塞俄比亚的“基石”

阿克苏姆的大致范围，在埃塞俄比亚北部和厄立特里亚西部地区，这里一度是古代阿克苏姆王国的中心，也是非洲阿克苏姆文明的发源地，被誉为埃塞俄比亚的“基石”和“古代文明的摇篮”。同时，阿克苏姆文明也是古代非洲的重要文明，当时阿克苏姆王国是东罗马帝国和波斯帝国之间最强大的国家。当地发现的大量遗迹可以追溯到1世纪至13世纪之间，这些发现包括方尖石碑、大型石柱、王室墓地和古代城堡。

考古学家考证，大约在1世纪，阿克苏姆王国出现。4世纪，阿克苏姆国王埃扎那开始信奉基督教，此后一直到6世纪，王国一直处于鼎盛时期。尽管在10世纪，阿克苏姆城在政治上的重要性已日渐丧失，但是埃塞俄比亚新国王的加冕仪式仍然在这里举行。

摩西雕像：

摩西是公元前13世纪最伟大的犹太人先知，是战士、政治家、诗人、道德家、史家、希伯来人的立法者，也是旧约圣经前五本书的执笔者。这尊摩西大理石雕像，高2.35米，由米开朗琪罗创作于1513至1516年间，存于罗马梵蒂冈圣彼得大教堂。

2.人类竖立的最高石碑——方尖碑

巨型方尖石碑和巨大无比的石柱是阿克苏姆文明的标志性建筑。在现在的古城遗址上，有许多高高耸立的花岗岩方尖石碑和巨大无比的石柱。这些方尖石碑、石柱大约建于306年，碑体一般高约4米，都是从山石上直接开凿雕刻而成。遗址上原有一个由7座方尖碑组成的石碑群，其中的5座早已倒塌，剩下的两座中，一座高33米，其重量大约有500多吨，被认为是古代世界成功开采并竖立的最大的整块岩石，也是人类有史以来竖立起来的最高的石碑。这座石碑如同一座九层塔楼，其正面的主要雕刻，如一些木质窗口、过梁等，都象征性地嵌在墙壁上。每层之间的空隙由象征性的圆木柱区分出来，一扇象征性的门则使石碑更像座楼房。另一座方尖碑高24米，在碑顶下雕刻着类似一面盾牌的图案，它是埃塞俄比亚古代文明的代表。这块方尖碑建造于4世纪阿克苏姆王朝时期，重达180吨，不论从文物价值还是从对历史产生的深远影响来看，都可谓价值连城。

3.装有摩西十诫的金约柜

距阿克苏姆石碑不远处，有一处带围墙的宽敞建筑群，包括两个教堂。其中一个很古老，而另一个的建造年代显然离今天近得多。这两个教堂都是为锡安山的圣玛利教堂建造的。

离这两个古代教堂不远，有一片大厦的废墟，这是第一座锡安山圣玛利教堂的遗迹，建于372年，是一座具有5个侧廊的长方形教堂。它很可能是非洲西撒哈拉地区最早的基督教堂，被视为全埃塞俄比亚最神圣的地方。

根据当地教会的传说，《圣经》中记载的装有摩西十诫的金约柜不知去向，后经所罗门和示巴女王的一个后裔运至此地，珍藏在本地的教堂中。也就是说，阿克苏姆是金约柜最后的安放地。

据说16世纪20年代，有个名叫阿尔瓦雷兹的欧洲人参观第一座圣玛利教堂时，金约柜还保存在这座古代教堂的内殿里，并且记录有埃塞俄比亚人关于示巴女王及其独生子门涅利克的传说。16世纪30年代，一个名叫阿赫迈德、绰号“格拉金”（意思是“左撇子”）的首领，宣布对埃塞俄比亚发动圣战。当阿赫迈德的大军日益逼近时，这件圣物便被转移到了“另外某个地方”。

100年后，整个帝国恢复了和平，金约柜又被放回了第二座圣玛利教堂。据说，金约柜一直被保存在那里，直到1965年海尔·塞拉西皇帝下令把它移到一座更安全的新礼拜堂中。

4.金约柜下落不明

在以色列早期的记录当中显示，金约柜用来盛装上帝在西奈山赐给摩西的石碑。因此，石碑以及用来盛装它们的柜子就成了上帝与以色列之间关系的见证。在《出埃及记》第25章第22节里，上帝对摩西说：“我会让你知道我就在那里，就在柜盖上两个小天使之间与你讲话，在见证之柜的上面。”出于这个原因，金约柜有时候被看做上帝的踏脚凳。据传，就是这个金约柜，率领以色列人进入迦南地区。后来柜子被大卫王带到了耶路撒冷，然后被所罗门国王安放在新修的神殿“至尊堂”中。金约柜被当作耶路撒冷的珍宝，但有关它的下落却是众说纷纭。

有一种流传甚久的传说，称金约柜被安放在神殿中之后，就被所罗门国王与示巴王后所生的儿子窃走，带回了埃塞俄比亚。埃塞俄比亚的法拉沙人声称，自己是当年护送金约柜到达埃塞俄比亚的犹太人后裔。历史悠久的埃塞俄比亚皇家都自称是大卫王和所罗门王的后代。埃塞俄比亚教会也宣称，几百年来金约柜一直封存于该教会。

大卫王带金约柜回耶路撒冷：

大卫王定都耶路撒冷，并兴建了宫殿。后来又将犹太人的圣物——上帝的金约柜迁到这里，耶路撒冷从此成为犹太人永远的圣城。

【百科链接】

所罗门宝藏

所罗门王是犹太民族历史上最伟大的君王，也是世界上最传奇的君王。据《圣经》记载，所罗门王在梦中向上帝祈求智慧，上帝不仅赐给他无比的智慧，还赐给他无尽的荣耀、财富以及美德。据说，所罗门王每年仅从各个属国征收的贡品就相当于666塔兰（1塔兰相当于150千克）黄金，他将所搜刮的金银财宝都存放在圣殿里，这就是历代相传的“所罗门宝藏”。

阿克苏姆方尖碑：

拥有1700年历史的阿克苏姆方尖碑是埃塞俄比亚文明的象征，不仅保存着阿克苏姆皇帝时代的历史，也见证着阿克苏姆文明的起伏兴衰。

英文名：Pre-Hispanic City of Chichen-Itza
年　代：514年
位　置：墨西哥尤卡坦州南部
特　色：综合了玛雅人的建筑技巧和托尔特克人的雕刻装饰

奇琴·伊察古城

1.玛雅帝国最大的城邦

奇琴·伊察古城遗址位于墨西哥坎昆以西约200千米处——尤卡坦半岛潮湿炎热的低地区，是典型的玛雅和托尔特克文化遗址。尤卡坦半岛属石灰岩层地带，没有河流湖泊，但有许多因岩层塌陷而形成的天然地下水池或水井。玛雅人的伊察部落能在该处定居建城，靠的就是这些地下水池供水。“奇琴·伊察”在玛雅语中即为“伊察人的井口”之意，城市因此而得名。古城建于514年，7世纪，这座城市发展到鼎盛时期。

奇琴·伊察曾经是古玛雅帝国最大、最兴盛的城邦，在这里，考古学家发现的主要古迹有千柱广场、羽蛇金字塔、玛雅人古天文观象台等。其中，又被称为“库库尔坎金字塔”的羽蛇金字塔完美地诠释了古代玛雅人的杰出智慧。该金字塔建于10世纪，位于尤卡坦半岛东北端。

2.羽蛇金字塔

羽蛇金字塔的四面各有91级直达塔顶的台阶，四面共364级，加上塔顶平台，一共365级，这正好是一年的天数。九层塔座的阶梯又分为18个部分，这恰好是玛雅历一年的月数。玛雅人崇信太阳神，他们认为羽蛇是太阳神的化身。因此，他们在朝北的台阶上，精心雕刻了披着羽毛、张着大嘴的蛇头。蛇头高1.43米，长1.80米，宽1.07米。每年春分和秋分的下午，当太阳西落时，阳光照射在台阶上，形成的波浪状影子连同雕刻的蛇头，远远看上去，就像一条巨蟒从塔顶蜿蜒而下。台阶上由于阳光照射而依次形成排成一列的七个等腰三角形，这就像蛇背上的花纹，使整个蛇形更加逼真。随着太阳的下落，蛇头上的阳光首先消失，随后，七个等腰三角形会由上而下地依次消失，最终，蛇尾也会消失不见。

> 奇琴·伊察天文台：
> 它是代表玛雅文明的最古老的圆形建筑物，也是世界上现存最早的古代天文台。有3层平台，台内有一座螺旋梯子直通最上层的观测台，圆顶上有许多对着各个星座的天窗。

羽蛇金字塔高超的建筑艺术，表明玛雅人对季节的变化和天气、农业的关系非常了解，并且在数学、天文学、建筑学等方面都有很高的水平。

3.古代中美洲最好的球场

在奇琴·伊察，可能有当时中美洲最好的球场。就在金字塔西面的不远处，建有一个虎庙和一个相当大的球场。虎庙的名称来源于寺庙顶部有一座老虎造型的高浮雕像。球场则由两堵86米长、5米高、相距约100米的平行石砌墙围绕而成。在两墙中间的广场中央，有一个直径约1米的穿洞圆石盘，而从虎庙的高处可看到整个球场。

球赛的宗教意义至今仍是个谜，但考古学家从墙上的浮雕发现了一些令人震惊的画面——被砍了头的竞技者，这说明，比赛很可能是以失败的一方死亡而告终的。

在稍晚一些的阿兹特克时代，学者们发现了关于这种比赛的说明：在球场两侧石墙的上部，各有一排石洞，竞赛者如果能够接住从其中一个洞掉出的球，就会成为胜利者。观众甚至会把自己的衣服扔给胜利者以做奖赏。

羽蛇金字塔：

玛雅崇拜的羽蛇神名字叫“库库尔坎”，因此羽蛇金字塔也被称为“库库尔坎金字塔”。

4.神秘的“玛雅星”

科学家曾解读了一部有关玛雅人天文历法的珍贵文献，他们发现了玛雅人的三种历法，即地球年365天，金星年584天，卓尔金年260天。其中，卓尔金年将一年分为13个月，每月20天，不过，这种纪年法并不是以地球上所能观察到的天体运行情况为根据而测算出来的。科学家已经证实，玛雅人的地球年和金星年都非常准确，并且在太阳系中确实存在地球和金星，不过，卓尔金年却一直困扰着他们。

后来，在地球和金星之间，科学家们发现了一条陨石带。他们推测，在非常古老的年代，太阳系确实存在一颗每年自转260圈的星体。又有科学家指出，卓尔金年应该和金星年一样，也是计算星球的运转周期，但在太阳系里却找不到这颗星体。而这颗星如果存在的话，就应该处于地球和金星之间。因此，有些学者就称这条陨石带为“玛雅星”。他们认为：在远古时代，玛雅星上曾拥有高度的文明，后来由于某种原因，这颗星体爆炸了，玛雅星上的部分居民就来到了地球。由于地球上的彗星撞击、大洪水等灾难，玛雅人的文明再次被中断。对于祖先遗留下来的远古科学文献，玛雅人的后裔再也无法理解，卓尔金年历法就是其中之一。

【百科链接】

玛雅水晶头骨

1927年，英国探险家米歇尔找到了玛雅传说中神奇的水晶头骨。这颗水晶头骨长17厘米，宽和高各是12厘米，重量是5千克，它是用一大块完整的水晶，根据一个成年女人头颅的形状雕制而成的。它做工非常细致，鼻骨是用三块水晶拼成的，两个眼孔处是两块圆形的水晶，它的下颌部分既可以跟头盖骨部分相连，也可以拆开，整个构造异常精巧。

英文名：Gateway of The Sun　　位　置：玻利维亚蒂瓦纳科

年　代：约1000年　　特　色：巨型石雕技艺与天文知识的结合

太阳门

1.“太阳门”

在蒂瓦纳科那些散乱的远古建筑和废墟的石块中，耸立着“太阳门”——重逾百吨的一块超巨型石雕。在每年的9月21日，黎明时分的第一束阳光总是从这座石门的中间穿过，然后射向大地，这就是“太阳门”名称的来历。在整个南美大陆，它是最负盛名的古代文明奇迹。

“太阳门”高3.05米，宽3.96米，由一块完整的巨型岩石凿成。在“太阳门”中间，凿有一个门洞，门楣中间有一座较浅的浮雕神像。在神像的两旁，还平列着3排共计48个较小的、生动逼真的神像。整座浮雕表现了一个深奥并且复杂的神话世界。

2.重逾百吨的石雕

美国考古学家温德尔·贝内特在研究蒂瓦纳科文化时，采用层积发掘法证明了该文化的最早年代为4至8世纪，而太阳门等建筑则在公元1000年前正式建成。当时，这里是宗教圣地，远方的朝圣者跋山涉水到这里举行朝拜仪式，祭祀他们的神灵。专家们推测，朝拜者可能在赶来朝拜的同时，运来了大量的建筑材料，最终建造了这些宏伟的建筑物。

考古学家经过鉴定，发现建造“太阳门”的安山岩产于的的喀喀湖上一个名叫珂帕卡班纳的半岛。人们不禁要问：在生产力极为原始的远古时代，人们怎么可能把重达百吨以上的巨石从5千米外的采石场运送到指定地点？

玻利维亚的科学家们做过实验，他们证实，如果采用木筏在水上运输，只能运输较小的石块。如果从陆上运输，需要6名士兵才能拖动一块半吨重的石头。而“太阳门”的重量在100吨以上，那得需要多少人来拖动？而且，要把这么庞大而沉重的石门竖立起来，显然不那么容易，即使是在今天，也必须使用大型起重机。但当时的印加人连车辆都没有，他们又是怎样把这块巨大的石门竖立起来的呢？许多人认为，建造者是采用平底驳船从采石场附近的的的喀喀湖运

蒂瓦纳科太阳门：

蒂瓦纳科太阳门上的浮雕所具有的神秘色彩和复杂寓意，反映了当时人对于宇宙现象的理解，其中更包含了深奥的历法计数系统。

【百科链接】

的的喀喀湖

的的喀喀湖海拔3812米，面积约8330平方千米，水深平均100米，最深处可达256米。湖水呈淡绿色，十分清澈。湖泊的位置比较有趣：$\frac{3}{5}$在玻利维亚境内，$\frac{2}{5}$在秘鲁境内。的的喀喀湖虽然是一个内陆湖，却是一个淡水湖。这是因为湖的四周都是雪峰，湖水不断得到高山冰雪融水的补充，故而湖水不咸；又因为湖泊被安第斯山所屏蔽，冷气流被山脉阻挡，因此湖水终年不冻。

蒂瓦纳科遗址位于南美洲国家玻利维亚境内，是古代蒂瓦纳科文化的宗教、政治中心，也是玻利维亚印加古文化遗址。“太阳门”是该遗址中最著名的古迹。

维拉科查雕像：卡拉萨萨雅广场上的维拉科查雕像是蒂瓦纳科文明雕刻艺术的代表，其形象和神态与太平洋上复活节岛上的雕像很相似，引起了人们无限的遐想。

的的喀喀湖：

的的喀喀湖是南美洲地势最高、面积最大的淡水湖，也是世界最高的大淡水湖之一。它位于玻利维亚和秘鲁两国交界的科亚奥高原上，被称为“高原明珠”。

送石料的。据地质考察，当时，的的喀喀湖的湖岸与卡拉萨萨雅地理位置接近，后来湖面才降低至现在的位置。即使这种说法成立，那搬运巨石所使用的驳船需要比几个世纪后的殖民主义者乘坐的船还要大好几倍，这在当时是不可能的。

现在，“太阳门”已经引起了越来越多的学者的关注。虽然许多人对其进行了努力的研究，但至今仍然没有合理的解释。

3.“太阳门”上的神秘符号

“太阳门”并不仅仅是个简单的庞然大物，在坚硬的岩石表面，还雕刻着极其精美的图案。在“太阳门”的门楣中央，建造者雕刻了神秘的神像，神像的头部有许多道呈放射状的光线图案，神像的双手持有鹰头装饰的节杖，每只手只有4个手指，据说他就是造物主维拉科查。在神像的两旁，平行排列着3排共48个较小的神像。其中上下两排刻有长翅膀的勇士，他们面对着造物主，中间那排则刻着某种人格化了的飞禽。除了这些神像外，“太阳门”上还有许多奇怪的符号。

面对着“太阳门”，人们产生了种种疑问：古代的印加人为何投入巨大的人力和物力来建造这巨大的石门？“太阳门”上那些神秘的符号究竟有什么寓意？根据“太阳门”秋分日射入第一道太阳光这一点，有人认为，“太阳门”上所刻的其实是一种历法知识。如果这种说法成立的话，那这将是世界上最古老的历法。但是，这些图案和符号又是如何表达历法的呢？

在《蒂瓦纳科的偶像》一书中，美国学者贝拉米和艾伦对“太阳门”上的神秘符号作了详细的研究。他们认为，上面的神像和符号确实记载了大量的天文知识，包括27000年前的天象，并且这些知识是建立在地球为圆形的观念上的。那么，古代印加人是如何知道这些知识的呢？他们又是如何了解地球是圆形的呢？这些问题至今无人能解。

卡拉萨萨雅神庙遗址：

卡拉萨萨雅神庙是蒂瓦纳科最著名的古迹，是一个祭祀场所，全部用巨石砌成。图为神庙前的广场及入口。

英文名：City of Cuzco
年　代：1100年
位　置：秘鲁的安第斯山脉
特　色：古印加风格与巴洛克风格相结合的城市建筑

印加古都库斯科

1.重建的古印加帝国城市

库斯科古城位于秘鲁的安第斯山脉，在海拔3400米之上的东安第斯山脉丰饶的山谷中。城市建于1100年。

经过一系列的战争和征服之后，在印加统治者帕查库蒂统治之下，辽阔的印加帝国达到了顶峰。库斯科被重新建造起来作为帝国的首都和神圣的城市，具有独特的宗教和行政职能。当时，帝国的社会组织具有严格的等级划分，这种观念影响了城市的设计布局。

在古城的四周，考古学家还发现了清晰可见的农业、手工业和工业区。16世纪，西班牙殖民者占领了这块土地，值得庆幸的是，入侵者保留了古城原有的建筑，同时又在这座衰落的印第安城内建造了具有巴洛克风格的教堂和宫殿。

2.巴洛克与印加风格的完美结合

虽然库斯科的地形高低起伏，但印加首都的建造者仍然依据直角方式设计了城市。直线的布局和中央广场为库斯科提供了4条连接帝国行省的道路，这也反映出文艺复兴的都市规划原则同样适用于新世界的城市规划。16世纪，在印加广场上，新来的城市规划者又增建了德阿马斯广场。

印加帝国统治下的库斯科是用巨大石头装饰的城镇。殖民者保持着泥瓦建筑的基础，在此基础上，他们又采用了新的建筑结构。在印加泥瓦建筑的两个城墙间，许多狭窄的石板街道就像石头走廊。巴洛克风格的教堂的圆屋顶紧挨着城市广场。在离城市中心稍远的地方，分布着大量有白色外墙的低矮民居。

1536年，来自西班牙的征服者占领了这里，他们接管了库斯科城。在城市化发展时期，库斯科印加城市的布局也得到了保护。虽然1650年爆发的地震使城市遭到破坏，但1670年城市又被人们按照巴洛克风格重建，这使它成为集合古印加帝国风格和巴洛克风格的城市建筑艺术中心。

3.巨大的防御系统——萨克萨曼古堡

距库斯科古城1.5千米处，有举世闻名的萨克萨曼圆形古堡，古印加帝国的人们在这里举行“太阳祭”。古堡是古代印加人最伟大的工程之一，它是一个巨大的防御系统，建筑在一个小山坡上，可以俯瞰全城。据说，古堡的主堡是由印加王帕查库蒂主持修建的，大约从15世纪70年代开始修建，持续了50多年。直到西班牙殖民者入侵之前，工程仍然没有完全结束。

库斯科天主大教堂：

天主大教堂位于库斯科市中心，建在原来的维拉科查宫殿之上。

库斯科古城：

库斯科古城位于海拔3400米之上的东安第斯山脉丰饶的山谷中，建于1100年。

这个建筑群非常巨大，从上至下共有3层围墙，每一层围墙高达18米，长达540米，全部用巨石垒砌而成。古堡下层的台阶长达800米，全都用石板铺成。古堡的最高处由3座塔楼围起来，形成一个整齐的三角形，主塔为圆柱体，塔的基层呈放射状。在塔楼内还有一个温泉，这里曾经是古印加王的行宫。其他两座正方形的塔楼是驻扎军队的场所。在古堡地下，还有与3座塔楼相互连接的石砌网状地道。萨克萨曼古堡如此宏伟壮观的建筑群，再次向人们展示了古印加帝国昌盛的文明和强大的国力。从建筑艺术上看，古堡的建造结构设计十分新颖，整体建筑坚固庞大，是美洲印第安人所建造的最伟大的古建筑之一。

萨克萨曼圆形古堡：

建筑在一个小山坡上，是俯瞰全城的巨大防御系统。据说其主堡是由印加王帕查库蒂于15世纪70年代主持修建的，工程持续了50多年，直到西班牙殖民者入侵之前还没有完全竣工。

4.难解的谜团

面对这些无比巨大的石块组成的建筑，现代人不禁感到困惑：当初建造者们到底是采用什么方法，将这些巨石切割、挪移、倒置并精确地安放在指定位置的呢？

考古研究发现，即使在印加帝国鼎盛时代，印加人也没有发明铁制工具和带轮子的交通工具。他们在安第斯山区饲养的最大家畜是南美洲的羊驼，这种动物一次最多也只能驮运不到20千克的货物，那么当时印加人是靠什么来搬运这些巨大石块的呢？萨克萨曼古堡中最大的石块重达300吨，不要说当时的印加人，就是在今天，在全世界任何地方，恐怕也找不到能搬运重达300吨石块的巨型车辆。要想把重达二三百吨的巨石运到蜿蜒陡峭的半山腰，再垒砌成密不透风的石墙，确实难以想象。建造者们究竟用什么办法建成了这座巨石古堡，实在是一个难解之谜。

【百科链接】

神秘的印加“黄金湖”

相传，古代印加王的加冕仪式都在中美洲丛林中的一个神秘湖畔举行。首先，王位继承人需周身涂满金粉，以显示太阳之子的光辉，然后在湖中洗去金粉。接着，臣民们纷纷把自己最珍贵的黄金、宝石献于国王的脚前。随后，这位新国王把所有的这一切都投入湖中，祭献给至尊的太阳神。经过世代积累，湖中聚集了数不清的珍宝。探险家考察证明“黄金湖”就是哥伦比亚的瓜达维达湖，如今的瓜达维达湖已被哥伦比亚政府封锁并保护了起来，关于宝藏的真实情况也就不得而知了。

印加国王阿塔胡亚尔帕雕像：

阿塔胡亚尔帕，古印加帝国末代国王，1532年11月16日被西班牙殖民者处死。

英文名：Great Zimbabwe National Monument
年　代：8至10世纪
位　置：津巴布韦东南部、维多利亚堡的东南
特　色：全部建筑用90多万块长方体花岗石砌成

石头城大津巴布韦

1.“大津巴布韦”

大津巴布韦遗址是一大片石头建筑群，因此也叫“石头城”遗址。遗址位于津巴布韦东南部、维多利亚堡东南27千米处，于1867年被发现。一些专家推测，它建于8世纪至10世纪，是历史上一个已经湮没的帝国留存下来的遗迹，当年的国王曾将这里作为寝宫。由于处于贸易中心，石头城曾经辉煌一时。但在16世纪初，也许是因为饥荒或干旱的缘故，人们最终弃城而走，只留下这群孤零零的石头建筑，默默地见证着这段历史。

由于年代太过久远，大津巴布韦古城仅剩下一片残垣断壁，不过石头城当年那宏伟壮观的风姿仍然依稀可辨。遗址为一片相互联系的建筑群，布局非常协调，城里的全部建筑是用90多万块长方体花岗石砌成的。尤其令人惊叹的是，在这些石块之间，建造者并没有使用胶泥之类的任何粘连物，可石块之间的砌缝非常严密，虽然经历了七八个世纪的风雨侵蚀，这些古老的石头建筑却依然挺拔牢固。

2.“大围场”与圆锥石塔

大津巴布韦遗址的建筑群可分为两大部分：一部分是“大围场”，是建在一片开阔地带上的一座椭圆形围城，这是石头城遗址的主体；另一部分是“卫城”，建在一座小石山上。

“大围场”的四周是宽大的围墙，围墙由花岗石砌成，高10米，底部宽度为5米，顶宽为2.5米，长达240米。在围墙内部，建造者还修建了一道内墙，内墙呈半圆形，长约90米。据考证，围墙里那些椭圆形的建筑物，是当年部落酋长们的妻室和随从的居住用房。

在“大围场”的东边，还有一座著名的圆锥形实心塔，塔高达15米，底部直径约6米，顶部直径约2米，实心实体。自发现大津巴布韦古城以来，很多考古学家曾前来

大津巴布韦圆锥形石塔：

大围场内墙里的椭圆形建筑物，都是当年部落酋长们的妻室和随从的居住用房。里面还有一座著名的圆锥形实心塔，高达15 米，可能是当年皇室用来祭祀用的。

考察，希望能找到进入这座圆锥塔的入口，不过，时至今日，这个入口仍然没有找到。

3.石头即财富

在过去的大津巴布韦城，人们根据所居住的房子来确定一个人的富有和贫穷。穷人和一般百姓都住在用泥土建成的房子里，而国王和有钱人家的房子都是用大块石头垒造而成的。在那个时候谁拥有的石头越多谁就越富有。在这座山的对面可以看到一片茂密的灌木林，当时那里曾有一道围墙，国王就是用这道围墙来隔断自己的房子和百姓的房子。

石头城中最高的山丘曾是国王的卫城。在陡峭的石壁之上，至今还可以看到当地土著居民留下的标记。对于卫城，人们众说纷纭，有人说它是用来做防御用的，有人则说卫城仅仅是国王权力与财富的象征。

■4.“一夫当关，万夫莫开”的卫城

距大围场约1000米处的陡峭的小石山顶峰，屹立着一座坚固的石堡，这就是“卫城”。站在防卫森严的“卫城”上，可以俯瞰整个石头城遗址。

从遗址的整个布局来看，“卫城”是一个重要的防御系统，可以充分有效地屏护“大围场”。“卫城”的城墙用各种石块砌成，城墙随着起伏的地势修建。一道道厚度不同的围墙，依据山势蜿蜒而下。有一段城墙建在一个天然的岩石嘴上，聪明的建造者将花岗岩石块垒砌起来，与天然岩石合成一体。城墙下面的通道非常狭窄，只能容一人通过，的确称得上是“一夫当关，万夫莫开”。

卫城的城墙：

卫城矗立在高达27米的悬崖上，其入口是一条只容一人通行的阶梯，阶梯的台阶在峭壁上修凿而成。卫城外有一排坚固的围墙，由一条宽4米的走道一直通向城墙的顶部。

■5.围城里的中国文物

大津巴布韦遗址内曾出土了大量的古代文物，从发掘出来的文物看，这里原是一座相当繁华的城市。后来，可能由于生产衰落和自然灾害，城里的居民被迫迁移，古城因此被废弃。在遗址附近，考古学家发现了古代的梯田、水渠和水井，还有很大的铁矿坑和炼铁工具以及钱币和金银首饰等文物。

在围城内一个货栈仓库的遗址中，考古学家还发现了阿拉伯的玻璃器皿和中国的青瓷和陶器。这些瓷器大多已经损坏，从碎片上看，这些瓷器是14世纪至15世纪的中国瓷器，其中两块碎片明显是青瓷大花瓶的底部，在底部的中央还有用青釉绘制的“大明成化年制”6个字。这说明中国和津巴布韦两国当时已经有直接或间接的贸易往来。

【百科链接】

“津巴布韦鸟”石雕

“津巴布韦鸟”石雕最早发掘于19世纪末的“大津巴布韦”遗址。石雕高约50厘米，站在1米来高的皂石柱上，头像鸽子，身子如鹰，脖颈昂然，双翅紧拢，造型雄健。这种鸟被人们称为“津巴布韦鸟”，是津巴布韦一个部族世世代代崇拜的图腾，一直信奉至今。现在它作为津巴布韦的象征，印在津巴布韦的国旗和硬币上。

英文名：Historic Sanctuary of Machu Picchu
年　代：15世纪
位　置：秘鲁南部乌鲁班巴河岸
特　色：建于山巅的“祭典之城”

马丘比丘遗址

1.“云雾中的城市”

数百年前，印加帝国沦为西班牙的殖民地，生活在这片古老土地上的居民人口短时期内锐减了90%。在这样一个没有文字，仅靠口传历史的民族中，人口的消亡便意味着历史的终结。好在精于石器建筑艺术的印加人留下了永恒的马丘比丘古城。

马丘比丘古城坐落在两座山峰中间陡峭的山脊上。从远处看，马丘比丘古城似乎随时都可能从狭窄的山脊上滑下深渊。古代印加人为什么要在绝顶上建造城市，着实令人费解。

这个与世隔绝的地方几百年来都没有被西班牙殖民者发现，因此免遭劫掠。当美国耶鲁大学的教授海勒姆·宾汉姆偶然发现马丘比丘古城的时候，它已经被几百年来生长的灌木和苔藓藤蔓所遮盖，只能隐约看到些断壁残垣。今天，杂草藤蔓虽然已经被清除了，但是想要瞻仰古城，仍然需耐心等待笼罩古城的山中云雾散尽。这也就是马丘比丘古城被叫作“云雾中的城市”的原因。

2.“祭典之城”——马丘比丘

马丘比丘古城位于秘鲁南部湍急的乌鲁班巴河岸、海拔2458米高的悬崖之上，是印加帝国全盛时期最辉煌的城市建筑。它是为了举行祭典活动而在山巅建造的“祭典之城”，它的城市功能完全不同于普通的印加民居城市。在马丘比丘古城的神庙建筑中，考古学家发现了许多用于观测日月星辰运行的石刻，他们认为，这里是印加时代宗教祭典中心及天文观测中心。

马丘比丘古城建于15世纪，占地约13平方千米，主要用巨大的花岗石砌成。古城的建筑

马丘比丘古城：

按照考古学家的划分，马丘比丘古城有3个组成部分：神圣区、南边的通俗区、祭司和贵族区。同时也推测印加王国选择在此建立城市，可能是由于其独特的地理和地质特点。据说马丘比丘古城背后的山的轮廓代表着印加人仰望天空的脸，其最高峰代表他们的鼻子。

【百科链接】

羊驼

别名美洲驼、无峰驼，体型颇似高大的绵羊；颈长而粗；头较小，耳直立；体背平直，尾部翘起，四肢细长；被毛长达60至80厘米，呈纯白、浅灰、棕黄等颜色。它原产于南美的秘鲁和智利的高原山区，古印加人把它们作为主要的运输工具。羊驼还能提供肉食和皮革，其脂肪可点灯，毛可以结绳或制成绒布，粪便可作肥料，可谓全身是宝。

包括太阳神庙、祭坛、军事堡垒、贵族庭院、平民住房、市场、作坊等近200座建筑和连接山坡与城市的约3000级台阶。在山脊的斜坡和后山，还有百余层梯田，主要用于种植粮食、蔬菜。在遗址境内，还分布着许多“卫星城”，花园、通道、宫殿等建筑的遗址随处可见。

3.悬崖上的古建筑

马丘比丘整座城市大致分为以花岗岩巨石圈出的上城区和下城区。上城区包括有一级级梯田的农业区、贵族住宅与神庙齐聚的区域，下城区则是民居与仓库并存的区域。位于城市东南的农业区，占马丘比丘总面积的一半以上，一条沟壑将它与城市区隔开。在农业区，大约有一百块梯田以及排水渠、墙壁等农耕设施。整座城市格局的区域划分非常明确，纵横交错的台阶将神庙、王宫、堡垒、民宅、街道、广场等建筑连接起来，有的石阶甚至多达160层。这些建筑全部用紧密结合的大块花岗石砌成，石块之间没有使用任何黏合材料，全由石匠们依靠简单的工具建造而成。几个世纪以来，马丘比丘虽经历过多次地震和山洪，但雄伟的古城仍然完整地屹立在山巅，这也证明了古代印加人建筑技术的高超。

整座马丘比丘古城只有一个供进出的城门，古城居高临下，形势险峻。城内的街道虽然狭窄，但排列井然有序。在发掘过程中，还出土了可以表明一天时间的石制日晷，这表明印加人具有较高的科学水平。

令人不解的是，建造马丘比丘古城时需要用到的石料远在600米下的山谷里，即使是在今天，在动用一些现代化的设备的情况下，要把这些沉重的石块运到悬崖绝壁，也非易事。那么，古代的印加人是如何做到的呢？

4.测量太阳升起点的“捆日石”

印加人自称是太阳的子孙，对太阳极其崇拜。有人认为，他们把自己的城市修建在高的山巅上，是为了更接近太阳。在印加人建造的城市中，都会有一个神圣的日晷仪，用它来标明太阳的运行情况，并且象征性地“捆”住太阳，防止它坠落。马丘比丘古城有许多神庙，其中的太阳神庙就是祭祀太阳的场所。

近年来，学者们通过研究发现，在每年的夏至和冬至日，太阳光恰好可以从神庙东面3扇排成一条直线的窗口射入，并且准确地投影在庙中用来测量太阳升起点的“捆日石”上。这块长方形大石盘高约2米，直接用山顶的岩石刻成，石盘上还刻有刻度。在石盘的中心，有一个突出的石桩，随着太阳的运行，石桩会在石盘上投下阴影，指明一天当中的时间。除了标明时间外，印加人还通过它来确定季节。每当夏至或冬至日，印加人便在此举行太阳节的庆典活动。

印加古道：

印加人修筑了共15000多英里长的石头道路，通达至帝国所有地方。路上每间隔一定距离设有一个驿站，以供旅客食宿之便。经过训练的信使沿着道路跑步接力传递信息，一天内可将信息传到100英里外的地方。

Part 2

美轮美奂的皇家宫堡

● 宫堡建筑是人类文明的标志之一，也是人类历史发展的见证，其独特辉煌的建筑艺术给后人留下了宝贵财富。宫堡作为王权的象征，除却最初的防御和居住作用，最重要的是为了炫耀和享受，它体现的是华丽夸张的皇家园林风格，是皇权和艺术的完美结合。

英文名：The Kremlin　　位　置：莫斯科
年　代：始建于1156年　　特　色：具有深厚的历史底蕴，是别具特色的美丽建筑

克里姆林宫

莫斯科克里姆林宫：
　　克里姆林宫曾是历代沙皇的宫殿，也是现今莫斯科最古老的建筑群，享有“世界第八奇景”的美誉。苏联解体后，莫斯科克里姆林宫成了俄罗斯政府的代称。

1.沙皇的住宅

俄语“克里姆林”的意思是“城堡”，在俄罗斯各大城市的“克里姆林”中，以莫斯科的克里姆林宫最具有代表性。

克里姆林宫始建于1156年，历史上曾是历代沙皇的住宅，也是14至17世纪俄罗斯的宗教中心，与13世纪以来俄罗斯所有最重要的历史事件和政治事件都密不可分。

13世纪，蒙古人占领了俄罗斯。200多年后，莫斯科大公摆脱了蒙古统治者，在莫斯科定都，克里姆林宫随即成为皇家宫殿。此后，伊凡三世陆续聘请了许多意大利著名建筑师，重新扩建了克里姆林宫及其东侧城墙外的广场——红场。19世纪初，莫斯科在拿破仑大军的进攻下成为一片废墟，好在城市并未沦陷，统治者于战后迅速恢复了克里姆林宫的旧有规模，还在红场增建了不少色彩装饰考究的教堂。今天的克里姆林宫由一道长2235米、厚约3.5至6.5米、高约5至19米的砖红色围墙包围，内部面积达到27.5万平方米。这座宫殿除了4座城门、20座塔楼外，里面还有许多壮观的建筑，包括教堂、皇宫及办公大楼等，规模十分庞大。

2.俄罗斯政府所在地

位于莫斯科河畔绿色山岗上的克里姆林宫，以前是俄国沙皇的宫殿，现在是俄罗斯政府的所在地，克里姆林宫是由许多高大豪华的教堂、宫殿、塔楼等组成的建筑群，色彩缤纷而又十分和谐。宫内有20座塔，其中最漂亮的一座叫“斯巴基塔”，尖塔顶上装有玛瑙石的五角星，光芒四射，是莫斯科的象征。

克里姆林宫里的教堂建筑都很有特色，最美丽的教堂要数有“用石头描绘的童话”之称的“圣瓦西里教堂”。它由9座参差不齐的高塔组成，中间最高的方形塔高17米。虽然这9座塔彼此的式样色彩均不相同，却十分和谐，为整个克里姆林宫增色不少。其他著名教堂还有圣母升天教堂、报喜教堂、天使教堂等。

克里姆林宫内最高的建筑物是81米高的“伊凡大钟塔楼”。塔楼五层重叠，楼上8个棱面的窗口都放置有自鸣钟，拾级而上至顶楼，即可饱览莫斯科景色。伊凡大钟塔楼

文明拾贝：关于克里姆林宫的最早的历史记载始于哪一年？

克里姆林宫是莫斯科最古老的建筑群，坐落在涅格林纳河和莫斯科河汇合处的鲍罗维茨丘陵上。始建于1156年，1367年在城堡原址上修缮扩建。这里曾是历代沙皇的宫殿，如今是俄罗斯的总统府。

莫斯科红场：

红场是莫斯科最古老的广场，位于克里姆林宫东墙外，17世纪中叶改名为红场。虽经多次改建和修建，但仍保持原样，路面还是当年的石块路，青光发亮，显得整洁而古朴。

附近有著名的“钟王”。钟王高10米，重200多吨，钟体还饰有精致的浮雕，号称“世界第一大钟”。但是该钟铸成后只敲了一下便出现裂痕，因而此后再也没被使用过。《美国百科全书》称它为“世界上从未敲响过的钟”。

3.美丽的广场——红场

位于克里姆林宫东侧城墙外的红场，总面积约9万平方米。其前身是15世纪末伊凡三世下令在城东开拓的“商业广场”。1517年，广场发生火灾，一切设施全部被焚毁，从此广场更名为“火灾广场”。后来，广场又多次易名，直到17世纪下半叶，才称之为“红场”。在俄语中，“红”字含有“美丽”的意思，“红场”的“红”字便是取这一层意思，直译应为“美丽的广场”。不过，在沙皇统治时期，这里并不美丽，它曾经是执行极刑的地点，也因此烙上了血迹斑斑的历史痕迹。

【百科链接】

伊凡雷帝与圣瓦西里大教堂

俄罗斯历史上的第一个沙皇伊凡四世非常残暴，史称“伊凡雷帝”。他发动了对喀山汗国的远征，并取得一系列重大胜利。于是，他下令修建教堂以庆贺自己伟大的功绩，建成了著名的圣瓦西里大教堂。教堂既漂亮又无比壮观，竟使得伊凡雷帝不想让类似的教堂再出现在其他国家。于是他残忍地将参加工程建设的工匠的眼睛全部挖去，他认为这样就再也不会出现如此美丽的建筑了。

1812年，拿破仑入侵俄国，占领了莫斯科，却不料中了俄国统帅库图佐夫的计策，部队得不到物资补给。第二天晚上，莫斯科又突燃大火，法军损失惨重，只好仓皇逃出莫斯科。莫斯科被烧毁后，莫斯科人民很快便重建了这个城市。他们拓宽了红场，并且修建了一座座纪念性设施和建筑物。20世纪20年代，十月革命成功以后，莫斯科人又把红场与邻近的瓦西列斯夫广场合二为一，把红场扩建成现在的规模。

4.红场中的列宁墓

列宁墓位于红场西侧，在克里姆林宫东墙正中的前面。1924年1月27日建成，最初是木制结构，1930年改用花岗石和大理石建造。列宁墓一半在地下，一半露出地面，外表是阶梯状的3个立方体，采用黑、红两色大理石和花岗石建成。陵墓体积为5800立方米，内部容积为2400立方米，墓前刻有列宁名字的碑石净重60吨。墓顶是平台，平台两翼是可容纳万人的观礼台。沿黑色大理石台阶而下，可进入陵墓中心的悼念大厅。列宁安详地躺在铺有红色党旗和国旗的水晶棺内，身穿黄色上衣，胸前佩戴一枚红旗勋章。距列宁墓不远，有列宁博物馆，里面珍藏着列宁的遗物和列宁的传记等。在列宁墓和克里姆林宫宫墙之间，是苏联其他领导人的墓地。红场西北面有无名战士纪念碑，碑顶火炬昼夜长明。红场周围的建筑物古朴庄严，具有古老的俄罗斯民族特色。

圣瓦西里大教堂：

莫斯科的著名标志圣瓦西里大教堂由俄罗斯建筑师波斯特尼克和巴尔马设计修建。于1555年动工，1561年完成，原名“圣母教堂”，民间习惯称为“圣瓦西里大教堂”。

英文名：Louvre Museum
年　代：始建于1204年
位　置：巴黎市中心的塞纳河北岸
特　色：举世瞩目的艺术殿堂、法国历史最悠久的王宫

罗浮宫

1.万宝之宫

罗浮宫位于巴黎市中心的塞纳河北岸，是巴黎的心脏，始建于1204年，历经700多年扩建重修达到今天的规模。在王宫里收藏了许多艺术精品，有被誉为“世界三宝”的《米洛斯的维纳斯》雕像、《蒙娜丽莎》油画和《萨姆特拉斯的胜利女神》雕像，有大量希腊、罗马、埃及及东方的古董，还有法国、意大利的远古遗物。

罗浮宫博物馆闻名天下，不仅仅在于它的展品丰富、珍贵，更在于博物馆本身便是一座杰出的艺术建筑。据统计，罗浮宫博物馆包括庭院在内占地约45公顷，分为新老两部分，老的建于路易十四时期，新的建于拿破仑时期，整座建筑壮丽雄伟。用来展示珍品的数百个宽敞的大厅富丽堂皇，大厅的四壁及顶部都有精美的壁画及精细的浮雕，处处都是呕心沥血的艺术结晶，让人叹为观止。

现在，罗浮宫是举世瞩目的艺术殿堂和万宝之宫。

罗浮宫：

罗浮宫占地面积约为45公顷，建筑物占地面积为4. 8公顷，全长680米。它的整体建筑呈“U”形，分为新、老两部分，是世界上最古老、最大、最著名的博物馆之一。

法国人将宫中的艺术珍品根据其来源地和种类分别在六大展馆中展出，即东方艺术馆、古希腊与古罗马艺术馆、古埃及艺术馆、珍宝馆、绘画馆及雕塑馆。

2.东方艺术馆与古埃及艺术馆

1793年8月10日，罗浮宫艺术馆正式对外开放。

罗浮宫的东方艺术馆建于1881年，共有24个展厅，3500件展品。这些展品主要来自西亚和北非地区，包括叙利亚、黎巴嫩、巴基斯坦、伊朗等国。它们大都是十分珍贵的文物，如公元前2500年的雕像、公元前2270年的石刻、公元前2000年的泥像等。

古埃及艺术馆建于1826年，早于东方艺术馆，共有23个展厅，收藏珍贵文物达350件。这些文物包括古代尼罗河西岸居民使用的服饰、装饰物、玩具、乐器等。这里还有古埃及

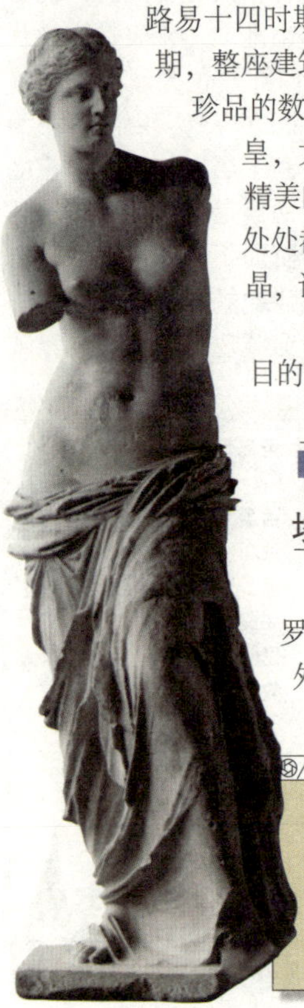

《米洛斯的维纳斯》：

罗浮宫镇馆之宝《米洛斯的维纳斯》是一尊半裸全身像，面容俊美，身材匀称，衣衫滑落至髋部，双臂残缺却仍展示出女性特有的曲线美，以其绝世魅力震撼世界。

罗浮宫是世界上最古老、最大、最著名的博物馆之一，罗浮宫共有198个展览大厅，最大的大厅长205米。这里曾经居住过50位法国国王和王后，是法国历史上最古老的王宫。

《蒙娜丽莎》：罗浮宫最负盛名的艺术品，据统计，罗浮宫90%的参观者都不会错过这个“微笑”。博物馆的纪念品店每年售出的《蒙娜丽莎》纪念品超过33万件，包括明信片、磁铁和拼图等。

神庙的断墙、基门、木乃伊和公元前2600年的人头塑像等。

3.绘画馆·雕塑馆

罗浮宫绘画馆内所收藏的绘画之珍贵是世界上各艺术馆不能比拟的。绘画馆共有35个展厅，2200多件展品，其中三分之二是法国画家的作品，三分之一出自外国画家手笔。其中最著名的作品有达·芬奇的《蒙娜丽莎》（16世纪）、拉斐尔的《美丽的园丁》（16世纪）、勒南的《农家》（17世纪）、德拉克洛瓦的《肖邦像》（19世纪）、安格尔的《土耳其浴室》（19世纪），等等。

雕塑馆成立于1817年，共有展厅27个，展品1000多件，多为表现宗教题材的作品，部分为表现人体和动物的作品。在这里可以看到着色鬃金的木刻《基督受难头像》《十字架上的耶稣》《圣母与天使》，意大利的雕塑《圣母与孩童》，17世纪的《童年时期的路易十四》，18世纪的名人像《伏尔泰》，19世纪的群塑《舞蹈》，等等。

4.胜利女神和爱神的雕像

在罗浮宫的古希腊与古罗马艺术馆中，有两件备受世人赞美的不朽作品：一是《萨姆特拉斯的胜利女神》雕像，二是《米洛斯的维纳斯》雕像。《萨姆特拉斯的胜利女神》雕像创作于公元前3世纪，高3.28米，是座无头无手的雕像，1863年从萨姆特拉斯岛的神庙废墟中被发掘出来。根据研究，这是雕塑家为纪念希腊罗地岛的一场海战胜利而制作的。胜利女神迎风微微前倾身躯，胸部健美，披着薄薄的长袍，体魄健壮而又不失轻灵之感。人们更为熟悉的“断臂维纳斯”雕像，身高2.04米，创作于2世纪。维纳斯是希腊的爱神与美神，不知倾倒了多少崇拜者，她的周围每天挤满了观赏者。她半裸着身躯极为端庄、自然，被认为是表现女性美的最杰出的作品。

【百科链接】

罗浮宫收藏《米洛斯的维纳斯》

1820年，希腊爱琴海米洛岛上的一位农民在挖土时发现了“维纳斯”。消息传出，正好有一艘法国军舰泊在米洛港，舰长得知消息后立即赶到现场先付了定金，随即赶往君士坦丁堡，拜见法国大使，请其派人前去交易。其间，“维纳斯”被一位希腊商人买下。眼见宝物就要失去，法国人不甘心，立即驱舰前去阻拦。双方发生了混战，结果对珍品造成了极大的损坏。双方争执不下，后由米洛地方当局出面解决，由法国人用钱买下雕像，贡献给法国国王。就这样，“维纳斯”被运到了法国，后被收藏于罗浮宫中。

《萨姆特拉斯的胜利女神》：

这座高3. 28米的雕像创作于公元前3世纪，是古希腊的著名雕刻。胜利女神是公元前306年统治着小亚细亚的德米特里奥斯一世为纪念胜利而创作的。女神的头部与手臂虽然在历史岁月中遗失了，但其飘逸的裙裾、展翅欲飞的形态仍然动感十足、栩栩如生。

英文名：The Forbidden City
位　置：中国北京
年　代：始建于1406年
特　色：世界建筑史上规模最大、保存最完好的宫殿群

北京故宫

1.世界建筑史上规模最大的宫殿群

北京故宫亦称“紫禁城”，是世界建筑史上规模最大、保存最完好的宫殿群。明清时的北京城包括内城和外城两部分，而内城又包括皇城和宫城，即明清帝王处理朝政和生活起居的地方。

故宫建筑讲究风水，虽处于平坦开阔的地带，亦有意形成“前水后山”型的布局。“前水”指的是天安门前的外金水河及太和殿前的金水河。“后山”指的是人工堆成的景山。故宫建筑还讲究轴线对称，其主体建筑皆坐北朝南，沿中轴线排列，两侧建筑依次向左右展开。这条中轴线向南延伸至天安门、前门及外城的南门永定门，向北经景山、钟楼，至鼓楼结束，宫城的轴线与北京城的轴线重合，8千米长的轴线纵贯全城。

故宫建筑分为外朝和内廷两大部分。外朝的主要宫殿，以太和、中和、保和三大殿为中心，以文华殿、武英殿为两翼，这部分宫殿是封建皇帝行使最高权力的主要场所。内廷主要由乾清宫、交泰殿、坤宁宫和东西六宫组成，是封建皇帝和后妃居住的区域，在清代也是皇帝进行日常政治活动的地方。

2.举行重大仪式的场所——太和殿

太和殿是皇帝举行重大典礼的地方，皇帝册立皇后、大婚、生子、宣战出征等，都在这里举行相关的仪式。太和殿是我国现存最大的木结构建筑，面阔11间，进深5间，建筑面积2377平方米。该殿的一切都是我国古代建筑形制中最高等级的：黄色琉璃瓦重檐庑殿顶，屋顶上多至10个的仙人走兽，建筑的开间大小，以及以龙为主题、以金为用色特点的彩画，无可复加地透着豪华庄严的气派。

在太和殿前的大平台上，东侧设有古代计时用的“日晷”，西侧有度量谷物的容器“嘉量”。此外还有鼎式香炉、铜龟、铜鹤等，这些既是大典时的礼仪用具，同时也是江山永固的象征。太和殿内中央的6根蟠龙金柱之间，有一个7级台阶的华丽台子，台上为镂空楠木金漆雕龙宝座，宝座上方是金漆蟠龙藻井，上下金光一片。当年，皇帝就在这片金光中高居宝座，接受文武百官的朝拜。不过，在这个无比

午门：
午门是紫禁城的正门，位于紫禁城南北轴线上。此门居中向阳，位当子午，故名“午门”。午门建成于明永乐十八年（1420年），清顺治四年（1647年）重修，嘉庆六年（1801年）复修。

显贵的地方，也曾发生过一些滑稽的事情。比如清朝最后一个皇帝溥仪登基时才3岁，当人们把他抱上宝座，百官拜伏，山呼万岁的时候，竟把这个末代小皇帝吓得大哭起来。

3.清代三位皇帝的成婚之地——坤宁宫

坤宁宫内景：

坤宁宫的东端两间是皇帝大婚时的洞房。房内墙壁饰以红漆，顶棚高悬双喜宫灯，并饰以金漆双喜大字，有“出门见喜”之意。

坤宁宫于明永乐十八年（1420年）建成，面阔9间，进深3间，原来是正面中间开门，有东西暖阁。在明代，坤宁宫是皇后的寝宫。李自成起义军打进北京时，崇祯皇帝的皇后周氏就是在坤宁宫自缢身亡的。

清代按满族的习俗，把坤宁宫西端四间改造为萨满教祭神的场所，每天早晚都有祭神活动。凡是大祭的日子和每月初一、十五，皇帝、皇后都亲自祭神。每逢大的庆典和元旦，皇后还要在这里举行庆贺礼。东端二间是皇帝大婚的洞房，房内墙壁饰以红漆，顶棚高悬双喜宫灯。洞房有东西二门，西门里和东门外的木影壁内外，都饰以金漆双喜大字，有“出门见喜”之意。洞房西北角设龙凤喜床，床铺前挂的帐子和床铺上放的被子，都是江南精工织绣，上面各绣神态各异的100个童子，称作“百子帐”和“百子被”，五彩缤纷，鲜艳夺目。清代，年幼登基的康熙、同治、光绪三位皇帝均在此成婚。

4.天安门城楼

天安门位于北京城的中心，是明清皇城的正门，始建于明永乐十五年（1417年），原名“承天门”，寓有“承天启运”和“受命于天”之意，喻示封建皇帝是“受命于天”的，替天行使权力，理应万世为尊。

1457年7月，承天门被大火焚毁。8年后，明英宗命工部尚书白圭主持重建，白圭请建筑匠师蒯祥出谋划策，建成了现在这个样子。明末，承天门又被焚毁。清顺治八年（1651年）又重新改建，改建后的建筑称“天安门”。这就是我们今天所看到的天安门城楼。

天安门原为皇帝颁发诏令之处，皇帝举行大婚及出兵亲征、祭祀天地等大典，均从正门通过。每年8月，皇帝号令有关官员对全国各省的死罪囚犯进行最后的判决，叫作“秋审”；霜降前，对北京刑部监狱里判死刑的犯人进行审处，叫作“朝审”。“秋审”和“朝审”都在天安门举行。此外，明清两代皇帝亲自主持各省举人的考试，叫作“殿试”。殿试后两天，皇帝在天安门召见考中前三名的举人，即状元、榜眼、探花，依次传呼他们的姓名，这叫“金殿传胪”。中华人民共和国成立时，在天安门举行了开国大典。

【百科链接】

汉白玉华表

为了衬托天安门的威严，天安门前还建有近10米高的汉白玉华表一对。华表每个重20吨，上面是个承露盘，盘上的怪兽叫作“犼”，据说是龙的九子之一，有守望的习性。犼蹲在华表上，据说是为了注视帝王外出的行为，提醒他们赶快回来料理国事，所以华表也称为“望柱”。华表旁边还建有昂头蹲立的石狮两对。

英文名：Palaces of Copenhagen
位　置：丹麦首都哥本哈根市内
年　代：多建于15世纪以后
特　色：对丹麦来说，它们具有无与伦比的历史与艺术价值

哥本哈根皇家宫堡

1.丹麦的明珠

15世纪初，哥本哈根成为丹麦首都。1588至1648年间，即著名的克里斯钦四世统治时期，哥本哈根建造了许多漂亮的皇家建筑。尽管经历过许多火灾，哥本哈根至今仍保留有大约700座古典建筑，其中许多坐落在政府建筑周围及市内风景秀丽的地方。在这些众多的古老建筑中，首先应该提到的是三个宫堡：茹森堡宫、克隆堡宫和阿美琳堡宫。

克隆堡宫：

克隆堡宫坐落在西兰岛北部赫耳辛格市的海边，与瑞典的赫尔辛堡市隔海相望。若从海峡上眺望克隆堡宫，会看到三座塔楼，中间的尖塔名为卡格堡塔，右侧的为王后塔，左侧最高的为号角塔。

2.丹麦国王的行宫——茹森堡宫

茹森堡宫是丹麦最著名的城堡之一，坐落在哥本哈根市北部的国王公园里，其建筑新颖别致、小巧玲珑。茹森堡宫是一座伸出许多尖顶的红色建筑物，具有独特的风格。17世纪时，这个宫堡刚刚修建起来，它的四周辟有皇家花园，作为丹麦国王夏季避暑的行宫，现在是皇家珍宝陈列馆。

菲特烈四世是最后一个住在茹森堡宫的国王。在此之后，丹麦皇室再没有将茹森堡宫作为居住行宫。自1740年之后，茹森堡宫一直被用做展示皇家珍品的珍宝馆。宫内陈列着历代国王的王冠、金银首饰、珍贵的硬木家具和其他一些价值连城的珍宝。

茹森堡宫自建成后，内部虽几经改造，外部始终都保持原有的面貌。自1849年丹麦废除君主专制制度之后，所有王宫都成为国有财产，唯有茹森堡宫例外。现在茹森堡宫以及宫内所展览的珍宝仍归王室所有。

茹森堡宫：

茹森堡宫是建于17世纪克里斯钦四世时期的一座文艺复兴风格的王宫，整个城堡坐落在花木争艳的王家公园内，藏有历代国王遗存的宝石、王冠、壁毯等珍贵文物，现已成为一所博物馆。

3.《哈姆雷特》故事的发生地——克隆堡宫

克隆堡宫意为“皇冠之宫”，始建于1574年，1585年竣工，资金来自菲特烈二世对经过厄勒海峡船只所征得的通行税。此堡由荷兰建筑师设计建造，宫殿用岩石砌成，褐色的铜屋顶，气势雄伟，巍峨壮观，是北欧最精美的具有文艺复兴时期建筑风格的宫殿。莎士比亚的名剧《哈姆雷特》，就

哈姆雷特的墓地：

哈姆雷特王子在丹麦的影响已经超出了戏剧本身的范畴，他就像真实存在的人物一样，让人们感受到他的痛苦与矛盾。这座丹麦人民竖立的哈姆雷特墓碑上刻着他最经典的一句话："生存或毁灭，这是必答之问题。"

以克隆堡宫作为故事的发生地，这个宫堡也凭借《哈姆雷特》闻名于世。

克隆堡宫历史上曾两度被毁：第一次是在1629年，整个宫殿及宫内陈设全被焚为灰烬，唯一幸存的是宫内的教堂。宫殿直到1637年才被修复。在修复过程中，宫内的结构有所改变，使之具有巴洛克建筑风格，宫外的屋顶由原来的圆形螺旋塔顶改为现在的尖塔顶。第二次是在"北欧七年战争"期间，瑞典人于1658年到1660年占领克隆堡宫，将宫内洗劫一空。现在宫内的陈设全是根据当时情况复制的。到菲特烈四世时，他加强了克隆堡宫周围的防御工事，宫殿也不断得到修复。

克隆堡宫还有一个"地下工事"设施。当时，从国王的卧室到地下工事有一条秘密暗道。遇有战事，情况吃紧时，国王可以直接从卧室通过暗道来到地下工事，并由此逃遁他处。在地下工事里有一座石雕像，名叫"霍尔格"，他身穿戎装，抚剑坐睡。相传他是海盗时期的一名勇士，曾为丹麦立下丰功伟绩，后因丹麦无战事，故抚剑而睡。他之所以坐睡，是为了使自己处于警戒状态，一旦丹麦遭人入侵，他就立即起身执剑卫国。

4.丹麦王室所在地——阿美琳堡宫

阿美琳堡宫位于哥本哈根市区东部的厄勒海峡之滨，是丹麦王室的主要宫殿，丹麦女王伉俪每年有一多半的时光在这里度过。18世纪中叶，王室寝宫在克里斯钦堡宫。在规划阿美琳堡宫所在地的城区时，菲特烈五世国王决定在这里建一个新的中心。为此，他把这块地皮赠送给丹麦的四大贵族，要求他们必须在此各建一座外观完全相同的宫殿。宫殿由当时最著名的建筑师尼古拉·伊格维德设计。经过紧张施工，四座宫殿在1754年至1760年间相继建成。

【百科链接】

耶林石

在丹麦的日德兰半岛中部有个叫耶林的小城市，耶林市的教堂门口有两块石头：一块石头是哈拉尔国王在他父母亲的坟墓上立的墓碑；另一块则是丹麦首位君主高姆老国王为他的妻子翠拉立的墓碑，在这块石头上，首次出现"丹麦"这个国名。"耶林石"对丹麦历史，尤其是对丹麦的王族史具有重大的意义。

根据设计，这四座宫殿的前面形成了一个八边形广场。1768年，由法国雕塑家萨利制作的菲特烈五世骑马铜像被安放在广场中央。当时，宝隆洋行还用对华贸易赚取的钱款，为铜像修建了围栏。后来，这四座宫殿曾几易其主，但一直由贵族居住着。1794年，克里斯钦堡宫被大火焚毁，王室决定移驾阿美琳堡四宫殿。自那以后，此处一直是王室的住所。

阿美琳堡宫：

阿美琳城堡是一座洛可可式建筑，拥有独特的八角形内院，是国王及王室亲属居住的地方。每天中午可以在这里观赏到身着古式军服、手持兵器的卫兵交接班的庄严仪式。

英文名：Palace of Fontainebleau
年　代：始建于12世纪
位　置：法国巴黎东南65千米处
特　色：悠久的历史底蕴、“枫丹白露派”建筑风格和数百年来的传说

枫丹白露宫

1.法国国王狩猎的行宫

“枫丹白露”原意为“蓝色之泉”，它在巴黎东南65千米处，周围有2500公顷的森林，有橡树、柏树、白桦、山毛榉等树木。森林内有许多圆形空地，呈星形的林间小路向四面八方散开，纵横交错。圆形空地上往往建有十字架，其中最著名的是“圣·埃朗十字架”，自古这里就是狩猎、避暑的胜地。最早在法王路易六世时期（约1137年前后），此地开始兴建宫殿。经过几代帝王的不断扩建，枫丹白露宫变得日益完善并富丽豪华起来。

枫丹白露宫的主体建筑包括1座主塔、6座王宫、5个不等边形院落和4座花园。宫内的主要景点有舞厅、会议厅、狄安娜壁画长廊、瓷器廊、王后沙龙、国王卫队厅、王后卧室和教皇卧室、国王办公室、弗郎索瓦一世长廊等等。

> 枫丹白露宫：
>
> 枫丹白露宫是法国最大的王宫之一，位于法国北部法兰西岛地区赛纳——马恩省的枫丹白露。自1137年建成后，历代君主都对它进行过扩建修缮，力争展现它最完美的一面。

这座12世纪的宫殿，一直到19世纪，它的修缮扩建工作都未停止过。各个时期的建筑风格都在这里留下了痕迹，众多著名的建筑家和艺术家也都参与了这座法国历代帝王行宫的建设。

2.众多帝王下榻的“新罗马”

1137年，法王路易六世下令在巴黎东南65千米处的森林空地上修建城堡，后经历代君王的改建、扩建、装饰和修缮，最终使得枫丹白露宫成为一座富丽堂皇的行宫。16世纪时，弗朗索瓦一世想造就一个“新罗马”，于是把此宫加以改建和扩建。面貌一新的宫殿被巨大开阔的庭院所环绕，富有意大利建筑的韵味，并且把文艺复兴时期的风格和法国传统艺术完美而和谐地融合在一起。这种风格后来被称为“枫丹白露派”。

17世纪以后法国王室都居住于凡尔赛宫，到了法国大革命前，枫丹白露宫已趋破败。大

 文明拾贝：枫丹白露宫衰落于法国大革命前，那法国大革命是从什么时候开始的？

革命期间，宫内家具陈设全被变卖。拿破仑称帝后，选择枫丹白露宫作为自己的帝制纪念物，对其加以修复。到了1814年，拿破仑被迫在这里签字让位，并对其近卫军团发表了著名的告别演说。如今枫丹白露宫仍保留着当年签约时的“退位厅”。

3.存放圆明园文物的中国馆

枫丹白露宫中的中国馆是法国皇帝拿破仑三世的王后欧也妮建造的。兴建的原因很简单，就是为了存放抢自圆明园的文物——1860年英法联军劫毁圆明园后，侵华法军司令孟托邦把从圆明园抢劫来的所谓战利品敬献给拿破仑三世和欧也妮王后。馆内陈列着中国明清时期的古画、金玉首饰、牙雕、玉雕、景泰蓝佛塔等艺术珍品。目前，这里收藏的中国历代名画、金银首饰、瓷器、香炉、编钟、宝石和金银器共有3万多件。

4.狄安娜花园和钟塔庭

狄安娜花园又称“皇后花园”或“橙园”，从16至18世纪，花园内一直散布着无数的花坛和雕塑。该地满园橙树，橙香浮动，清风徐来，令人心骨皆清。如今这座花园的形态虽亦可人，但已不复旧貌。橙园的历史可追溯到第一帝国和七月王朝时代，园内的狄安娜喷泉就是亨利四世于1602年在著名的狄安娜雕塑位置构筑的。为使原大理石雕像免遭侵蚀，雕刻家普里厄又用青铜复制了一件。

从狄安娜花园可以一路走到钟塔庭。钟塔庭也称“椭圆形庭”，是枫丹白露宫殿群中最庄严的部分。当初，喜爱自然的弗朗索瓦一世决定重建枫丹白露宫时，他眼中路易七世建造的中世纪宫殿无异于残址败石，索然枯槁，有损周遭的景致。因此，他仅保留了古老、凝重的钟塔庭，只在其外观上稍加修饰。钟塔庭的其他建筑则尽由吉勒·勒布雷东设计的文艺复兴式建筑取代。

加冕礼上的拿破仑：

1804年11月6日，公民投票通过共和十二年宪法，法兰西共和国改为法兰西帝国，拿破仑加冕称帝。1814年4月13日，拿破仑在巴黎枫丹白露宫签署退位诏书，虽然保留了皇帝称号，却从此被流放并死于他乡。

【百科链接】

拿破仑在枫丹白露宫

1804年，为了举行加冕典礼，拿破仑曾在此召见罗马教皇庇护七世，这是史无前例的。在此1000年前，赫赫有名的查理曼也是亲赴罗马接受教皇加冕；如今教皇却屈尊下就来到法国为他加冕，拿破仑的权势之大可见一斑。

拿破仑与妻子约瑟芬感情弥笃，英雄美人共驻此宫，享尽荣华富贵。但他终不免为历史所作弄，远征俄国失利，莱比锡战役失败，最后不得不于1814年4月13日在枫丹白露宫签字退位。

英文名：Palace of Versailles　　位　置：巴黎西南郊的凡尔赛镇
年　代：始建于17世纪　　特　色：古典主义风格的宫邸建筑，富丽堂皇

凡尔赛宫

1.凡尔赛宫的由来

1624年以前，凡尔赛一带是茂密的山林。法国国王路易十三是个打猎迷，他在这里建了一座小巧精致的城堡，经常带着王妃和近侍到这儿来驰逐山林，纵情射猎。

路易十三死后，他的儿子路易十四决定把凡尔赛城堡建成一座富丽堂皇的宫殿。路易十四之所以决定建造凡尔赛宫，与他的财政总监富盖有关。这位财政总监利用职权之便侵吞公物，为自己修建了一座府第——沃子爵堡。竣工之日，富盖邀请王公大臣前去赏光赴宴，还专门请了路易十四。富盖美若仙宫的新府邸令虚荣的路易十四既羡慕又恼火，于是下决心修建一座豪华无比的宫殿，要压倒世界上所有国王的宫殿。就是在这样的动机下，路易十四召集修建沃子爵堡的原班人马，着手营建凡尔赛宫。经过20多年的营建，终于把凡尔赛宫建成了世界上最为富丽堂皇的宫殿。

2.欧洲王室宫邸的第一典范

至今凡尔赛宫已有300多年的历史，其中间的主殿、南北两翼王子及亲王的居所、行政官员的办公室以及教堂和剧院等建筑，规模、气势均冠绝一时。来到凡尔赛的人，站在远处遥望，立刻就会被凡尔赛宫的外观所震慑：三条放射状的马路在宫前半圆形的大广场上汇拢；镶着金色国王徽记的宫门正对着广场中央路易十四的马上铜像；后方缓升的小坡上是华美的王宫庭院。

景致如画的镜厅：

镜厅是凡尔赛宫内最著名的大厅。它的一面是面向花园的17扇巨大落地玻璃窗，另一面是由400多块镜子组成的巨大镜面。

如果说凡尔赛宫的外观给人以宏伟、壮观的感觉，那么它的内部陈设和装潢更富于艺术魅力。500多间大殿小厅处处金碧辉煌，豪华非凡。宫内还陈放着来自世界各地的珍贵艺术品，其中就有中国古代

凡尔赛宫：

凡尔赛宫宫殿为古典主义风格建筑，立面以标准的欧洲古典主义“三段式”处理。建筑左右对称，造型轮廓整齐、庄重雄伟，被称为理性美的代表。

 文明拾贝：凡尔赛宫的镜厅是由多少块当时欧洲最大的镜子拼成的？

的精品瓷器。

3.融进四季景致的镜厅

凡尔赛宫建筑以东西为轴，南北对称，共有500个大厅与房间。整个建筑大体呈“凸”字形，共有三层，中间的宫殿主体长达707米，向花园部分突出；两翼是宫室和政府办公处、剧院、教堂等，成一字形排开。宫殿外观雄伟壮丽，室内都用大理石镶砌，以雕刻、挂毯及巨幅油画装饰，玉阶巨柱。在众多的厅室中，最具特色的是镜厅。镜厅是沟通国王住室与王后住室的通道，也是国王每天到楼下教堂祈祷的必经之地。

镜厅室内用乳白和浅紫的大理石贴面，廊柱则用绿色大理石贴面，再加上镀金的壁饰，显得华贵富丽。在长廊上，人们可以看到17扇拱形巨窗面朝花园而开，而17面落地镜又与巨窗相对而立，这样一来，窗外的阴晴雨雪、春花秋月，全都显现在了镜子里。

凡尔赛宫御花园：

现存面积为100公顷，以海神喷泉为中心，主楼北部有拉冬娜喷泉，南部有橘园和温室。花园内有1400个喷泉，以及一条长1.6千米的十字形人工大运河。

4.法式庭院的典型——御花园

凡尔赛宫的花园也呈几何图形。花园中精心设计的雕像、喷泉、树木、草坪分布在中央大道的正中或两旁，层次分明、布局合理。特别是宽阔的中央大道上的一个个喷泉，上面有精雕细刻的人、兽雕像，从它们嘴里喷出一柱柱水流。从宫殿方向望去，这些喷泉与周围的树木、人像雕塑形成一幅和谐美妙的画面。

凡尔赛宫的御花园位于宫殿西侧，总面积达100公顷，在现有世界皇家园林中首屈一指。御花园内的树木、河渠、喷泉、塑像等按几何图形排列，布局均称，有条不紊，这种设计在当时是首创之举，开启了法国式庭园的典型。御花园南半部是规则的花形花坛，最南部地面下降约50米，是一处橘园，有对称的水池和盆栽大树。御花园北半部也有花形花坛和树林，最北端是面积2万平方米的大水池和海神喷泉。御花园西侧的小园林以几何图形的道路分为12块林地，每块林地中有不同的小路、水池、岩洞、喷泉和亭台。小园林再向西即进入大园林，这里全是高大的乔木林，树木郁郁葱葱。

【百科链接】

《凡尔赛和约》

《凡尔赛和约》全称《协约国和参战各国对德和约》，是第一次世界大战后，战胜国（协约国）对战败国（同盟国）的和约。协约国和同盟国于1918年11月11日宣布停火，经过巴黎和会长达6个月的谈判后，于1919年6月28日在巴黎的凡尔赛宫镜厅签署条约，这标志着第一次世界大战正式结束。和约得到国际联盟承认后，于1920年1月10日正式生效。

5.今日的凡尔赛宫

今日的凡尔赛宫已是举世闻名的游览胜地，各国游人络绎不绝，参观人数每年达200多万。南北宫和正宫底层从路易·菲利浦在位时起改为博物馆，收藏着大量珍贵的肖像画、雕塑、巨幅历史画以及其他艺术珍品。凡尔赛宫除供参观游览之外，法国总统和其他领导人也常在此会见或宴请各国国家首脑和外交使节。

英文名：Buckingham House
年　代：始建于1703年
位　置：伦敦的威斯敏斯特城
特　色：自1837年维多利亚女王登基起，白金汉宫一直是英国的王宫

白金汉宫

1.英皇权力的中心

伦敦圣詹姆士公园西端有一座宏伟建筑，它便是久负盛名的神秘王宫——白金汉宫。1703年，白金汉公爵开始在此地建造宫殿，有人称其为“白金汉府”。1761年，乔治三世将其买下。由白金汉府转变为白金汉宫这个工作，最终由乔治四世和他所器重的建筑师约翰·纳什在1825年完成。在此之前，这里一度做过帝国纪念堂、美术陈列馆、办公厅和藏金库。1837年维多利亚女王继位起，白金汉宫正式成为王宫，此后白金汉宫一直作为英国历代君主的寝宫，是英皇权力的中心地。

> 白金汉宫：
> 建造在威斯敏斯特城内，位于伦敦圣詹姆士公园的西边，因1703年由白金汉公爵所建而得名。1761年由英王乔治三世购得作为王后的住宅，1825年英王乔治四世加以扩建。

2.比想象中朴实的女王居所

从维多利亚女王时代迄今，白金汉宫一直是英国王室的府邸，集合了办公与居家功能。如今女王的重要国事活动，如召见首相和大臣、接待和宴请来访的外国国家元首或政府首脑，接受外国使节递交国书等活动都在该宫举行。此外，来英进行国事访问的国家元首也在宫内下榻。

白金汉宫是一座四层的正方形建筑物，宫内有典礼厅、音乐厅、宴会厅、画廊等600余间厅室。此外还有占地广阔的御花园，花团锦簇，美不胜收。

皇宫西侧为宫内正房，其中最大的有“皇室舞厅”，建于1850年，专为维多利亚女王修建。厅内悬挂有巨型水晶吊灯。蓝色客厅被视为宫内最雅致的房间，摆有为拿破仑一世制作的“指挥桌”。白色客厅用白、金两色装饰而成，室内有精致的家具和豪华的地毯，大多是英法工匠的艺术作品。御座室内挂有水晶吊灯，四周墙壁顶端绘有15世纪玫瑰战争的情景。正中的御座是当今女王1953年加冕时和王夫爱丁堡公爵使用的，室内还保存了维多利亚女王的加冕御座和英王乔治四世加冕时使用的四张大座椅。宫内音乐室的房顶呈圆形，用象牙和黄金装饰而成，维多利亚女王和王夫艾尔伯特亲王常在此举办音乐晚会。

> 英国皇家卫队：
> 白金汉宫的皇家卫队每年4至9月的上午11：30都会举行换岗仪式，其他月份则每两天举行一次。在军乐和口令声中，皇家卫队会做各种列队表演，并举枪互致敬礼，一派王室气象。

文明拾贝：著名学者威廉·卡姆登的《不列颠志》是什么时候出版的？

白金汉宫建造在威斯敏斯特城内，因1703年由白金汉公爵所建而得名。从1837年起，英国历代国王都居住在这里。白金汉宫共有600多个厅室，还有一座面积约40英亩的御花园。

维多利亚女王：她是英国历史上在位时间最长的君主，在位时间长达63年（1837—1901年）。其间正是英国最强盛的所谓“日不落帝国”时期。维多利亚女王是第一位居住在白金汉宫中的英国君主。

御花园占地约18公顷，为英王乔治四世所设计。园内有湖泊、草地、小径，并有各种花草树木。每年夏天，女王在园内举行花园招待会，邀请全国各界代表、知名人士及各国驻伦敦的外交官参加。宫殿前面的广场上有很多雕像，其中维多利亚女王像上的金色天使，代表皇室希望能再创造维多利亚时代的辉煌。

3.皇家珍藏的艺术精品

白金汉宫有600多个厅室，收藏有许多绘画和精美的红木家具，艺术馆大厅内专门陈列英国历代王朝帝后的100多幅画像和半身雕像，营造出浓厚的十八九世纪英格兰的氛围。宫前广场上竖有胜利女神金像和维多利亚女王坐像，代表皇室希望能再创维多利亚时代的辉煌。

白金汉宫收藏有乔治四世收集的18世纪法国的各式家具、做工考究的银器、玲珑精美的钟表和英式枝形吊灯等。由于这些收藏地点不对外开放，故世人没有机会欣赏到这些珍品。而在王宫南侧的女王美术馆也收藏有许多艺术珍品，其中包括十几幅珍贵的达·芬奇作品，如《年轻男子的头像》《肩的解剖结构》等，它们从1690年起就由英国王室收藏。

4.部分开放的皇宫

1992年11月，英国王室的另一王宫——温莎堡发生火灾。为补偿修复所需的巨额开支，女王于1993年春宣布，白金汉宫于8月7日到9月30日正式对游客开放，并作为惯例，此后每年八九月份都对外开放。但是白金汉宫仅有三处地方可供游人参观：一是每天上午11时30分举行皇家卫队换岗仪式的王宫前；二是王宫南侧的女王美术馆；三是皇家画廊和皇家马厩。

【百科链接】

维多利亚女王

维多利亚女王是肯特公爵爱德华之女，1837年登基，她是英国历史上在位时间最长的君主，在位时间长达63年。她是第一个以“大不列颠和爱尔兰联合王国女王和印度女皇”名号称呼的英国君主。她在位的63年期间（1837—1901年），是英国最强盛的所谓“日不落帝国”时期，她在位期间直到第一次世界大战开始的1914年，英国都称为维多利亚时代。

怎样才能知道英国女王是不是正在白金汉宫中？其实很简单：你只要抬头看看皇宫正门上方，如果悬挂着皇室旗帜，则表示女王正在里面；如果没有的话，那就代表女王外出。

胜利女神金像：

白金汉宫广场上的胜利女神像金光闪闪、灿灿生辉，站在高高的大理石台上，好像要从天而降。

◁英文名：White House　◁位　置：美国首都华盛顿
◁年　代：建于1792至1800年　◁特　色：全世界瞩目的政治中心

白宫

1.美国总统的官邸

白宫是美国总统府所在地，坐落在首都华盛顿市中心区的宾夕法尼亚大街，是一座白色的二层楼房。它北接拉斐特广场，南邻爱丽普斯公园，与高耸的华盛顿纪念碑相望。白宫的基址是美国第一任总统乔治·华盛顿选定的，始建于1792年，1800年完工。有趣的是，第一位入主白宫的总统并不是第一任总统华盛顿，而是第二任总统约翰·亚当斯。从此，美国历届总统均以白宫为官邸，使白宫成了美国政府的代名词。1902年，美国总统罗斯福首先使用“白宫”一词。

白宫是美国政要名流的舞台，也是全世界最好客的元首官邸。两个世纪以来，40多位白宫主人曾在这里工作与生活，每一位主人都为白宫留下了属于他们的印迹。

2.充满法国皇家气派的蓝室

白宫共有5个主要房间，由西至东依次是：国宴室、红室、蓝室、绿室和东室。白宫东厢前花园名为贾桂琳花园。贾桂琳是对白宫最有贡献的第一夫人，她为了将白宫变成一座极有价值的博物馆，开始系统地收集有关白宫的历史文物。现在许多房间里陈设的精致古董，大半是门罗总统时期的收藏品，尤其是蓝室充满法国皇家气派。室内以蓝色为主，饰以金边花纹的墙壁，衬托出蓝室豪华的风格，因此这个房间经常用来招待贵宾，其中包括1878年到访的第一位清朝使节。克利夫兰总统的婚礼就是在蓝室举行的，每年白宫圣诞树也固定在这里闪耀。蓝室之下是外交使节接待室，是专供各国大使呈递到任国书之处。

蓝室的阳台面对南草坪，是总统与贵宾经常向民众挥手露面的地方。南草坪上许多树木都是由总统或总统夫人亲手种植的，这可能也是名垂青史的一种方法吧。当年杰克逊为纪念亡妻而种的一棵木兰花，至今已长成枝叶茂盛的百年老树，它和这个

美国白宫：

白宫是美国总统府所在地，现在已经成为美国政府的代名词。它带有浓厚的英国建筑风格，又在随后的主人更替中一层层融入了美国建筑的风格。朴素、典雅，是白宫建筑风格的基调。

白宫蓝室：

蓝室以蓝色调著称：窗帏是蓝色的，座椅靠背和座垫是蓝色的，窗外的天空也是蓝色的。厅内有一块19世纪的中国地毯，7把法国镀金椅子，一对19世纪路易十六时代风格的镀金桌子等名贵之物。

【百科链接】

白宫的东大厅

东大厅是白宫中最大、装饰最豪华气派的厅堂，主要用以举行大型招待会、舞会和各种纪念性仪式的庆典。它长约24米，宽约11米，高约2.5米，可同时容纳200多位宾客。这里有敞亮的落地长窗、光洁的橡木地板、巨型的水晶吊灯和烛台，还有18世纪名画家吉尔伯特·斯图亚特的巨幅油画——《华盛顿及其夫人的全身像》，这幅油画现已成为传世名作。历史上许多重要事件都在此发生：这里曾经停放过七位总统的遗体，曾举行过许多位总统女儿们的婚礼，罗斯福在此观赏过日本相扑表演，肯尼迪则在此欣赏过优美的演奏。

国家一起茁壮成长。蓝室位于整栋大楼的中央位置，与上下楼层的三个房间同为椭圆形。蓝室之上的椭圆房间，曾经是总统办公室、内阁室和签约室，现在则属于家庭楼层，不对外开放。林肯曾在这个房间签署了著名的《解放黑奴宣言》，导致了南北战争的爆发。

蓝室左右两旁的红室和绿室都是小型接待室，以不同色调装饰，各有不同用途。绿室在杰弗逊时期是他的私人餐室，门罗则用它来玩牌。内战时林肯爱子在绿室病死，这里成为林肯夫人的伤心之地，从此她再不肯踏入一步。

3.第一夫人最喜爱的房间——红室

红室是第一夫人最喜爱的房间。它被布置成了1830年早期样式，摆设在大理石壁炉上的一座18世纪法式音乐钟，是法国总统在1952年所赠送的。红室之旁的国宴室，摆放着一张门罗时期的13尺长桌，其上镂刻精致的纹饰是令人赞叹的杰作，也是白宫的精品之一。国宴室可同时容纳130位宾客用餐。在大理石壁炉上方，铭刻着第一位白宫主人亚当斯在1800年11月2日写给夫人的信中的一段话：“我祈求上苍赐予最大福分给这所房屋和所有此后居住的人，但愿只有诚实和智慧的人住在此屋檐下。”

4.总统办公的椭圆办公室

总统办公的椭圆办公室最让人好奇，可能是因为国家最高领导人在那里治理国家大事而使人感到神秘吧！椭圆办公室位于西厢的旁边位置，因其形状呈椭圆形而得名。室内设计呈古典主义巴洛克风格，但每位新总统上任，都会按个人喜好重新布置办公室。

办公室的对面是总统专属的玫瑰花园，相传肯尼迪的子女常在花园和办公室之间游玩，年轻的总统也常在闲暇时与他们玩耍，留下许多温馨的画面。肯尼迪还邀请过音乐大师、诗人作家、演员歌者等到白宫来表演，白宫因此又成了这些人展示艺术的舞台。

白宫红室：

红室多由总统夫人使用。厅内四壁上的红绸水彩画同由斯图亚特画的麦迪逊总统夫人朵拉的红色肖像交相辉映。

英文名：Schloss Neuschwanstein
年　代：始建于1869年
位　置：德国巴伐利亚州
特　色：因其清新脱俗的风格，被誉为童话中的城堡

新天鹅城堡

1.童话般的城堡

巴伐利亚国王的宫殿群中最壮丽辉煌的一座，当属靠近奥地利边界、位于荷恩施万高山区的新天鹅城堡了。关于新天鹅堡的来历有三个传说：其一，据说巴伐利亚国王路德维希二世少年时代，经常骑马独自来到天鹅堡（即旧城堡）打猎、写诗、作画。一天，他被湖中美丽的天鹅所吸引，天鹅那洁白的羽毛、高雅的姿态把他带入幻境，于是新天鹅堡由此得名。其二，路德维希二世是国人熟知的茜茜公主的表弟，据说他一直暗恋茜茜公主，在他入住尚未完工的新城堡时，茜茜公主送了一只瓷制的天鹅以示祝贺，于是路德维希二世就将此城堡命名为新天鹅堡。其三，据说在城堡尚未完工时，路德维希二世以他的好友瓦格纳所创作的音乐剧《天鹅骑士》为灵感，将城堡命名为新天鹅城堡。

新天鹅城堡屹立在一处三面峭壁的山脊上，路德维希二世花了17年的时间，也未能将它完全建好，可见该工程十分浩大，耗资惊人。新天鹅城堡宛如“童话城堡”般的造型，给人一种超然尘世之感。这座仿中世纪骑士城堡的宫殿不仅外形独特，其内部装饰格局也无不体现出中世纪神话传说中的意境，体现了路德维希二世唯美超俗的独特品位与人格。新天鹅城堡最初并未由建筑师设计，而是由剧院的画家和舞台设计者创作的，因此新天鹅城堡具有非同一般的童话气氛。

2.向音乐家瓦格纳献礼

里查德·瓦格纳是19世纪德国著名作曲家、文学家和指挥家，欧洲后期浪漫乐派的重要代表人物之一。他一生主要从事歌剧创作，共写了13部歌剧、1部交响曲、9首管弦乐序曲以及其他一些室内乐和声乐作品。瓦格纳与贝多芬一样，被誉为“为音乐而生，也是为音乐而死”的音乐艺术家。

路德维希二世自从结识了瓦格纳后，他的后半生便渴望生活在那种充满童话意境的歌剧里。路德维希二世一生梦想着自己的王国能像瓦格纳歌剧所表现的一样，强大并且辉煌。然而事实并不使他乐观，东普鲁士和

里查德·瓦格纳：

德国作曲家（1813—1883），19世纪最杰出的作曲家之一。瓦格纳的音乐一向以结构庞大、音响震撼闻名于世。

哈布斯堡王朝远远比他的巴伐利亚王国强大，因而这位年轻的国王只能将梦想寄托于他那充满诗情画意的城堡建设上。他修建了许多城堡，其中最美丽的当属新天鹅城堡。然而，由于时局动荡，老天没有让这位单身且富于幻想的国王看到新天鹅城堡的完全竣工。

茜茜公主：

茜茜公主是巴伐利亚王国的马克西米里安·约瑟夫公爵的女儿，即伊丽莎白公主，昵称“茜茜”，是路德维希二世的表姐。相传新天鹅城堡的名字得于她送给国王的礼物——一只瓷天鹅。

3.梦幻般的城堡和出自歌剧场景的壁画

城堡采用灰白色的花岗岩建成，其最大的特色是尖尖的圆柱形塔顶，我们熟知的迪斯尼睡美人城堡就是以新天鹅城堡为蓝本设计的。城堡内外上下皆充满了梦幻和富丽堂皇的气氛，到处可见精美的壁画与金光四射的装潢，一般人对童话中城堡的梦想在此可以得到完全满足。其中四楼国王加冕厅是依照罗马拜占庭礼拜堂的样式修建的，悬吊在大厅顶部的皇冠状吊灯则号称是欧洲最大的吊灯，足足有两吨多重。不过这个加冕厅最后并没有完工，国王也未能如愿在此接受加冕。

城堡五楼有专为瓦格纳所建的歌剧厅。其舞台布景根据格林兄弟的童话故事布置，高高的方格天花板上悬吊着无数的烛台与吊灯，地面是米黄色的硬木地板。虽然瓦格纳在城堡落成前的1883年过世，未能到此演出，但后人却在此举办过许多瓦格纳歌剧的比赛及演出。

漫步于新天鹅城堡内，每一个房间的设计布局都独具匠心，每一幅壁画和每一件器物都耐人寻味。从每个楼角窗前眺望堡外景色，低处清幽的湖光山色和身居高空的感觉，给人一种仿佛来到了天上宫阙之感。

城堡中昔日的歌者大厅如今只剩下舞台和座椅，唯一不变的是四处可见的、出自瓦格纳歌剧的场景壁画。这些壁画都是用了很长时间才绘制成的，让人不禁感叹艺术家的苦心和技艺的精湛。

新天鹅城堡：

新天鹅城堡始建于1869年，位于德国浪漫大道的南端。爱好文艺的巴伐利亚国王路德维希二世构想并下令建造这座童话般的城堡，然而他生前并没有看到自己的杰作。

【百科链接】

旧天鹅城堡

从新天鹅城堡的阳台远眺，可以看见一座黄色宫殿就是旧天鹅城堡，那里是路德维希二世度过他早年大部分时间及后来登基的地方。旧天鹅城堡里保留了大量路德维希二世国王的遗物。虽然宫殿设计与新天鹅城堡相比逊色了许多，但老王宫中精美的装饰、壁画及浓厚的艺术氛围给了小路德维希无限的遐想和启蒙，使得他成年即位以后在兴建宫殿的规模和层次上青出于蓝，超过父辈。这不仅给后人留下了像“新天鹅城堡这样永恒的艺术瑰宝，也给路德维希二世赢得了“童话国王”的美誉。

Part 3

神圣庄严的宗教圣迹

● 与其他建筑相比，宗教建筑是经过数千年发展和演变而来的。在宗教传播的过程中，其建筑也随之广播世界各地，并与各个国家的民族建筑相结合，形成了相对固定的型制。人们相信，宗教建筑是有灵魂的，从4000年前的埃及神庙到近现代的宏伟教堂，朝圣者无不被其崇高而完美的建筑形式所折服。

英文名：Temple of Luxor
年　代：约为公元前14世纪修建，后经拉美西斯二世扩建
位　置：卢克索中心的尼罗河东岸
特　色：埃及的“文明珍珠”

卢克索神庙

1.尼罗河畔的珍珠

说到埃及，人们就会想起金字塔。其实金字塔只是公元前26世纪左右古王朝的遗迹，而之后中王朝与新王朝时期的遗迹则集中在开罗南面的卢克索。

卢克索古称底比斯，兴建于古埃及帝国第十二王朝，距今已有4000多年历史。随着历代法老的不断增修和扩建，到了第十八王朝时，卢克索成为世界上最大和最负盛名的城市，被誉为“一百座城门的底比斯。”据考古学家统计，约有500座古墓散布在这一地区，仅尼罗河西岸著名的“帝王谷”就有64座帝王陵墓，此外还有法老王的宫殿和卡纳克神庙，埃及的历代文明几乎皆集结于此。

长达262米的卢克索神庙证明了卢克索辉煌灿烂的过去，它是古埃及第十八王朝的第十九个法老艾米诺菲斯三世（公元前1398—公元前1361年在位）为祭奉太阳神阿蒙、他的妻子及儿子月亮神而修建的。到第十八王朝后期，又经拉美西斯二世扩建，形成现今留存下来的规模。拉美西斯二世是埃及最后一位伟大的法老。他把埃及治理得井井有条，并使国家达到了鼎盛时期。在他当政期间，还修建完了卡纳克神庙的主殿，为卢克索遗迹增添了新的建筑奇迹。他曾坦言，这些永恒之石，是为诸神和自己的光荣而建造的。

晚间在灯火的映衬下，卢克索神庙愈发显得美丽，就像尼罗河畔的一颗珍珠，吸引着人们的目光。

2.拉美西斯二世的坐像和方尖碑

走进塔门即为著名的拉美西斯庭院。入口处是造型独特、雄伟壮观的柱廊，两排14根16米长、似纸草捆扎状的石柱高高耸立着。庭院四周还建有双排的石柱，柱顶呈伞形花序状。

在神庙塔门两旁，耸立着两尊高14米的坐像，这就是拉美西斯二世的雕像。公元前1304至公元前1237年，是第十九王朝的第三位国王拉美西斯二世法老在位时期。作为埃及历史上颇有名望的一位国王，拉美西斯二世具有雄才大略，喜欢南征北战，也喜欢大兴土木，一生建树颇多。他在世时征集了大量人力、物力和财力，对卢克索神庙进行了一番修饰。

神庙墙上的浮雕生动地描绘了拉美西斯二世执政初期与赫梯人作战的情景，左右两边的浮雕构成一幅完整的组画：左边的画面描绘了当时的

卡纳克神庙：
作为古埃及宏伟建筑群的典型代表，卡纳克神殿有10余个塔门，塔门之间为塔院和厅室。第一道塔门外的两侧，竖立着两排巨大的狮身羊头石像，是神庙威武的守护者。

卢克索神庙是供奉底比斯主神阿蒙及其妻子与儿子的神庙，规模仅次于卡纳克神庙。卢克索神庙长262米，宽56米，由塔门、庭院、柱厅和诸神殿构成。

拉美西斯二世雕像：拉美西斯二世是古埃及第十九王朝法老（公元前1304—公元前1237年在位），也是埃及历史上最著名的法老，其执政时期是埃及新王国最后的强盛年代。

军营生活、战前召开军事会议及法老御驾亲征、在战车上指挥战斗的情况；右边的画面描绘了这位法老向敌人发动进攻、弯弓射箭及赫梯人溃逃的情景。在拉美西斯庭院的石壁上还镌刻着一些浮雕和文字，叙述了当时举行庆典仪式的情形。浮雕描绘了新年之际“圣船”队从卡纳克向卢克索进发的盛况。而古埃及人信仰的太阳神阿蒙一家分乘4条船，在法老和祭司的陪同下，从卡纳克神庙向卢克索神庙进发。尼罗河两岸浩大的队伍，跟船同行，歌舞相伴，气氛十分热烈。“圣船”一到卢克索神庙，人们便开始烹牛宰羊，群臣欢宴的场面热闹非凡。

塔门前还耸立着一座方尖碑。方尖碑本是一对，右侧的那座在1838年被当时统治埃及的穆罕默德·阿里和法国交换成了一个时钟，换走的方尖碑现在就立在巴黎的协和广场上。现存于卢克索神庙的这座方尖碑以古朴的神庙为背景，显得更有历史的厚重感。方尖碑高25米，高于其后的塔门，直挺而上，与左侧的两株笔直的棕榈树形成无生命与有生命和谐共存的画面。

如果有幸从尼罗河上远眺卢克索神庙，会发现整个神庙就像浮动在棕榈树顶的一艘大船，而高高耸立的方尖碑则似船前撑旗的桅杆。圣船满载着千年的历史与沧桑巍然前行。

【百科链接】

卡纳克神庙

卡纳克神庙是卢克索遗迹的精华部分，因为它既是埃及最大的庙宇遗址，也是卢克索古迹中规模最大、保存得最完整的建筑群，其建筑之宏伟、工艺之精湛、构思之巧妙，均令人叹为观止。

这座神庙位于卢克索北侧，始建于公元前19世纪的古埃及第十二王朝。这项宏伟的工程前后持续了数个朝代。据说共有81322名工匠、祭司、卫士、农民为建造这座神庙付出了汗水。法老们远征的战利品和劫掠的钱财为神庙的建造提供了极为丰富的资金来源。数代法老参与了大殿的建造，其中阿蒙诺菲三世建造了中殿的12根大柱，用以支撑众多的柱楣。拉美西斯一世时开始对大殿进行装饰，一直延续到塞地一世和拉美西斯二世时代，整座神庙才全部竣工。后来又经不断的修葺和扩建，神庙的面积达到了现在的31公顷。

3.供奉太阳神阿蒙的卢克索神庙

穿过拉美西斯庭院是一个大厅和侧厅，中央大厅东面的降生室实际上是一个小礼拜堂，四周石壁上的浮雕描绘着穆特穆伊亚女王和阿蒙太阳神象征性结婚，以及他们在女神帮助下，降生王子时的情景。

卢克索神庙供奉着古底比斯的三位主神：阿蒙、阿蒙的妻子穆特穆伊亚以及他们的儿子月神。神庙的石柱大厅内有134根巨柱，每根要6个人才能抱住，这些石柱历经3000多年无一倾倒。庙内的柱壁和墙垣上，都刻有精美的浮雕，记载着古埃及的神话传说和当时人们的日常生活。

在神庙的正对面有一条长长的大道，两边各有一排间隔两米的狮身人面像。从残缺不全的废墟之中，人们不难想象卢克索神庙当年的辉煌。

卢克索神庙：

不断上涨的尼罗河水威胁着伟大的卢克索神庙，再加上近十几年来建筑盐碱化程度加深，这些拥有着几千年历史的建筑群正被不断侵蚀。

英文名：The Temple of Artemis At Ephesus
年　代：始建于约公元前550年
位　置：希腊城邦艾菲索斯，现在的土耳其西海岸
特　色：以大理石为基础，上面覆盖着木制屋顶

阿耳忒弥斯神庙

1.世界上最著名的白色大理石神庙

阿耳忒弥斯神庙的遗址位于今天土耳其的爱奥尼亚海滨，《圣经》里把这个地方称为“以弗所”，现在也被称为“艾菲索斯”。大约公元前550年，以弗所人开始了阿耳忒弥斯神殿的建设。这座十分雄伟的大理石神庙建筑由吕底亚的国王克里萨斯出资筹建，并由希腊建筑家伽尔瑟夫农设计。神庙中装饰着由当时技艺最精湛的艺术家——菲迪亚斯、坡留克来妥斯和克列休拉斯所塑的青铜雕像。

阿耳忒弥斯神庙是古希腊最大的神庙之一，其规模超过了雅典卫城的帕特农神庙，也是最早的完全用大理石兴建的建筑之一。它以建筑风格壮丽辉煌和规模巨大而跻身于古代世界七大奇迹之列。

2.天才父子的创造

据说神庙最早的建筑师伽尔瑟夫农在工程进展到要将入口处的大门楣抬起到设计高度的时候，才发现他所有的经验和设备都不足以完成这项工作。不过聪明的伽尔瑟夫农还是想办法渡过了这个难关：他尝试着用沙袋垒起一道斜坡，然后将巨大的石块顺斜坡向上拉牵，当石块被拉上坡道到达适当位置之后，就将底层的沙袋逐渐掏空，这样斜坡就作为一个整体缓慢下降，放置在斜坡之上的石块也同时随着斜

阿耳忒弥斯神庙遗址：

阿耳忒弥斯神庙是古希腊最大的神庙之一，也是最早的完全用大理石兴建的建筑之一。它以建筑风格壮丽辉煌和规模巨大而跻身于古代世界七大奇迹之列。可惜经过漫长岁月的侵蚀和人为摧毁，如今只剩下了断壁残垣。

文明拾贝：阿耳忒弥斯神庙内有多少根立柱？

阿耳忒弥斯为希腊神话中的月亮和狩猎女神。在为阿耳忒弥斯建造的神庙中，以弗所的阿耳忒弥斯神庙规模最宏大，是古代世界七大奇观之一。

阿耳忒弥斯神庙的雕刻：阿耳忒弥斯神庙的雕刻艺术十分精湛，大理石圆柱的顶盘上装饰着花边浮雕，错落有致，精致古朴。

坡的下降而下降，直到石块准确地安放到指定的位置上。

另外，工程所需石材需要从11千米外的采石场搬运过来，而那些石材重量一般都在40吨左右，显然光靠人力畜力是根本无法完成的。但伽尔瑟夫农很快想出了利用两个圆形木架模仿两个超大滚轮转动的办法，轻易地完成了这项任务。后来，伽尔瑟夫农的儿子梅塔杰尼斯又对其进行了进一步的改造：他将一根开采出来的长条石块的两端装进巨大的木轮中央，使长条石块直接充当两个木轮之间的中轴，这样，不仅圆形石柱，就连方形横梁也可以用同样的方法进行搬运了。

3.厄运不断的建筑奇迹

在公元前356年7月21日的夜晚，一名叫希罗斯特图斯的人为了使自己名垂青史，放火焚毁了神庙。他果真因此而臭名昭著。很奇怪的是，亚历山大大帝就在那一夜出生了。历史学家普卢塔克后来写道：女神由于“太忙于照料亚历山大的出生以至无法营救自己受到威胁的神庙”。在此后的两个多世纪中，神庙又被修复了。当亚历山大大帝征服小亚细亚时，他帮助重建了这座被毁的神庙。

重建之前的阿耳忒弥斯神殿的规模已经相当宏大，底部最上层台阶长约100米，宽约55米，神殿三面环绕着两排共计127根巨大的圆柱，每根高达18米，它们支撑着上面巨大的屋顶。神殿重建的时候，其高度还略有增加，同时在底座平台的四周增建了数级阶梯。神殿中心的神龛上部没有加盖屋顶，这样人们在神殿内也可以仰望蓝天，他们的心愿和灵魂也可以从这里直达天堂，与神同在。神殿正门入口处立着36根刻有装饰性浮雕的柱子，这些柱子上刻有40至48道浅凹槽。神殿四周的柱子上也环绕着一条装饰雕刻的中楣，同时还有狮头形状的喷水器。屋顶的三角楣饰也相当精美，具有很高的艺术价值。两根柱子之间的跨距通常超过了6.5米，而神殿中长于8米的石块也随处可见。所有这些，无论从建筑的设计还是工程技术上讲都具有相当大的难度，这座神庙称得上是当时最高水准的建筑精品。

1世纪，当圣·保罗来到以弗所传扬基督教时，受到了一群无意放弃自己信仰的阿耳忒弥斯信徒的对抗。神庙于262年再次遭到了哥特人的破坏，以弗所人发誓要重建它。但到了4世纪，以弗所人大都已转信基督教，神庙也就失去了它的宗教魅力。401年，圣·约翰·克里索斯下令拆除了阿耳忒弥斯神庙，神庙的末日到来了。直到19世纪末，神庙的旧址才被挖掘出来。发掘工作使神庙的地基和通往现在已是沼泽的旧址的道路重见天日。尽管近来当地人有重建神庙的打算，但也只是几根柱子被重新竖立起来而已。

月神阿耳忒弥斯雕像：传说这位女神头戴城邦王冠，身着饰有各种圣物的衣服，背着神弓神矢，身旁还有赤牡鹿、猎犬等动物做伴。

【百科链接】

月神阿耳忒弥斯

阿耳忒弥斯是希腊神话中的月神、狩猎女神，她是万神之王宙斯和暗夜女神勒托的女儿、太阳神阿波罗的孪生妹妹。神话描述的阿耳忒弥斯眉心嵌着一个耀眼的月亮，身材修长秀美，手拿一把闪闪发光的弓箭。高贵美丽的她有很多求婚者，但她不愿结婚，尤其热爱自由，愿意与森林中的仙女们永远生活在一起，因此又被看做是贞洁处女的保护神。

英文名：Pantheon

年　代：始建于公元前27年

位　置：罗马圆形广场的北部

特　色：内部空间宽广、建筑宏伟、设计巧妙

罗马万神庙

1.献给罗马教皇的神殿

万神庙，又译为“万神殿”“潘提翁神殿”，位于意大利首都罗马圆形广场的北部，是罗马最古老的建筑之一，以其内部空间宽广、建筑宏伟与设计巧妙而闻名于世，在古典建筑中占有十分重要的地位。

这座供奉着众神的庙宇，是由奥古斯都大帝的女婿、曾先后三次连任罗马总督的马尔库斯于公元前27年为纪念奥古斯都远征埃及的伟大战绩而兴建的。该神庙于公元80年毁于雷击，由哈德良皇帝于124年重建。到3世纪初，又由卢丘斯·塞蒂缪斯、塞韦鲁斯和卡拉卡拉等皇帝改建。罗马皇帝皈依天主教后，万神庙曾一度被关闭。

> 万神庙：
>
> 万神庙位于意大利首都罗马圆形广场的北部，是罗马最古老的建筑之一，也是古罗马建筑的代表作，曾被天才艺术家米开朗琪罗称赞为“神的杰作”。

609年，拜占庭皇帝将万神庙献给罗马教皇博理法乔四世，博理法乔四世将它改名为“圣母与诸殉道者教堂”。正是因为名称的改变，才使万神庙在漫长的中世纪得以保全。文艺复兴时期，该建筑物成为意大利建筑师们殷殷学习的对象。

2.古代空间跨度最大的建筑

万神庙由一个矩形门廊加一个圆形神殿组成，突破了传统神庙建筑的限制。门廊内有科林斯式圆柱16根，分3行排列，正面为八柱式构图，白色大理石为柱头和柱基，暗红色花岗岩为柱身。大门两侧设有壁龛，放置着古罗马皇帝奥古斯都和阿古利巴的雕像。神庙全部结构都用火山灰混凝土浇铸，墙厚6.2米，外墙饰以石块，朴素而略有沉重感。

进入圆形神殿，人们看到的是苍穹般的辽阔空间，异常宏伟。万神庙的穹顶直径达43.3米，顶端高度也达43.3米，近似于一个球形。由于是穹顶结构，所以整个室内浑然一体，没有任何障碍物，视野开阔，就像宇宙本身那样开阔、博大。

在19世纪之前，万神庙一直保持着一个纪录——它是世界上空间跨度最大的建筑。罗马人用穹顶象征天宇，穹顶上的凹格排列有序而又不单调，同时还减轻了穹顶的自身重量，光影变化更丰富了穹顶的层次。它的中央开了一个直径8.9米的圆洞作为唯一的采光口。从功能上讲这个圆洞是十分重要的，在神殿没有一个窗子

万神庙穹顶：

万神庙穹顶采用混凝土建筑而成，堪称全世界最古老的混凝土建筑。

的情况下，它解决了神殿的采光问题。阳光呈束状射入殿堂，随太阳方位角度产生强弱、明暗和方向上的变化，能依次照亮七个壁龛的雕像，使人如亲临苍穹之下，与天国、神祇产生神秘的感应，更象征着天国之光的照耀。

3.精湛完美的装饰

当初的万神庙远比我们今天看到的要华丽得多：穹顶曾饰以镀金铜皮，金光闪闪；在壁龛和穹顶上都刻有法规条文，门廊山花上也曾立有铜像。如今，其原有的部分青铜器与大理石雕刻均毁坏于掠夺和战争中，或移用于后建的罗马建筑，外部的瑰丽红石也已不翼而飞，失去了昔日的风采。

万神庙的内装修基本延续了古希腊手法，还没有出现彩画，主要是柱式、雕像以及石材的质地、色彩、肌理的完美运用。地面、墙面的装饰材料都是各色的高档大理石，在当时落后的加工技术条件下，室内装修能做得如此精湛完美，实在令人叹为观止。连傲慢的天才艺术家米开朗琪罗也因此认为万神庙并非人的创造，而是神的杰作。

神庙壁画：

万神庙内的装饰性壁画具有典型的古罗马时期绘画特点，题材以宗教故事为主，风格生动真实，具有华丽的色彩和美妙的空间感。

【百科链接】

古罗马人高超的拱券技术

古罗马人掌握了高超的拱券技术，比古埃及和古希腊建筑的梁柱结构更先进。拱券技术使古罗马建筑获得了更宽阔的内部空间，并能满足各种复杂的功能要求。万神庙穹顶的直径是43.3米，这个纪录一直保持到近代。1世纪中叶，又出现了十字拱，它能覆盖方形的建筑空间，将拱顶的重量集中到四角的墩子上，无需修建连续的承重墙，因而空间更为宽敞。把几个十字拱、筒形拱、穹隆组合起来，能够覆盖更为复杂的内部空间，罗马帝国的皇家浴场就是这种组合结构的代表作。

4.大画家拉斐尔的神秘墓穴

到了近代，万神庙又成为意大利名人灵堂、国家圣地。万神庙里有不少陵墓，其中最有名的是大画家拉斐尔的那座简单、朴实的墓。它位于神庙左侧第二、三小庙堂之间，上面刻着他的好友、大主教本博为他写的碑文。拉斐尔临终前，曾委托他的好友洛伦泽托雕刻“萨索圣母像”，立于万神庙左侧第二、三小庙堂之间。在拉斐尔死后的几个世纪里，谁也不知道他的墓原来就在这个圣母像的下面。拉斐尔死于1520年，时年37岁。他的墓直到1883年才被人发现。墓两侧有两个小壁龛，曾置有拉斐尔及其未婚妻玛利亚·比必娜像，现已不存。

◁英文名：Mogao Caves　◁位　置：中国甘肃省敦煌市东南鸣沙山
◁年　代：始建于366年　◁特　色：融建筑、彩塑、壁画于一体

敦煌莫高窟

1.东方艺术明珠——莫高窟

莫高窟俗称“千佛洞”，始建于前秦建元二年（即366年），历经十六国、北魏、西魏、北周、隋、唐等十个朝代，至元代基本成型。其连续营造达千年之久，是世界上保存最完整的佛教艺术宝库。

据说，366年，一个名叫乐僔的和尚来到了位于甘肃敦煌市东南25千米处的鸣沙山，当时已是傍晚，他忽然看到眼前的鸣沙山金光闪烁，像有无数的佛像在山间跃动。乐僔和尚被眼前这庄严肃穆的景象惊呆了，继而有所顿悟，他庄重地跪下，朗声发愿：从今要广为化缘，在此筑窟造佛像，使此地成为佛教圣地。不久，他的第一个石窟就开工了。天长日久，就形成了我们今天看到的敦煌莫高窟。

莫高窟上下共5层，南北长约1.6千米，高低错落，鳞次栉比。现已开发，留存有壁画、塑像的洞窟492个，壁画45000平方米，彩塑3390身，飞天4500余身，唐宋木结构建筑10余座，莲花柱石和铺地花砖数千块。此外，1900年还在藏经洞发现5万多件手写本文献及各种文物，其中有上千件绢画、版画、刺绣和大量书法作品。莫高窟的艺术融建筑、彩塑、壁画为一体，堪称一座博大精深的综合艺术殿堂，被誉为“东方艺术明珠”。

> 莫高窟飞天壁画：
> 飞天是侍奉佛陀和帝释天的神，能歌善舞，形象多是反弹琵琶的美丽仙女。在莫高窟的壁画中，随处可见飘逸灵动的飞天形象。

2.藏有数万经卷的藏经洞

清光绪二十六年（1900年）6月25日，道士王圆箓发现了莫高窟中的第17窟，其中的收藏震惊了整个世界。洞内发现有数万经卷，人们就将其称为“藏经洞”。当时，外国文化强盗闻风而至，他们利用王道士的愚昧和贪财，大肆掠夺。英国人斯坦因以考古为名，花了200两银子，用7天时间在洞内挑选了近万件写本和印本卷子，装满24大箱，另外还挑选了5箱精美绘画艺术品，一同运回英国后收藏于伦敦大不列颠博物馆。法国人伯希和也以50两银子一捆的代价，盗走了5000多件珍品。美国人华尔纳用特殊的化学溶剂，剥走了7个洞中的26方壁画。

直至1909年，清朝才下令将藏经洞所余文物全部运往北京，但仅剩8697件，存放于京师图书馆。现藏经洞的文物分藏于中国、英国、法国、日本、俄国和美国各地，在世界范围内掀起了敦煌学研究的热潮。

3.莫高窟最高的建筑物——北大佛窟

敦煌莫高窟最高的建筑物是第96窟——北大佛窟，它已成了莫高窟的标志。这座窟檐在唐文德元年（888年）以前就已存在，当时为5层，北宋和清代都进行了重建，并改为4层。1935年再次重修，形成现在的9层遮檐。

北大佛窟九层楼：

第96窟北大佛窟是莫高窟最高的一座洞窟，其外附岩而建的“九层楼”高33米。其木结构为土红色，檐牙高啄，外观轮廓错落有致，檐角系铃，随风作响。“九层楼”现已成为莫高窟的标志。

佛窟木构为土红色，檐牙高啄，外观轮廓错落有致，檐角系铃，随风作响。主室西壁有初唐的弥勒佛像，即“北大佛”。它高33米，由石胎泥塑彩绘而成，是中国国内仅次于乐山大佛和荣县大佛的第三大坐佛。容纳大佛的空间下部大而上部小，平面呈方形。楼外开两条信道，既可供就近观赏大佛，又是大佛头部和腰部的光线来源。

4.民族艺术的绚丽形象——飞天

提起敦煌，人们就会想到神奇的飞天。飞天是民族艺术的一个绚丽形象。在莫高窟留有壁画、塑像的492个洞窟中，共有4500多身风格不同的飞天，大的2米多长，小的仅有几厘米。佛经中说飞天是守护佛法的天龙八部诸神之一，是梵语“乾闼婆（天歌神）”“紧那罗（天乐神）”的合称，可以是男性形象，也可以是女性形象。他们以香为食，不近酒肉，每当天上举行佛会都前来护法，因闻佛法而内心狂喜，便尽情地舞蹈，纷纷把自己的上衣和天上的曼陀罗花、摩诃罗花供奉给佛。佛前那些散乱的天衣都停于虚空中，自然地翻卷着，乾闼婆、紧那罗等天神奏起百千万种美妙的音乐，降下如雨一般的天之花朵。历代飞天中，唐代飞天最为丰富多彩，气韵生动，既不像希腊插翅的天使，也不像古代印度腾云驾雾的天女，他（她）们身缠绵长的飘带，优美轻盈的身躯漫天飞舞。

【百科链接】

《鹿王本生图》

《鹿王本生图》是莫高窟第257窟壁画的主要题材。“鹿王本生”说的是释迦牟尼前生是一只九色鹿王，他救了一个落水将要淹死的人反被此人出卖的故事。这个故事有着浓厚的宗教色彩，它赞扬了九色鹿王的忘我精神，宣传了善恶报应的思想。整幅壁画在表现形式上采用长方形构图，分段描绘故事情节，十分严密而生动，突出塑造了鹿王矫健匀称的美丽形象。

◁英文名：Yungang Grottoes　◁位　置：中国山西大同
◁年　代：始建于460年　◁特　色：中国佛教艺术的巅峰之作

云冈石窟

1.造像51000余尊的石窟——云冈石窟

位于山西省大同市的云冈石窟，依山而凿，东西绵延1千米，现存主要洞窟45个，窟龛252个，造像51000余尊，代表了5世纪至6世纪时中国最杰出的佛教石窟艺术。其中的昙曜五窟，布局设计严谨统一，是中国佛教艺术第一个巅峰时期的经典杰作。

云冈石窟位于大同市西16千米的武周山麓，是在北魏中期开凿的，前后用了30多年。最初由著名的高僧昙曜主持，在京城西武州塞，开窟5所，即现第16至20窟的“昙曜五窟”。

云冈石窟分为东、中、西三部分，石窟内的佛龛像蜂窝密布，大、中、小窟疏密有致地嵌贴在云冈半腰。东部的石窟多以造塔为主，故又称塔洞；中部石窟每个都分前后两室，主佛居中，洞壁及洞顶布满浮雕；西部石窟以中小窟和补刻的小龛为最多，修建的时代略晚，大多是北魏迁都洛阳后的作品。

云冈石窟以造像气魄雄伟、内容丰富多彩著称。最大的佛像高达17米，最小的2厘米，多为神态各异的宗教人物形象。石窟有形制多样的仿木构建筑物，有主题突出的佛传浮雕，有精雕细刻的装饰纹样，还有栩栩如生的乐舞雕刻，生动活泼，琳琅满目。其雕刻艺术继承并发展了秦汉雕刻艺术传统，吸收和融合了佛教艺术的精华，具有独特的艺术风格。对后来隋唐艺术的发展产生了深远的影响，成为世界闻名的艺术宝库，也是中国与亚洲国家友好往来的历史见证。

塔庙窟：

该窟平面近方形，中央是一个连接窟顶的两层方形塔柱，高约15米，规模宏伟，雕饰富丽，技法精炼，是云冈石窟中最有代表性的一个。

2.双窟——大像窟与塔庙窟

第五窟“大像窟”与第六窟“塔庙窟”是一组双窟，位于云冈石窟中部。这两窟设计统一，气势宏大。两窟分别开有大型明窗和窟门，两窟中央耸立由“龟趺”负驮之巨大丰碑，东西两侧对称为九层高塔，窟前宽度达30余米，前庭宽大平坦。

第五窟主要造像题材是“三世佛”，即过去、现在、未来佛，主尊释迦牟尼高达17米，是云冈石窟最高的造像。该窟壁面东北隅因山体渗水严重而多有风化，南壁和西壁则保存较好，雕满佛龛、佛像。拱门两侧，刻有二佛对坐，菩提树顶部的浮雕飞天线条优美，显现了北魏雕刻艺术之精妙，是中国传统建筑艺术与印度佛教艺术相结合的典范。

第六窟是云冈石窟雕刻中设计最精细、雕刻最华丽、内容最丰富、造像最多的精华洞窟"塔庙窟"。高达15米的中心塔柱分上下两层：上层"四方佛"褒衣博带，气宇轩昂，四角各雕立体方形九层塔，每层三龛三佛，层层出檐；下层四面开凿出大型双重佛像龛，豪华别致，龛龛不同：南面结跏趺坐释迦牟尼，西面善跏趺坐阿弥陀佛，北面"释迦、多宝"二佛并坐，东面莲花跏趺坐弥勒菩萨。其中最引人入胜的，是雕刻于塔柱下层大龛两侧和洞窟四壁的"佛传故事"画37幅，展示了释迦牟尼从诞生到成佛的经历，是北魏时期石窟寺佛本行故事中的珍品。

释迦坐像：

释迦坐像高16.8米，是云冈石窟中的第二大像。窟外东西凿出两个耳洞，另各雕一身8米的坐像。

【百科链接】

麦积山石窟

麦积山石窟是中国四大石窟之一，建于384年，是闻名世界的艺术宝库。麦积山海拔1742米，山顶距地面142米，现存洞窟194个，其中有从4世纪至19世纪以来的泥塑、石雕7200余件，壁画1300多平方米。由于麦积山山体为第三纪沙砾岩，石质结构松散，不易精雕细镂，故以精美的泥塑著称于世。其中绝大部分为泥塑彩妆，被雕塑家刘开渠誉为"东方雕塑陈列馆"。

3.最引人瞩目的昙曜五窟

昙曜五窟现编号第十六至二十窟，创建于460年，是由昙曜和尚主持开凿的第一期窟洞，也是云冈石窟最引人注目的部分。窟内以道武、明元、太武、景穆、文成五帝为楷模，雕刻五尊大像。这五窟规模宏大、气魄雄伟、雕饰瑰丽、技法熟练，为云冈艺术之精华。其形制上的共同特点是外壁雕满千佛，大体上都模拟椭圆形的草庐形式，无后室。造像主要是三世佛，主佛形体高大，占窟内主要位置。

第十六窟本尊释迦立像高13.5米，面相清秀，英俊潇洒。第十七窟正中为菩萨装的交脚弥勒坐像，高15.6米，窟小像大，咄咄逼人。第十八窟为身披千佛袈裟的释迦立像，高15.5米，气势磅礴；东壁上层的众弟子造像造型奇特，技法娴熟。第十九窟本尊为释迦坐像，高16.8米，为云冈第二大造像。第二十窟的坐佛，则是云冈最著名的露天大佛。

第二十窟位于云冈石窟中部西隅，原本这尊大佛也是在洞窟内的，可是后来洞窟的前壁塌落，致使坐佛暴露在外，巍然独存。露天大佛是释迦牟尼坐像，高13.7米，胸部以上石质坚硬，保存完好，两肩宽厚，面形丰圆，薄唇高鼻，神情肃穆，如同一位阅尽沧桑、雄才大略的君王在俯视着人间。据推测，他是依照北魏开国皇帝道武帝的形象雕刻的。大佛全身比例适称，造型手法简练概括。而且由于成了露天雕像，即使是坐姿，也显得分外高大。背后的火焰纹和坐佛、飞天等浮雕十分华美，也把主佛衬托得雄浑大气。露天大佛是云冈石窟中的典型作品，也是中国佛像雕刻的杰出代表。

云冈大佛：

云冈佛像大部分是魏孝文帝迁都洛阳以前的作品。佛像的体貌一般是厚唇、高鼻、长目、宽肩，有雄健的气概。

◁英文名：Shaolin Temple
◁年　代：始建于495年
◁位　置：中国河南省登封县
◁特　色：少林功夫

少林寺

1.天下第一名刹

少林寺位于嵩山的西麓，距登封县城西北13千米。北魏太和十九年（495年），孝文帝为安顿天竺僧人跋陀而敕建此寺，因其坐落在少室山的丛林茂密之处，故得名。少林寺的所在处风景绝佳，其东面是太室山西麓，西面是著名的塔林，南面是少室山峭壁，北面是五乳峰，嵩山八大胜景之一的“少室晴雪”就在寺前。山门外，少溪河似一条玉带绕寺而过。整个寺区山环水抱，峦峰秀丽，林茂地幽，一派灵气。

此寺建成32年后，南天竺禅宗第二十八代祖师菩提达摩从印度来中国传教。他先到南方的梁朝，后转到北方，在少林寺传授禅宗。传说达摩在少林寺后五乳峰上部的一个天然石洞中面壁9年，创立了我国佛教的禅宗。尔后少林寺逐渐扩大，僧徒日益增多，达摩被称为中国佛教禅宗的初祖，少林寺被称为“禅宗祖庭”。古往今来，有不少墨客文人来此吟诗作赋，使少林寺声名日著。

少林寺创建以来，历经盛衰。唐朝初年，少林寺和尚昙宗等13人在李世民讨伐王世充的征战中助战解围，立下了汗马功劳。唐太宗李世民后来封昙宗和尚为大将军，对少林寺恩礼有加，寺内有一块《唐太宗赐少林寺主教碑》记述了这一段历史。由于朝廷的大力支持，少林寺发展成为闻名世界的大佛寺，博得“天下第一名刹”的称号。少林寺在唐代兴盛时期，曾拥有土地930多公顷，殿堂楼阁5000多间。宋代，少林寺又有很大发展，寺僧多达2000余人。明朝时少林寺达到鼎盛，而清朝后逐渐开始衰落。

千年古刹少林寺：

少林寺位于河南登封城西少室山，有“禅宗祖庭，天下第一名刹”之誉，是中国佛教禅宗祖庭。

2.武学圣地

少林寺最前面是山门，面阔3间，单檐歇山式，是清代建筑。门上“少林寺”的匾额是清康熙皇帝亲题。山门后依次是天王殿、大雄宝殿、藏经阁、方丈室、达摩亭、千佛殿等。其中千佛殿进深3间，面阔7间，面积300多平方米，高约30多米，是寺内现存最大的佛殿。殿内供毗卢佛铜像，因此亦叫“毗卢殿”。殿内砖铺地面上有并列4行共48个少林拳“站桩坑”，是往昔寺僧练拳习武时的脚坑遗迹。脚坑分布方圆不大，呈一条线状，这是僧人刻苦练功

少林寺塔林：

塔林为历代和尚的墓地，占地约21000多平方米。有唐以来历代古塔多达230余座，是国内最大的塔林，有砖、石和砖石混合结构的各类墓塔。

 文明拾贝：我国现存的佛教经籍中，最大的一部经是什么？

的见证，也说明少林拳有所谓“曲而不曲，直而不直”的特点。少林寺僧常习拳术，少林拳也成为驰名中外的拳术流派。

千佛殿东侧的白衣殿，东、西、北3面墙壁上有明代绘制的500罗汉朝毗卢大型彩色壁画，面积达320多平方米，生动地表现了少林寺和尚练拳习武的情景。殿外有座大型石砌须弥座式月台，边缘建有石雕栏杆。月台3面出阶，正面台阶中间砌“御道”，上面刻有浮雕“二龙戏珠”等，形象生动，雕工精美。

少林武僧：

少林武术是中华武术的重要组成部分，以其实战威猛、博大精深而饮誉天下，“拳以寺名，寺以拳显”。今日，少林弟子已遍布全球各地。

3.御道与红龙池

清代康熙二十七年（1688年），溟波和尚在“少林寺前入山道”，在其下建有“十方院，草房五楹”，似乎是仿河南嵩山少林寺招待十方僧人的临时建筑，应在北少林寺下方的塔林不远。当时所谓的“道”，是村民们所指的御道，在没有修建盘山水库与上山公路前，只有御道这样一条像样的古路。它由一色的巨块花岗岩铺路，从下蜿蜒直上北少林寺。不过有了通机动车的公路后，御道渐渐被人们遗忘。

少林寺内被道教拆毁的多宝佛塔，于清朝顺治年由增仁风重修于寺东之龙首山上。该塔玲珑挺秀，高六丈余，石基为砖体，上有护栏。以前人们还可进入塔内，不过现在塔门已被封死，无法入内。多宝佛塔下有一泉，汇成红龙池，周长七丈，池水四季不断，清可见底，池北石壁上，雕凿一条腾跃的红龙，昂首振鳞，姿态栩栩如生，清风徐来，碧波荡漾，红龙倒影随波浮动，好似游龙戏水一般。崖壁上，刻有“红龙池”三个隶书大字，字径二尺，为金代大定七年（1167年）所镌。

4.塔林和碑刻

在少林寺西约300米的山脚下，有一塔林，是埋葬少林寺历代住持僧和有地位的和尚的墓地。现存唐、宋、金、元、明、清各朝砖石墓塔230多座，人们称之为“少林寺塔林”，简称“塔林”。在塔林中，几乎每座塔上都有塔铭，记载死者生平，有简有详；也雕刻佛像，有拙有精。塔的造型多样，有的用独石雕刻，有的用砖石层叠，反映了各个时代的建筑风格。塔林既是研究我国古代砖石建筑和雕刻艺术的宝库，也是一处研究和欣赏宗教雕刻艺术的难得佳地。

少林寺现存碑刻300多块，比较有名的碑刻有《大唐天后御制诗书碑》《乾隆御碑》《三教圣像碑》以及宋代四大书法家的碑刻、明朝书法家董其昌撰文并书丹的《道公禅师碑》等，这些碑刻在书法和雕刻艺术上都有很高的造诣。

【百科链接】

盘山北少林寺

北少林寺，原名“法兴寺”，后又称“北少林禅寺”，地处天津蓟县盘山东南麓，始建于魏晋，至今已有约1500年的历史，是当地最早的佛教寺院，也是天津最早的寺院。北少林寺是嵩山少林寺的分院，因其在嵩山少林寺的北边而得名。北少林寺是史料记载完整的除河南嵩山少林寺以外唯一以“少林”命名的寺庙，在国内外佛教界均有很大影响。

英文名：Ajanta Caves
年　代：始建于公元前1世纪，现存洞窟开凿于6至7世纪
位　置：印度马哈拉斯特拉邦北部文达雅山的悬崖上
特　色：集印度古代建筑、雕刻和绘画艺术之大成

阿旃陀石窟

1.印度黄金时代最后的伟大建筑

在阿旃陀石窟发现后的25年里，它只吸引了少数的西方学者和游客。1843年，英国建筑学家詹姆斯·弗格森在参观完阿旃陀遗址后，向英国的殖民统治机构东印度公司抱怨说，这个石窟正在遭受天气和寻宝者的双重威胁。于是，东印度公司派遣隶属于驻印部队的艺术家罗伯特·吉尔上尉前往阿旃陀，尽可能将洞窟中的壁画临摹下来。吉尔于1844年到达阿旃陀后，立即投入了艰巨的工作。吉尔的工作持续了将近20年，其间他不间断地临摹壁画并将自己的画作一批批地送往伦敦。在阿旃陀生活了27年后，吉尔去世了，就葬在洞窟的北面。

在接下来的年代里，人们又做了很多努力来记录和修复阿旃陀的壁画。直到20世纪20年代，由于意大利专家的出色工作，阿旃陀壁画的照片得以发表。在被忽略了一个多世纪之后，阿旃陀石窟突然之间闯进了西方人的文化视野。那些壁画被称为“也许是亚洲最伟大的艺术奇迹”，古老的印度艺术也成为了20世纪欧洲的时尚。

2.阿旃陀石窟的由来

阿旃陀石窟位于印度马哈拉斯特拉邦北部文达雅山的悬崖上，西距奥兰加巴德106千米。石窟分布在新月形的山腰陡崖上，高低错落，绵延550多米，以壮丽的建筑、精美的雕刻和壁画闻名于世，与泰姬陵并称为“印度的双璧”。阿旃陀石窟的开凿前后延续近千年之久，而现存的洞窟为六七世纪所开凿的。

印度石窟大多开凿在悬崖峭壁上，这大概与佛教的教义有关。最初的佛教没有寺庙，创立人释迦牟尼认为，一个人不受世俗的诱惑，过着刻苦无欲的生活，就能获得心灵上的宁静。于是，追随他的忠实弟子们都抛弃了自己的家庭，到处流浪，宣传禁欲。而当时印度的气候恶劣，雨季难度，到处流浪的佛家弟子不得不寻找一个栖身之所，因此他们开始开凿山洞作为掩蔽所，后来逐渐变成了佛教寺庙。

阿旃陀石窟：

阿旃陀石窟环布在新月形的山腰陡崖上，高低错落，绵延550多米，以壮丽的建筑、精美的雕刻和壁画闻名于世，与泰姬陵并称为“印度的双璧”。

阿旃陀石窟自公元前1世纪开始建造，到7世纪才完工，工期长达700余年。阿旃陀石窟的绘画和雕塑，作为佛教艺术的经典之作，具有相当重要的艺术影响力。

3.石窟的开凿过程

阿旃陀洞窟中有六窟没有竣工，科学家借此推断出洞窟最初的修建步骤：首先，建造者要选择一块质地柔软、粗糙并且没有明显裂缝的玄武岩崖壁，然后刻出正面轮廓，再用铁器开凿。先凿出天顶，接着从上往下凿，这样就不需要搭脚手架。在向下开凿时，先凿出长长的工作通道，然后留出内墙隔开的几排立柱，等待以后再凿。修造寺院的时候，先是凿出中央大厅，然后再开凿起居用的厢房。一旦粗凿完工，便可开始精雕细刻。据说有些洞窟用了100多年才竣工，如2号洞窟，就需要挖出350立方米以上的硬石。

4.佛殿与精舍

阿旃陀遗迹由29座洞窟组成，从建筑形式看，可分为两类：一类是佛殿，有4窟。佛殿当中有一圆形佛塔，里面藏有法师和长老的舍利。另一类是精舍，是僧侣们居住的地方，有24窟。精舍有前廊，中间是广场，四周是僧房，内部陈设简单，有石床、石枕。

1号石窟建于7世纪，是大乘派佛教建筑的典范。窟内有一尊释迦牟尼雕像，高3米，从三个角度观看有三种不同的神态：从正面观看，佛似沉思，左面看似在微笑，右面看又似庄严凝视。拱门和6根大柱上雕有飞天和仙女，刻画细腻精巧，形态优美。中间有一大厅，四周壁画上有500罗汉像，其貌各异，表情丰富。第1窟内壁画场面的幅度皆较大，最著名的是持青莲菩萨像，妙相庄严，头戴宝冠，肌肉匀称。窟内前壁的波斯使节来朝图，反映了印度和波斯聘问通好的场面。

阿旃陀石窟中的雕塑：

阿旃陀石窟的雕刻从题材上分佛教造像、装饰纹样等。后期雕像规模有所扩大，人物的刻画更加细腻精巧，形态也更加优美。

阿旃陀石窟内的壁画：

壁画是阿旃陀石窟中最为瞩目的艺术，被认为是印度古代壁画的重要代表。画面上出现的大量的现实生活场景，说明为宗教服务的绘画艺术已出现世俗化倾向。

在第16窟内左边墙上的壁画，是乔达摩太子出家修道时他妻子悲哀的画面。乔达摩出家修道后，妻子耶输陀罗斜坐在椅子上，微微低头，其忧伤欲绝、痛不欲生的神情活现于画面。

阿旃陀石窟集印度古代建筑、雕刻和绘画艺术之大成，融三者于一体。它不仅对后来印度的美术产生了巨大作用，而且对印度佛教所曾传播到的国家和地区产生了深远影响。

【百科链接】

大乘佛教

大乘佛教亦称“大乘教”，梵文音译“摩诃衍那”“摩诃衍”等。自称能运载无量众生从生死大河之此岸到达菩提涅槃之彼岸，成就佛果，因此得名。1世纪左右形成于印度，而后传播至中亚、中国、日本、朝鲜、越南、印尼以至斯里兰卡，是北传佛教的主流。大乘佛教倡导除了断个人烦恼外，更应以普度众生为目标。

英文名：Bulguksa Temple
年　代：始建于535年
位　置：韩国庆州东南角的吐含山脚下
特　色：韩国石造艺术的宝库

佛国寺

1.韩国最精美的佛寺

佛国寺位于韩国庆州东南角的吐含山脚下，是韩国最大的寺院之一。佛国寺始建于535年，在751年时由当时的宰相金大城扩建，开始进入其全盛期，规模曾是现在的10倍左右。可惜的是，在16世纪末，该寺惨遭日本人焚毁，其后虽然经过数次修复才重建成现在的模样，但真正保持原貌的只有寺庙的石基部分，如三层石塔、多宝塔等各种建筑物的基座和紫霞门、安养门前的大型高台，以及可以拾级而上的石桥形石砌台阶，它们大都是750年前后建造的。

佛国寺：

建于535年，全盛时期寺庙范围曾是现在的10倍左右，在壬辰倭乱时惨遭焚毁，其后经过复原重建，真正保持原状的仅有石基部分。

华丽宏伟的佛国寺，表现出一种平衡和谐之美，是韩国石造艺术的宝库。佛国寺是迄今香火始终不断的为数不多的寺庙之一，堪称是代表韩国的名刹，现存的建筑物全部是李氏朝鲜后期的建筑物及1973年按复原的李氏朝鲜样式而重建的，并于1995年12月被列为世界文化遗产。

2.伽蓝布局形式和新罗时期的双塔

佛国寺属伽蓝布局形式，其特点一是以大雄宝殿为中心，紫霞门、无说殿左右的回廊环绕的院落，和以极乐殿为中心，从安养门左右至极乐殿后的回廊环绕的院落东西并列；另一个特点是释迦塔和多宝塔双塔式新罗的形式。此外，金堂大雄殿的基座、无说殿和极乐殿的基座也属伽蓝建筑物基座形式。

紫霞门：

紫霞门可以说是佛国寺最精彩的建筑部分。紫霞门前有两座石桥，即白云桥和青云桥。两桥共有33级台阶，代表着进入佛国的道路。

在佛国寺的大雄殿两侧，各有一座塔，东塔称“多宝塔”，表现的是女性的简朴。它是建在双层基座上的三层石塔，为新罗石造艺术的代表作品，被列为韩国第20号国宝。西塔称“释迦塔”，表现的是男性的力量。它是新罗的典型石塔，外形质朴，匀称美丽，被列为韩国的第21号国宝。这两座塔是新罗时期宝塔中最精美的，曾经使当时的佛国寺成为最流行的双塔格局的典型，同时也说明当时新罗人的建筑技术已经达到很高的水平。

佛国寺是韩国庆州地区最大最富丽堂皇的佛教寺庙，被誉为韩国最精美的佛寺。因寺内留存的新罗建筑和甚为珍奇的佛教国宝而闻名于世，被韩国政府定为第一号历史遗迹。

西塔：佛国寺的东西二塔都是韩国的国宝文物。其中西塔俗称释迦塔，高8.2米，是新罗的典型石塔，外形质朴，匀称美观。

3.国宝级的新罗桥梁

大雄殿和极乐殿是佛国寺诵经参佛的地方，而通往殿堂的小路东边是青云桥和白云桥，西边是莲花桥和七宝桥。青云桥和白云桥是连接大雄殿和紫霞门的桥梁，象征着俗世和佛界的连接。两桥共有33级台阶，位于下部的青云桥共有17级台阶，上部的白云桥共有16级台阶。青云桥与白云桥分别代表年轻人和老年人，是人生的象征。这两座桥将台阶建成桥的形式，风格非常独特，是唯一保存完整的新罗桥梁，因而堪称稀有珍贵的建筑国宝。

位于西侧的莲花桥和七宝桥是连接极乐殿和安养门的桥梁，传说只有顿悟极乐之道的信徒才能从桥上通行。两座桥共有18级台阶，莲花桥位于下部，共有10级台阶；七宝桥位于上部，共有8级台阶。这两座桥与青云桥和白云桥相比，规模较小，但建筑风格极为相似。莲花桥的每一级台阶上都镶刻着莲花瓣，经过漫长的岁月已经变得模糊或已磨损，现在这座桥不允许通行。这两座桥与青云桥、白云桥都是佛国寺最有代表性的建筑物，不过极破旧的桥身已被围起来不让人踏入。尽管经过了近1500年的漫长岁月，其均衡、精巧的石雕依然生动，人们通向极乐净土的路程并未缩短。

4.石窟庵

按照当年的设计，石窟庵是佛国寺的附属部分。出了佛国寺，沿着一条蜿蜒的山路，穿过景色优美的树林，就可以抵达石窟庵。

石窟庵自身为一座完整的寺院，庵内由前室和后室两部分组成，中间有一条走廊相连。前室为正方形厅堂，堂内石壁上有佛教八部神将和金刚力士的浮雕。后室为主殿，拱形殿堂直径6.85米，大殿中央供奉着释迦牟尼佛像。

石窟庵的释迦牟尼像不仅在东南亚，即使在世界上也是极其罕见的。这一出类拔萃的佛教杰作，却在佛国寺建成后相当长的一段时间里被外界遗忘，唯有当地人将其牢记在心，直至20世纪才被“重新发现”。1995年12月，石窟庵与佛国寺作为一个遗址被列入联合国世界遗产名录。

【百科链接】

伽蓝

伽蓝是梵语僧伽罗摩（Sangharama）的略称。“sangha”意为大众、和合僧，“rama”意为园林，译作僧园、僧院。伽蓝一般作为僧侣所居住的包括土地、建筑物在内的寺院、堂舍的总称。《十诵律》卷五十六：“地法者，佛听受地，为僧伽蓝故，听僧起坊舍故。”一所伽蓝须具备七种建筑物，如佛殿、法堂、禅堂、库房、山门、西净（厕所）、浴室等七堂，故又称“七堂伽蓝”。

佛国寺内的多宝塔：

大雄殿的东西两侧各有一塔。东塔称多宝塔，高10.4米，是建在双层基座上的三层石塔，为新罗石造艺术的代表作品。

英文名：Hagia Sophia
年　代：据说始建于325年
位　置：土耳其伊斯坦布尔
特　色：东正教的中心教堂，拜占庭建筑最光辉的代表

圣索菲亚大教堂

1.拜占庭帝国极盛时代的纪念碑

今天土耳其伊斯坦布尔的阿亚索菲亚清真寺，原名“圣索菲亚大教堂”。它不仅是东正教的中心教堂、拜占庭建筑最光辉的代表，也是拜占庭帝国极盛时代的纪念碑。据说它始建于325年，为君士坦丁皇帝在异教徒神庙的基础上建成，后几经兴毁。529年，拜占庭帝国皇帝查士丁尼一世下令重新建造圣索菲亚大教堂，于537年落成，整个工程历时7年半。

圣索菲亚大教堂是东正教的中心教堂，代表了东罗马帝国建筑艺术的高峰，对其以后的西方建筑产生了深远的影响。据说在教堂举行首次礼拜仪式的那一天，查士丁尼一世刚一走进教堂，就被教堂的壮美震撼了，他激动地喊道：“感谢上帝挑选我来完成这个宏伟的事业！所罗门，我超过你啦！”（所罗门是古以色列国王，以修建耶路撒冷的宏伟庙宇和宫殿而闻名）历史学家普罗科厄斯也写道：“这座教堂的穹顶看起来好像没有基座，而是靠一条金链悬挂在天堂上。”

2.清真寺的变身

作为君士坦丁堡的主教堂，圣索菲亚大教堂在拜占庭帝国中起着重要作用，所有帝王的加冕仪式都在那里举行。

1453年，奥斯曼帝国的土耳其人攻占该城，苏丹穆罕默德二世对这座建筑大加赞赏。他第一个骑马到达圣索菲亚大教堂前，宣布要将它变成一座清真寺。他下令将豪华的罗马宫殿艺术珍品烧为灰烬，在周围修建4个高大的清真寺尖塔，移走祭坛、基督教圣像、遗物，用漆涂掉马赛克镶嵌画，代之以星月、古兰经读经台、向麦加朝拜的朝拜龛等等，并改名为“阿亚索菲亚清真寺”，这就是今天我们看到的大教堂的面貌。不久，奥斯曼土耳其帝国迁都君士坦丁堡，并将其更名为伊斯坦布尔。从此，大教堂就成了伊斯兰教徒的礼拜堂。

圣索菲亚大教堂：

该教堂建于拜占庭帝国鼎盛阶段，整座建筑恢宏无比，成为后来伊斯兰清真寺的设计模板。

“圣索菲亚”在基督教里是“上帝智慧”的意思。这座拜占庭时期建造的宏伟大教堂经历了数百年的沧桑，见证了东罗马王朝的兴衰，是拜占庭建筑艺术最出色的代表作。

圣母子像：镶嵌画是拜占庭文化的典范。教堂设计师们力求透过传统的寓言故事与象征手法来理解教义，在绘画中加入了大量的圣母、圣子和圣徒肖像。

3.拜占庭建筑的光辉代表

在罗马圣彼得大教堂建成以前，圣索菲亚大教堂是世界上最大的教堂。教堂主体呈长方形，占地面积近8000平方米，中央大厅达5000多平方米，前厅有600多平方米。大教堂内部装饰精致、富丽，全部用彩色大理石砖和壁画铺砌装点。

大教堂的墙上还有天使杰布拉欣的巨幅油画，它向教徒们展现了天国幸福、安详而和平的景象。大厅四周有许多带彩色玻璃的拱形窗户，然而，由于大厅极其宏伟，自然采光的亮度与大厅面积不成比例，因此厅内显得有点阴暗，加上千年浓郁的宗教氛围，让人在厅内有种莫名的压力和恐惧感。特别是当你仰头向大厅顶部望去时，立刻会产生头晕目眩的感觉。

教堂内部穹顶：

聪明的工程师们发明了以拱门、扶壁、小圆顶等设计来支撑和分担穹隆重量的建筑方式，以便在窗间壁上安置又高又圆的圆顶，让人仰望天界的美好与神圣。

圣索菲亚大教堂既有罗马建筑的特色，又有东方艺术的韵味，是拜占庭建筑的光辉代表。它也是世界上唯一由神庙改建为教堂，并由教堂改建为清真寺的建筑。

4.中央大圆顶

圣索菲亚大教堂的中央大圆顶是世界著名的五大圆顶之一，高度近60米，直径33米，通过帆拱支撑在四个大柱墩上。

圆顶之下的内部空间丰富多变，穹隆之下，大小空间前后上下相互渗透，穹隆底部紧密排列着一圈40个窗洞，光线射入时形成幻影，使大穹隆显得更加轻灵高拔。这与罗马人建在筒形实墙上的穹顶效果不同，采取这种结构，能在各种正多边形平面上使用穹顶，使建筑物内外都有集中构图，这种设计成为后来欧洲纪念性建筑的先导。

5.拜占庭建筑的马赛克镶嵌艺术

大教堂内部装饰十分精美，柱墩上和墙上全部用彩色大理石贴面，取白、绿、黑、红等颜色组成各种图案。柱子大多是暗绿色，少数是深红色；柱头一律用白色大理石，并镶以金箔；柱头、柱础和柱身的交接线处，都以包金的铜箍镶饰。穹顶和拱顶全用玻璃马赛克装饰，以金色做底色，也有少量以蓝色做底色的。地面上也用马赛克镶嵌成图案，因而大教堂的上下左右都显得金碧辉煌。

马赛克技术的大量使用是拜占庭建筑的重要特点。马赛克是一种涂有色彩的小陶瓷片，用马赛克来拼组图案的装饰方法在罗马帝国初期就已经流行开来，著名的庞贝古城就出土了不少马赛克。将马赛克大量用于教堂内部装饰是拜占庭建筑的特色，耶稣像、天使像、圣徒像等都是用马赛克拼出来的。圣索菲亚大教堂内部的查士丁尼皇帝像也是这样拼出来的。

【百科链接】

查士丁尼大帝

查士丁尼大帝，526至 565 年在位，非凡的东罗马帝国（拜占庭）皇帝。他曾经镇压平民起义，征服汪达尔王国、东哥特王国，主持建造圣索菲亚大教堂以及位于帝国西部意大利拉芬纳的圣维托教堂。在任期间，他阻挡了野蛮民族在边疆的骚扰，几乎恢复了昔日罗马帝国的光辉，因此后人称这段时间为拜占庭帝国的“第一次黄金时代”。

英文名：Buddhist Monuments in the Horyu-ji Area
年　代：始建于607年
位　置：日本奈良
特　色：有世界上现存最古老的木结构建筑

法隆寺

1.中国佛教建筑与日本文化的融合

法隆寺位于古都奈良，占地约19公顷，相传是在推古天皇十五年（607年）由圣德太子创建。

圣德太子认同当时已经高度发展的中国文化，并且虔诚信奉佛教，一心想要把国家建设成为“富而有德”的文明社会。

在圣德太子创建的几座佛寺中，法隆寺是跟他关系最密切的一座，这原本是他所规划的国都的一部分。圣德太子逝世后的数十年，法隆寺毁于一场大火，但法隆寺的重建却得到了有力支援，其中圣德太子的精神感召应该是重要的因素。

在法隆寺的48座佛教建筑中，有一些建于7世纪末至8世纪初，是世界上现存最古老的木结构建筑。这些木结构建筑的重要性不仅仅在于其久远的历史，还在于它们标志着艺术史和宗教史发展的一个重要时期，即再现了中国佛教建筑与日本文化的融合。

2.世界上最古老的木结构建筑——金堂

金堂是一座两层建筑，是世界上现存最古老的木结构建筑，从中可以领略法隆寺千余年的悠久历史。堂内中央为金铜铸就的释迦三尊像及药师佛、阿弥陀佛像。释迦三尊像是飞鸟时代佛像的代表作，仿照中国北魏时期的造像方式，佛像面带微笑，雍容慈祥。旁边樟木雕造的四天王像，是日本最古老的天王像，体态丰满圆厚，颇具力感。金堂藻井上绘有飞天和凤凰，带有浓厚的西域色彩。墙壁四周是大量精美的壁画，既有模仿敦煌莫高窟的飞天像，也有作为当时日本佛教信仰主流的释迦、药师、阿弥陀、弥勒净土等像。可惜这些壁画于1949年被烧毁，现在镶嵌在墙壁上的是复制品，残存孤品保存在了收藏库内。

法隆寺：

又称“斑鸠寺”，位于日本奈良生驹郡斑鸠町，是圣德太子于飞鸟时代建造的佛教木结构寺庙，据传始建于607年。

3.日本最古老的佛塔——五重塔

与金堂相对而立的是木结构的五重塔，建于672至685年间，高约31.8米，是日本最古老的佛塔，建筑形式与金堂、中门相同。塔身由4根内柱和外檐柱承载，内无楼层，不能登临。塔中心的木柱托着塔顶上的相轮和宝珠。塔内有一些飞鸟时代的塑像，其中一层四周是奈良时代塑像群，东面是维摩居士和文殊菩萨问答图，北面为释尊涅槃图，西面为分舍利图，南面塑有弥勒净土等场面，且背景都是须弥山。塑像虽有修补，但技法高超，精美绝伦，不愧为稀世珍品。

五重塔在构造方面也有值得一提的地方。塔的每一层楼以心柱为中心而独立，形成了一种并非坚固结合在一起的“柔性构造”，其像蛇一样扭曲的塔身可抵消地震时的晃动力量。近年来，这种“柔性构造”的理论亦被应用于世界一流的超高层建筑的建设。新东京塔（高610米）就采用这种传统木制建筑的设计技巧。

4.日本佛教之父的隐身雕像

穿过东大门，就进入法隆寺东院。东院是在圣德太子的住所——斑鸠宫的旧址上改建的，其中心建筑是梦殿。据说，圣德太子曾做过一个梦，梦见一位天使出现在他面前，于是太子发愿建造了法隆寺，并将斑鸠宫旧址上的这座宫殿命名为“梦殿”。“梦殿”雄伟庄严，呈八角圆形，有二重基坛，是日本最古老的八角殿堂。殿内供奉着的救世观音制作精美，是法隆寺文化艺术宝库中的精品。在梦殿中，还供奉着一座“隐身雕像”——圣德太子的立像。这尊像和其他的神灵菩萨摆在一起，几个世纪以来一直受到人们的朝拜。

金堂内的壁画：

金堂的壁画是日本佛教绘画的代表作，在国际上享有盛誉。然而在1949年的一次壁画模写作业中发生火灾，第一层内壁和柱子被烧损。被烧焦的旧壁画和柱子现仍保存在寺内大宝藏殿北方的收藏库内，不对外公开。

【百科链接】

日本佛教之父

日本推古元年（593年），圣德太子开始摄政。他逐步统一全国，使人民臣服于天皇的统治。在他的领导下，日本的政治、文化得到了很大发展。他下诏兴隆三宝，推行法王之治，数度于御前讲经说法，更亲制《胜鬘》《法华》《维摩》三经义疏，创建四大天王、法隆寺等七寺，大力弘扬佛法。

圣德太子还积极引进中国的文化、政治制度，运用佛教、儒教、法家的思想来治理国政。他派遣使臣及留学生到中国学习佛法，吸收文化制度，以繁荣滋长日本文化，奠定了日本佛教传播的基础。对于日本的佛教文化来说，圣德太子可称得上是一位奠基者，因而获得“日本佛教之父”的称誉。

法隆寺五重塔：

法隆寺中的五重塔类似楼阁式塔，但塔内没有楼板，平面呈方形，塔高约31.8米，塔刹约占1/3高，上有9个相轮，是日本最古老的佛塔，属于中国南北朝时代的建筑风格。

英文名：Canterbury Cathedral
年　代：6世纪末7世纪初
位　置：英国的肯特郡
特　色：英国的宗教圣城

坎特伯雷大教堂

1.英国的宗教圣城

声名远扬的坎特伯雷大教堂（圣马丁教堂）从597年就在基督教传教中扮演着十分重要的角色。传教士圣奥古斯丁受教皇的委派，从罗马赴英国传教，他在40名修士的伴随下，来到当时肯特王国都城坎特伯雷。当时的国王是一个异教徒，但王后信仰基督教，在王后的支持下，圣奥古斯丁在这里站稳了脚跟，成为第一位坎特伯雷大主教，并把基督教传播到整个英格兰。因此，坎特伯雷被人们喻为基督教信仰的摇篮。

12世纪时，英王亨利二世任命他的臣僚和好友托马斯·贝克特为大主教，但贝克特就任后宣称，他不再是国王的奴仆，而只听命于罗马教皇。于是亨利二世的4名骑士将贝克特杀死于教堂，事后亨利二世非常后悔，亲自到教堂做忏悔，并皈依基督教。在此后的几个世纪里，难以计数的人络绎不绝地拥入坎特伯雷，朝拜这位“殉教者”，坎特伯雷因而成为英国的宗教圣城。

坎特伯雷大教堂：
绿树荫庇中的坎特伯雷大教堂属于典型的哥特式建筑风格，高大狭长的中厅和高耸的中塔楼表现出挺拔、飞腾的气势。

2.古代装饰艺术

大教堂规模恢弘，长约156米，宽50米，中塔高达78米。大教堂高大狭长的中厅和高耸的中塔楼表现出向上飞腾的气势，而其他建筑则显示出雄浑厚重的风格。大教堂的几个大厅都非常宽阔，每个大厅可容纳上千人，目之所及，每一处都是精美绝伦的石雕，有的粗犷，有的细腻，令人折服。

大教堂墙壁四周是高大的玻璃窗，彩色玻璃画也是这里的艺术特色之一。坎特伯雷的花窗非常有名，有些是从12至13世纪保存下来的。其题材广泛，包括圣经故事和普通人的生活故事。虽然经过了几百年的风雨和两次世界大战，这些花窗依然颜色艳丽、璀璨晶莹。

在位于唱诗席南侧回廊的圣安瑟尔姆祈祷室里，装饰着一幅意义特殊的湿壁画。这幅湿壁画约作于1160年，描绘的是保鲁斯和蛇的故事，是古典湿壁画艺术的重要佐证。

3. “Cathedral”的意义

坎特伯雷大教堂（Canterbury Cathedral）是英国圣公会的最高权力代表，这里也是第一批基督教传教修士到达英格兰岛的根据地。“cathedral”这个词源自拉丁文，意思是“主教的宝座”。我们翻译为“大教堂”，但是这个“大”其实不是指建筑规模。“cathedral”是一种等级，或者说划分的单位，不是盖一座大的教堂就能叫“cathedral”的，它必须隶属于一个主教级的领袖，并且统领一个完整的教区，这样的教堂才能被称为“cathedral”。包括最高领袖在内，英国共有44位主教，有主教和“cathedral”的地方，才能被称为城市，即“city”。否则无论多大，都只能称为“county”（郡），郡里只有一般的“church”（教堂）和牧师。

4.国王与主教

英王亨利二世身强力壮、明察审慎、公正诚实，很多历史学家都认为这位生在12世纪的国王事实上是英国的法律之父。但是亨利二世也有一个严重的缺陷，那就是经常令他丧失理智的坏脾气，这个弱点或多或少地损毁了他的王者尊严。

坎特伯雷教堂内部：

该教堂的几个大厅都非常宽阔，每个大厅可容纳上千人，几十根大石柱拔地而起，在房顶交织成精美的图案。

亨利二世最让历史难忘的事件大概就是他和坎特伯雷大主教托马斯·贝克特之间的恩怨了。为了教会和政府的权力纠纷，皇帝与主教进行了势不两立的对抗。贝克特的强硬态度触怒了亨利二世，他吼道：“就没人把这个不安分的牧师给我解决掉吗？”结果4个急于讨好国王的骑士只从字面上理解了国王的意图——他们冲进贝克特主教的教堂，直接把主教杀死了。由于这个悲剧源自亨利二世的愤怒，所以贝克特殉难后，亨利二世立即把他升为圣徒，悔过中的亨利二世也降低身份，亲自为他身披麻衣表示哀悼。

坎特伯雷大教堂的彩色花窗：

彩色玻璃画是坎特伯雷大教堂的特色之一，这种华丽的装饰画和教堂恢宏的气势相得益彰。

圣奥古斯丁：

597年，传教士圣奥古斯丁受罗马教皇委派来到坎特伯雷，将该地区的宗教改为基督教，进而留下了今天的圣奥古斯丁修道院及坎特伯雷大教堂等遗址。

【百科链接】

坎特伯雷文化

坎特伯雷曾经出过不少世界著名的文人。英国史上著名的文学大家，如乔叟、马洛、笛福、狄更斯、毛姆等人的文学活动都与坎特伯雷有重要关系。

英国民族文学的奠基人乔叟写下的脍炙人口的诗体作品《坎特伯雷故事集》，成为英国文学史上现实主义的第一部典范。英国现代著名小说家毛姆曾在此地一所著名的寄宿学校里度过了少年时代，他的长篇小说《人性的枷锁》里就描写了他在坎特伯雷的生活经历。

英文名：Leshan Giant Buddha
年　代：开凿于713年
位　置：中国四川省乐山市凌云山栖鸾峰
特　色：世界第一大佛

乐山大佛

1.世界上最大的石刻佛坐像

乐山大佛在古代有“上朝峨眉、下朝凌云”之说。它雕凿在岷江、青衣江、大渡河汇流处的岩壁上，是一个巨大的弥勒佛坐像。佛像开凿于唐玄宗开元初年（713年），传说是海通和尚为减小水势、普度众生而发起并召集人力、物力修凿的。据唐代韦皋《嘉州凌云大佛像记》和明代彭汝实《重修凌云寺记》等书记载，佛像完成于唐德宗贞元十九年（803年），修建过程历时90年。

乐山大佛体态匀称，神情肃穆，依山凿成，临江危坐。佛像通高71米，头宽10米，螺髻1021个，耳长7米，鼻长5.6米，眉长5.6米，眼长3.3米，肩宽28米，手指长8.3米，脚背宽8.5米。光是其脚背就可围坐百人以上，被诗人誉为“山是一尊佛，佛是一座山”，成为世界上最大的石刻弥勒佛坐像。

2.木制的耳朵和鼻子

大佛右耳耳垂根部内侧，有一个深约25厘米的窟窿，维修工人从中掏出许多腐朽了的木泥。由此可知，长达7米的佛耳不是原岩凿就，而是用木柱做结构，再抹以锤灰装饰而成。

在军阀混战的年代，地方部队曾把乐山大佛当做炮靶子，佛像的鼻子几乎整个被毁掉。为了修复它，人们曾在该部位用了三根木柱并加入一些支撑料，重新做了个鼻子。所以现在游人所看到的佛像鼻子已经不是最初建造的了。但是人们修复鼻子所使用的材料空隙率很大，这使得它的吸水量和含水量都很大。这

乐山大佛：

乐山大佛是世界上最大的石刻弥勒佛坐像，也是唐代摩岩造像中的艺术精品之一，又称“凌云大佛”。大佛双手抚膝正襟危坐，造型庄严，排水设施隐而不见，设计巧妙。

样一来，植物就容易在上面生长，而乐山又是个植被繁茂的地方，为植物的生长提供了很好的条件。于是过段时间之后，大佛的鼻子上竟长出了一些花草。时间一长，鼻子尖居然变成了“黑鼻头”。好在后来经过国家文物局的精心修缮，对乐山大佛进行了数次“美容”，才使乐山大佛重新以亮妆示人。

九曲栈道：

九曲栈道位于大佛右侧石壁处，自上而下盘旋至大佛脚部。栈道第一折处的“经变图”雕刻精细，形象生动，线条优美，并刻有楼台亭塔，是研究唐代建筑和石刻艺术的宝贵资料。

3.千余石块镶嵌的螺髻

大佛顶上的头发共有螺髻1021个，这是1962年维修时以粉笔做记号数清的。远远看去，螺髻与头部浑然一体，实则以石块逐个嵌就。单块螺髻根部的裸露处，会有明显的拼嵌裂隙，但无沙浆黏结。

螺髻表面有抹灰两层，内层为石灰，厚度各为5至15毫米。1991年维修时，人们在佛像右腿凹部中拾得遗存螺髻石三块，其中两块较完整，其顶部和根部均为正方形，顶部的面积约为960平方厘米，根部的面积约为576平方厘米。

4.布满全身的排水系统

清代诗人王士祯曾有咏乐山大佛的诗“泉从古佛髻中流”。在大佛头部共18层螺髻中，第4层、第9层、第18层各有一条横向排水沟，分别用锤灰垒砌修饰而成，远望却看不出来。衣领和衣纹皱褶也有排水沟，正胸左侧水沟与右臂后侧水沟相连。两耳背后靠山崖处，有长9.15米、宽1.26米、高3.38米的左右相通洞穴；胸部背侧两端各有一洞，互未凿通，右洞深16.5米、宽0.95米、高1.35米，左洞深8.1米、宽0.95米、高1.1米。这些巧妙的水沟和洞穴，组成了科学的排水、隔湿和通风系统，千百年来，正是它们保护大佛，防止其被侵蚀性风化。左右不通的两洞由于可汇山泉，还使内崖壁上凝结了厚约5至10厘米的石灰质化合物，而佛身一侧的崖壁仍是红砂原岩，并且比较干燥。那两个左右不通的洞穴孔壁湿润，底部积水，洞口不断有水淌出，因而大佛胸部约有2米宽的浸水带。显然这是由于洞未贯通的缘故。不知道当年修建者为何不把它打通。

乐山大佛的螺髻：

大佛头部的螺髻共计1021个，以石块逐个嵌就，然而远观时，螺髻与头部浑然一体，丝毫看不出人工雕铸和拼接的痕迹，不得不让人赞叹古代工匠水平之高、技艺之巧妙。

【百科链接】

不凡的建造史

乐山凌云山下乃是岷江、大渡河、青衣江三江汇聚之处，每当汛期，山洪暴发，常常毁坏农田，倾覆舟楫。

相传，为了制伏江水，乐山上的海通和尚立志开凿一尊大佛来镇住水妖。然而开凿之日，地方官吏却趁机刁难，声称要收取保护费，否则不让开工。海通和尚气愤地说：“你们可以拿走我的眼珠，但不能拿走佛财！”地方官吏嘲笑他说：“你要真给我们眼珠，我们就不要你的佛财！”海通和尚马上拿出尖刀，自剜其目，用盘接住，捧到官吏面前，那些官吏被吓得四散而逃。海通和尚忍住剧痛，挥手示意开凿佛像。海通和尚死后，他的徒弟领着工匠继续修造，经过90年的努力，乐山大佛终于耸立于三江汇流之处。

英文名：Borobudur Temple Compounds
位　置：爪哇岛中部
年　代：始建于8世纪末9世纪初
特　色：奇异的佛教塔庙，世界七大奇迹之一

婆罗浮屠

1.重见天日的佛教圣地

8世纪末9世纪初，崇奉佛教的印尼夏连特拉国王为了收藏佛祖释迦牟尼的舍利子，动用了数十万人力，建成了这座举世闻名的婆罗浮屠佛塔，一时间这里成为了佛教圣地。

1006年，麦地拉火山喷发，并且引起了大地震，周围居民纷纷逃奔他乡，婆罗浮屠佛塔渐渐荒废。14世纪，随着伊斯兰教在南洋岛国的兴起，佛教日渐衰微，婆罗浮屠佛塔备受冷落，逐渐被人遗忘在深山密林之中。1814年，英国占领时期，驻爪哇总督发现了这座佛塔的艺术价值，曾进行了小规模的清理工作，婆罗浮屠佛塔才重新为世人所知。

1890年，当时的荷兰统治者成立了专门机构，对婆罗浮屠佛塔进行修缮，然而收效甚微，塔身倾斜未能得到校正，被损坏的石块也未能修复。

20世纪70年代，在印尼政府和联合国的共同努力下，人们对婆罗浮屠佛塔进行了一次大规模的修缮，并用电脑技术将石块进行复位。整修后的婆罗浮屠佛塔古趣盎然，风貌如初，已成为印度尼西亚一处著名的游览胜地。现在，婆罗浮屠佛塔与中国长城、埃及金字塔等并列为当今世界的七大奇迹。

2.千佛塔

婆罗浮屠佛塔俗称“千佛塔”，梵文意思是“山丘上的佛塔”。整座建筑宛如一座庞大的曼陀罗，塔是实心的，没有梁柱，没有门窗，完全用石头砌成。佛塔呈上圆下方形，体现了东方民族天圆地方的宇宙观。佛塔共有10层，基层呈四方形，由下至上逐渐缩小，四周的中间各有一条笔直的石阶通道。

佛塔的每一层都有精美的浮雕，在6层方形平台上，共安放着432个佛龛，每个佛龛中有一尊佛像。圆形平台上建有72个钟形小塔，塔内也有佛像，与成人身躯同大，盘腿而坐。佛像按照东、南、西、北不同方向取有不同的名称，而且每尊佛像的神情、手臂、手掌、手指各部分都不相同，造型逼真，工艺上乘。主佛塔塔座上刻有莲花图案，内有两室，室内有一尊没有雕刻完工的佛陀像。

3.“石头上的画卷”

婆罗浮屠佛塔在建筑上按照佛教“三界”之说，规划为6层塔基、3层圆台与主佛塔3部分，分别表示“欲界”“色界”“无色界”。据说，下部四方形的平台表示所谓“地界”，上部圆形平台表示所谓“天界”。“地界”各层建有石壁佛龛，每一佛龛内置一佛像；“天界”各层建有钟形小塔，塔内也置有佛像。

婆罗浮屠佛塔：

8世纪，强盛的印尼夏连特拉王朝的统治者皈依大乘佛教。他们使用当时最先进的技术，大约在800年前后开始建造这座设计精良的石头佛塔。

“地界”的方形层佛龛和“天界”的圆形小塔中的佛像，再加上中央大窣堵坡中的佛像，计算起来婆罗浮屠共有佛像505尊。浮雕和佛坐像以表情典雅为特色，它们在接受印度佛教雕刻艺术风格影响的同时，又处处显露着印度尼西亚爪哇古代艺术的特色，如浮雕中的世俗人物即为当地人打扮。因此，人们称之为“印度—爪哇艺术的杰作”。

婆罗浮屠佛塔上的浮雕：

婆罗浮屠佛塔内各层都有回廊，回廊两旁的石壁上刻有各式各样的浮雕，其中有很多是《佛本生经》故事浮雕，也有当时人民生活习俗、人物、花草、鸟兽、热带果品等雕刻，被称为“石头上的画卷”。

婆罗浮屠佛塔的塔基、回廊壁和石栏杆上，刻有各式各样的美丽浮雕，其中描述《佛本生经》故事的有1460幅，形象地解说了人生由尘世走向极乐的历程，构成了一部“石块上的史诗”。另外还有装饰性浮雕1212幅，内容包括当时爪哇宫廷及人民的生产、生活形态，风俗以及各种动植物等。全部浮雕连接起来总长可达4000米，因此被誉为“石头上的画卷”。它凝结着古代印度尼西亚人民的聪明才智，显示了能工巧匠的创造才能。

4.令人费解的众多谜团

虽然婆罗浮屠佛塔已于190多年前重见天日，但至今仍无法还原全貌。目前仅能从建筑风格与浮雕上的古爪哇文字推测，佛塔建造于8世纪末至9世纪初，约在爪哇塞伦德拉王朝时代，所以前后的建造大约耗费了70年左右的时间，而塔身建材则多取自日惹马拉秘火山爆发后形成石块。另外还能印证的，就是以底层石壁上的浮雕内容以及回廊天顶的释迦牟尼等佛像与印尼当时正盛行的印度大乘佛教教派文化相对照，不难断定婆罗浮屠确实为佛教遗迹。

【百科链接】

舍利子和舍利塔

舍利子最初是佛教专称释迦牟尼遗体焚烧之后结成的珠状物质，后来也指德行较高的僧人死后烧剩的骨头。舍利子在印度语中叫“驮都”或“设利罗”，译成中文就是“灵骨、身骨、遗身”的意思，其颜色有白、黑、红三种。一般得道高僧的舍利子都会被当做佛宝收藏在塔里，这种塔就被称为“舍利塔”。

不过，这座像庙不是庙、似塔又不尽然的婆罗浮屠究竟是谁所造的？如何建造？甚至是为何而造？至今仍无定论。

大窣堵坡中的佛像：

婆罗浮屠佛塔的中央是一个直径9.9米的大舍利塔，大舍利塔为实心体，寓意为“不可捉摸、非物质形态的最高境界”，里面供着一尊大石佛。

英文名：Cathedral of Notre-Dame
年　代：1163至1345年
位　置：法国巴黎市中心塞纳河的西岱岛上
特　色：欧洲建筑史上一个划时代的标志，哥特式建筑早期最卓越的代表

巴黎圣母院

巴黎圣母院全景：

巴黎圣母院位于巴黎塞纳河的西岱岛上，始建于1163年，历时180多年才完全建成，属于典型的哥特式建筑风格，藏有大量的艺术珍品。

1.欧洲建筑史上划时代的标志

巴黎圣母院坐落于塞纳河的西岱岛上，1163年开始兴建，最早建造的是唱诗堂，接着是中殿和西侧殿，以后陆续建造了几座礼拜堂和北外立面、南外立面，到了1345年才全部建成，历时180余年。巴黎圣母院是欧洲建筑史上一个划时代的标志，在它之前，教堂建筑大多是沉重的拱顶、粗矮的柱子、厚实的墙壁和阴暗的空间。巴黎圣母院冲破了旧的束缚，创造了一种全新的轻巧的骨架券，这种结构使拱顶变轻了，空间宽敞了，光线充足了，而且屋顶、塔楼、扶壁等都有尖顶装饰，显得高贵典雅。这种独特的哥特式建筑风格很快在欧洲传播开来。

2.法国天主教大教堂

巴黎圣母院前面的广场几乎占了西岱岛全岛面积的$\frac{1}{6}$。巴黎圣母院形体方正，仪态庄严，正面朝西分3层，有3重哥特式拱门，门上立着犹太和以色列的28位国王的全身像。圣母院有两个引人注目的方形塔楼，高达69米。南楼有巨钟，钟座重30吨，北楼有一个由387级台阶组成的楼梯，游人登临方塔楼，可尽情观赏巴黎的美丽景色。圣母院后面有一个尖塔高达90米，雄伟而又带有神秘色彩。尖塔顶端有个十字架，据说它下面的球内封存着耶稣受刑时所用的十字架及其冠冕。塔楼与塔楼之间由一条装饰精美的走廊连接。

大教堂里面的殿堂长130米、宽50米、高35米，可容纳9000人同时做祈祷。几排约5米粗的巴黎圣母院是巴黎大主教莫里斯·德·苏利主持兴建的。该教堂以其哥特式的建筑风格，祭坛、回廊、门窗等处的雕刻和绘画艺术以及堂内所藏的13至17世纪的大量艺术珍品而闻名于世。

魔鬼雕像：巴黎圣母院内外都装饰着许多精美的雕刻，栏杆上也分别饰有不同形象的魔鬼雕像，状似奇禽异兽，据说这就是著名的怪兽“希魅尔”。

大理石圆柱又将大堂划分为5个殿，另外还有交叉耳堂、唱诗堂、回廊等。圣母院内外都装饰着许多美丽的雕刻和雕像，栏杆上也刻有不同形象的魔鬼雕像，状似奇禽异兽，据说这就是著名的怪兽“希魅尔”。

巴黎圣母院是一座石头建筑，在世界建筑史上被誉为“一部由巨大的石头组成的交响乐”。虽然这是一幢天主教大教堂，但它闪烁着法国人民智慧的光芒，反映了人们对美好生活的追求与向往。

圣母院的精美雕像：

巴黎圣母院中随处可见这种雕刻精细的石像，有天使、教徒，还有亚当、夏娃等各种宗教人物。

3.文学史上的圣地

法国大作家雨果创作的《巴黎圣母院》是法国文学史上浪漫主义小说的杰作。故事发生在15世纪路易十一统治下的巴黎：巴黎圣母院副主教克洛德·富洛娄看中了街头卖艺的吉卜赛女郎艾斯米拉达，并产生了邪念。于是他指使教堂撞钟人畸形儿卡西莫多黑夜在街头拦路劫持艾斯米拉达，幸运的是，艾斯米拉达被近卫队队长菲比斯救出。艾斯米拉达爱上了菲比斯，富洛娄趁他们幽会之际刺伤菲比斯，然后嫁祸给艾斯米拉达，使她被判处死刑。行刑之日，善良的卡西莫多将副主教从楼顶上推下摔死，自己也失踪了。两年后，人们在墓地发现他的尸骨和艾斯米拉达的尸骨紧紧地拥抱在一起。

巴黎圣母院正面：

圣母院的正外立面风格独特，结构严谨，看上去十分雄伟庄严。

这部以巴黎圣母院为背景、揭露圣母院副主教克洛德·富洛娄的虚伪、残暴的反宗教小说，不仅使该教堂名扬四海，也对保留这个名胜古迹作出了不朽的贡献。因为在1831年，舆论曾要求拆毁这座破败的建筑，同年雨果发表了与它同名的小说，引起人们的强烈兴趣，结果众议院决定拨巨款重新修建它。同年，圣母院开始修复，于1864年完成修复工程，如今巴黎圣母院已成为巴黎一处著名的名胜古迹。

【百科链接】

见证历史的“老人”

巴黎圣母院像一位历经沧桑的老人，见证着法国的许多历史大事件：

1302年，法王腓力四世想动员全国一致对抗教皇，在圣母院召集所有市民召开“总议会”，这实际上是法国历史上第一次有可靠记录的三级会议，标志着市民阶级参政的开始。

1455年，民族女英雄贞德的昭雪仪式在圣母院举行。

1804年，不可一世的拿破仑在这里加冕称帝，场面极其豪华、盛大。拿破仑不是由教皇，而是用自己的手把皇冠戴在自己头上的。法国名画家大卫的杰作《加冕式》将这一场面描摹得淋漓尽致。

1831年，29岁的雨果发表了轰动法国文坛的小说《巴黎圣母院》。

1945年，法国人民在圣母院宣读了庆祝第二次世界大战胜利的赞美诗。

1970年，法国人民在巴黎圣母院为他们尊敬的戴高乐总统举行了隆重的葬礼。

◁英文名：Mount Saint-Michel　◁位　置：法国诺曼底和布列塔尼之间
◁年　代：建于8至16世纪　◁特　色：与周围独特的自然环境融为一体

圣米歇尔山

1.诺曼底旁边的童话世界

被誉为“西方名胜”的圣米歇尔山位于法国诺曼底和布列塔尼之间，坐落在巨大沙洲中部的岩石小岛上，原名“同巴山”。与其称它为一座山，不如说是一个小丘，因为它的最大高度也仅仅达到76米。但由于它处于大海前的空旷沙地上，四周既无树木又无房屋，因此显得比实际高度要高得多。

同巴山由坚硬如铁的花岗岩岩石构成的，虽然建筑师的蓝图在这上面会受到地势和空间的限制，但坚实的岩基却保障了教堂的结实和稳固。8世纪，红衣主教奥贝在岛上最高处修建了一座教堂城堡，并把它奉献给大天使圣米歇尔。于是，这里成为朝圣中心，故又称“圣米歇尔山”。

从布列塔尼海岸望去，圣米歇尔山如同一个童话世界：周围是碧海白沙，教堂钟楼尖顶上雕刻着舒展巨翼的天使。圣米歇尔的金像如同一个明亮的光点与日争辉，高高耸立，俯临潮水。岛的顶部是哥特式建筑本笃会修道院，透过高大的城墙，可一览海湾全景。这座修道院建于11到16世纪，是非凡技艺之杰作，与周围独特的自然环境融为一体。

2.历时800年的完美工程

708年的一个夜晚，在圣米歇尔山附近修行的红衣主教奥贝，梦见大天使圣米歇尔手指沙滩上的一座小山，示意他在此修建教堂。起初奥贝主教不以为意，但在接下来的几天里，圣米歇尔天使连续3次出现在奥贝的梦中，并用手指在奥贝脑门上点出一个洞。奥贝这才恍然大悟，赶紧着手动工，圣米歇尔山大教堂浩大的工程就是从这一年开始的。之后的800年间，无数的教士和劳工们将一块块沉重的花岗岩运过流沙，一步步拉上山顶。然后，又有无数的建筑家和艺术家在这些坚硬的花岗岩上留下他们修整和雕凿的痕迹。直到16世纪，圣米歇尔

圣米歇尔山：

圣米歇尔山是法国著名古迹和基督教圣地，位于芒什省一座小岛上，距海岸2000米。小岛呈圆锥形，周长900米，由耸立的花岗石构成。

山教堂群才真正完工——奥贝的一场梦让人们整整忙活了8个世纪。

圣米歇尔山大教堂从第一次建成至今，共经历了16次火灾和多次倒塌。1020至1060年，这里增建了罗马风格的大教堂和供修士们居住的多层建筑，圣米歇尔山这块圣地也开始变得远近闻名。1156至1186年，主教罗伯特·代·陶利尼对教堂进行了修缮，在正门的两旁添加了两座高塔楼，可惜其中一座在建成不久便自行倒塌了。由于他的努力，环绕教堂的修道院也得到了扩建。从此，修士们开始了珍贵的手抄经本的工作。12世纪末，这里最大的建筑规划是修造一座拥有餐厅、缮写厅和廊院的新修道院附属建筑。13世纪初建筑落成后，又修建了有深壕沟的围墙，它在英法百年战争中起到了十分重要的作用。这时的圣米歇尔山大教堂、修道院和附属楼已浑然一体，它们被四周的塔楼围墙紧紧簇拥在上面，大有固若金汤之势。

15世纪，圣米歇尔山大教堂内古罗马风格的唱诗台部分倒塌，当时没有立即修补，而是整整过了一个世纪，才由一座新的哥特式和文艺复兴式风格相结合的唱诗台所代替。同时，在山下的村镇里建造了第二座教堂。1780年，古老的教堂正面突然倒塌，随之而倒的是钟楼和三间偏殿，供香客下榻的古旅舍也塌了下来。圣米歇尔山的正面一片废墟，它经历了建成以来最大的损失。新的正面是在法国大革命之后才兴建起来的，风格为端庄的新古典主义。18世纪末，人们依着古教堂的滑道修筑了4条加固矮墙，从山顶的教堂一直通向山脚，以此来支撑教堂，防止再次倒塌。

英法百年战争场面：

发生于1337至1453年间的英法战争，是世界上历时最长的战争，断断续续进行了116年。战争持续期间，圣米歇尔山是其所在地区唯一没有陷落的军事要塞。

大天使圣米歇尔像：

圣米歇尔是上帝的大天使，相传正是他向红衣主教奥贝托梦，示意在圣米歇尔山建造教堂。

【百科链接】

英法百年战争的战场

几个世纪以来，潮汛猛烈一直是圣米歇尔山的特点。每逢傍晚，潮水都会使圣米歇尔山的四周变成一片汪洋，只有1877年修建的一条堤道与大陆相连。每年春天和秋天，圣米歇尔山还会有两次大潮出现，一次在3月21日左右，另一次在9月23日左右。

在1337至1453年的英法百年战争中，曾有119名法国骑士躲避在圣米歇尔修道院里，依靠围墙和炮楼，抗击英军长达24年。因为每次只要坚守半天，势如奔马的涨潮就会淹没通往陆地的滩涂，为抗击者们赢来半天宝贵的休息时间。在这场旷日持久的战争中，此岛是该地区唯一没有陷落的军事要塞！

英文名：Rock-hewn Churches of Lalibela
年　代：始建于12世纪后期
位　置：埃塞俄比亚的亚的斯亚贝巴北部
特　色：由整块岩石雕刻而成，承载着埃塞俄比亚古老文化的精华

拉利贝拉岩石教堂

1.“非洲奇迹”

埃塞俄比亚的岩石教堂举世无双，最有名的要数亚的斯亚贝巴以北300多千米处的拉利贝拉岩石教堂。拉利贝拉岩石教堂始建于12世纪后期，是12世纪到13世纪基督教文明在埃塞俄比亚繁荣发展的非凡产物，也是埃塞俄比亚古老文化的精华。

拉利贝拉是埃塞俄比亚沃洛省的一个古老小城，曾是扎格威王朝的首都，旧称“罗哈”。12世纪时，埃塞俄比亚第七代国王拉利贝拉将罗哈定为国都。据说拉利贝拉在梦里得到上帝的指引，让他在埃塞俄比亚用一整块岩石建造教堂。于是拉利贝拉按照神谕，在埃塞俄比亚北部海拔2600米的岩石高原上建成了拉利贝拉教堂。

拉利贝拉国王去世后，这里的王宫及周围土地遂归国家和基督教堂所有。在后来的几个世纪中，由于这个地区远离城市，又被茂密的森林所包围，因而逐渐与世隔绝，被世人所遗忘。直到1974年，埃塞俄比亚这一民族文化古迹才重见天日，被人称为“非洲奇迹”。每年1月7日的埃塞俄比亚圣诞节，信徒们都会汇集于此，举行朝拜活动。

拉利贝拉整岩教堂：

埃塞俄比亚是世界上第二古老的基督教国家，拉利贝拉岩石大教堂在深埋700年后现身于世，向世人讲述着这个国家经历过的辉煌以及难以想象的命运巨变。

2.从岩石中开凿而成的11座教堂

拉利贝拉有11座中世纪的教堂，它们被一条河分成两个大的群体。这些教堂坐落在巨大深坑中，几乎没有高出地平面。精雕细琢的教堂就像庞大的雕塑，是从坚硬的岩石中开凿而成的。这两处主要的教堂群凭借地下通道相互连接，使拉利贝拉城成了一个完整的宗教中心。从公路或空中都很容易到达拉利贝拉。由于埃塞俄比亚夏季多暴雨，教堂的建造者们就把地基开凿在了斜坡上，这样可使雨水流走，避免水患的威胁。

这11座教堂是在不同颜色的岩石上开凿的，大小各不相同，建筑式样也各有特点，但都有古老的阿克苏姆（埃塞俄比亚的另一座古城）式的石碑尖顶、凿空雕成的内部结构和装饰，如石柱形走廊、镂空透雕的门窗以及塑像、浮雕和祭坛等。

 文明拾贝：人类最古老的石制手斧在哪里被发现？有多少年历史？

3.整岩教堂与耶稣基督教堂

组成岩石教堂群的11座教堂都是各用一整块石头雕刻凿成，它们的布局、比例、风格各有特色。如戈尔塔教堂是拉利贝拉国王的葬地，那里保存着他的遗物，包括凳子、挡板和大十字架。圣乔汉教堂的形制十分特别，从上至下像是放在地上的一个厚大的十字架。埃曼纽尔教堂是一座有3个中殿的长方形教堂，墙壁构成线条分明的几何图形。

11座整岩教堂中最具特色也是最大的一座是耶稣基督教堂，它是在红色岩石上开凿成的，长33米，宽23米，高11米。耶稣基督教堂是埃塞俄比亚唯一一座有5个中殿的教堂，其中3个中殿分别面向东、北和南面，这是按长方形廊柱大厅式基督教堂的样式修建的。教堂呈东西向，隔成8间，支撑半圆形拱顶的支柱成行排列其间。据16世纪葡萄牙使馆派往所罗门宫廷的神父弗朗西斯科·阿尔瓦雷斯教父说，过去的阿克苏姆大教堂也曾有5个中殿。

圣玛利亚教堂中的壁画：

圣玛利亚教堂内的墙壁上绘刻着一些装饰性绘画及按福音书描绘的反映耶稣和玛利亚生活场景的壁画，虽然这些壁画大多都已被损坏，但它们仍具很高的艺术价值。

4.圣玛利亚教堂与圣乔汉教堂

与耶稣基督教堂相邻的圣玛利亚教堂面积稍小，高度为9米，墙上的窗户为阿克苏姆风格，里面有3个中殿。该教堂的内部建筑艺术最为精美，其独特之处在于它从上到下都覆盖着具有代表性的几何图案。天花板和拱门用红黄绿色几何图案从上到下覆盖，如希腊十字、万字饰、星形和圆花饰。另外壁画题材有动物，如鸽子、凤凰、孔雀、大象、瘤牛以及圣母玛利亚的生活场景。主门之上是一个描绘两个骑手杀死一条龙的浅浮雕，这幅雕塑属珍品之列。

圣乔汉教堂是拉利贝拉唯一被凿成十字架形的教堂，它坐落在一个近乎方形（22米×23米）的竖井状通道的底部，与其他教堂相分离。它的地基很高，里面既无绘画，也无雕塑，因为这些东西会转移人们对其和谐而简单的线条的注意力。天花板上，十字架的每个臂都与一个半圆拱相交，而这些半圆拱是在矗立于中央空间的四角壁柱上雕刻出来的。虽然这个建筑的低层窗户属阿克苏姆风格，但高层窗户上却有着与其他教堂相类似的带花饰的尖拱。

【百科链接】

国王拉利贝拉的梦中神谕

据说，拉利贝拉曾在梦中得到神谕：“在埃塞俄比亚造一座新的耶路撒冷城，并要用一整块岩石建造教堂。”于是，崇信宗教的拉利贝拉为了表示对上帝的虔诚，规定建造教堂时不得使用胶结物质。当时最负盛名的建筑大师锡迪·梅斯方尔率领工匠，在海拔2600米的岩石高原上，开始了这项浩大的工程。他们先剥掉覆盖在岩层上的厚厚的土层，然后在四周垂直地往下凿开12至15米深的巨大陡峭的井筒，形成一方巨型石块，最后在石块上凿空井雕刻教堂的内部结构和装饰。所有石刻教堂都没有使用一点灰浆、黏土等黏合剂料。

英文名：Milan Cathedral
年　代：1386至1897年
位　置：意大利的米兰市中心
特　色：其哥特式建筑艺术登峰造极，有“米兰象征”的美称

米兰大教堂

1.世界上最大的哥特式教堂

雄踞在意大利米兰市中心的米兰大教堂亦称“圣母降生教堂”，是意大利最大的天主教教堂，也是规模仅次于梵蒂冈圣彼得大教堂的世界第二大教堂。

米兰大教堂于1386年开始兴建，1500年完成拱顶，1774年中央塔上的镀金圣母玛利亚雕像就位，后因1805年拿破仑在这里举行加冕仪式而暂时宣布完工，最后正式完工则是在1897年。教堂建筑时间超过5个世纪，工程的巨大程度可想而知。

米兰大教堂由米兰的第一位公爵吉安·维斯孔蒂兴建，整座教堂采取哥特式的建筑方法，于1577年完成了初步的建筑。米兰大教堂是世界上最大的哥特式教堂，在装饰及设计方面相当细腻，极富艺术特色，整座教堂本身就是一个艺术品，每年吸引着世界各地众多的游客前往参观。

米兰大教堂位于市中心的杜奥莫广场，附近有著名的维多利奥·埃玛努埃尔二世长廊和各种品牌的旗舰店，平日车水马龙，人流极盛。

2.“大理石山”

米兰大教堂正面高67.9米，相当宏伟，大门外的雕刻令整个建筑更富有层次感。教堂内肃穆的气氛，让人犹如进入了一座心灵的圣殿，和教堂外行色匆匆的人群有着强烈的对比。素以宏大而闻名的米兰大教堂，共有5个中殿，中殿高度达45.55米，共由62根巨柱支撑，共能同时容纳40000人。信徒到达教堂都会不约而同地点燃一支蜡烛，以示对上帝的虔诚。教堂中殿两旁各有数间告解室，专门为信徒解决疑难。

彩色玻璃窗对教堂有着重要的作用，米兰大教堂的玻璃窗可能是全世界最大的。其玻璃窗画以耶稣故事作主题，阳光透过色彩斑斓的玻璃窗射进教堂，好似一束来自天堂的灵光。教堂内的4座大型风琴声音悠扬悦耳，雄浑有力。一直以来，一些有名的神父都选择安葬在大教堂之下。

建筑大教堂耗费了5个世纪的时间，主要是用在了细致的装饰及雕刻上。教堂的135座大理石尖塔、3000多座大理石雕塑，大部分都在教堂顶部。应特别指出的是，所有

维多利奥·埃玛努埃尔二世长廊：
建于1865至1877年的维多利奥·埃玛努埃尔二世长廊地处米兰大教堂广场左侧，有“米兰的客厅”之美誉。

【百科链接】

维多利奥·埃玛努埃尔二世长廊

在米兰大教堂广场左侧有维多利奥·埃玛努埃尔二世长廊，这座竣工于1877年的长廊呈十字形，长196米，宽47米，高47米。廊顶呈拱圆形，顶上装有彩色玻璃棚，地面是用大理石铺成的马赛克图案，巨大的拱形建筑富丽堂皇。长廊内有装潢考究的礼品店、餐馆、咖啡厅和书店。这里是米兰市民的休闲中心，到处是休息的市民及观光客，常年热闹非凡。穿过维多利奥·埃玛努埃尔二世长廊来到斯卡拉广场，还能看到达·芬奇的雕像。

米兰大教堂是世界上最大的哥特式教堂，并融入了古希腊、罗马及多种民族的建筑风格。教堂全部由白色大理石筑成，内外共有人物雕像3159尊，是世界上雕像最多的教堂。

维多利奥·埃玛努埃尔二世骑马铜像：米兰大教堂前的广场建于1862年，广场中央屹立着意大利王国第一个国王——维多利奥·埃玛努埃尔二世的骑马铜像。埃玛努埃尔于1870年实现了意大利的完全统一，并于次年把国都从佛罗伦萨迁至罗马。

雕刻包括教堂本身均使用白色大理石，相当珍贵，因此教堂又有“大理石山”之称。

3.圣母雕像和五扇铜门

教堂总面积11700平方米，最多可容纳40000人，内部非常宽广，置身于这幽暗而庄严的空间中，完全可以忘掉自己正处于一个大商业都市的中心。教堂内外共有人物雕像3159尊，其中2245尊是外侧雕刻，并有96个巨大的妖魔和怪兽形的排水口。教堂顶上有135座尖塔，位于中央塔顶的圣母玛利亚镀金雕像高4.2米，重700多千克，由3900多片黄金包成。

教堂共有五扇铜门，左边第一个铜门于1948年完成，上刻君士坦丁皇帝的法令；第二扇铜门于1950年完成，刻的是圣·安布罗吉奥的生平；第三扇最大的铜门于1906年完成，重37吨，刻的是圣母玛利亚的一生；第四扇铜门是在1950年完成的，刻的是从德国皇帝菲特烈二世灭亡到莱尼亚诺战役期间米兰的历史；第五扇铜门于1965年完成，刻的是从圣·卡罗·波罗梅奥时代以来大教堂的历史。

> **达·芬奇雕像：**
>
> 达·芬奇不仅是意大利文艺复兴时期最负盛名的画家，也是屡有建树的建筑家和工程师，正是他设计并完成了米兰大教堂的建设。

> **米兰大教堂：**
>
> 米兰大教堂是世界上最大的哥特式教堂，长158米，最宽处93米。塔尖最高处达108.5米。高高的花窗、直立的扶壁以及135座尖塔，都表现出向上的动感。西边正面是意大利人字山墙，也装饰着很多哥特式尖券尖塔。

4.“耶稣的钉子”和“太阳钟”

在米兰大教堂中，最神秘的传说当属“耶稣的钉子”：在教堂的屋顶上藏有相传是钉死耶稣的那枚钉子。耶稣的信徒们为了纪念耶稣，每年都要取下钉子朝拜3天。当时，达·芬奇为了方便信徒们取送这枚钉子，还发明了专门的升降机。

大厅内供奉着15世纪时米兰大主教的遗体，其头部用白银铸就，躯体是主教真身。

教堂屋顶有一小孔，孔下的地板上固定着一根金属嵌条。正午时分，阳光会正射在地板南北向的金属条上，古人以此计时，称其为“太阳钟”。

英文名：Cologne Cathedral　　位　置：德国科隆
年　代：1248至1880年　　特　色：欧洲三大宗教建筑之一

科隆大教堂

1.德国最大的天主教堂

科隆大教堂是德国最大的天主教堂。科隆大教堂的兴建是天主教和中世纪文化在欧洲勃兴的结果。1164年，德意志帝国皇帝、科隆大主教莱纳德征战意大利米兰时，夺得一件珍贵的战利品——朝拜初生基督的东方“三圣王”的遗骸。于是，科隆成为继西班牙的圣地亚哥、意大利的罗马和德国的亚琛之后最有名的朝圣地。

科隆大教堂：

科隆大教堂是德国最大的教堂，以轻盈、雅致著称于世，是中世纪欧洲哥特式建筑艺术的代表作，也可以说是世界上最完美的哥特式教堂建筑。

1238年，法国国王从拜占庭皇帝手中购得耶稣受难时戴的荆冠，于是在基督教的朝圣地之争中，巴黎成为科隆最强有力的竞争者。为了保住圣地的地位，科隆主教团决定修建一座世界上最大、最完美的教堂，来供奉“三圣王”的遗骸。大教堂的建筑风格选取了当时新兴的哥特式。

1248年8月15日，科隆大教堂举行了奠基仪式。后来由于受历次战争的阻隔，特别是受“30年战争”和“百年战争”这两次悠长的宗教战争的影响，大教堂的建筑工程时断时续。1842年9月4日，在普鲁士国王威廉四世的主持下，大教堂第二次奠基，直到1880年10月15日才全部完工并举行了盛大的竣工典礼。科隆大教堂以其157.38米高的两个尖塔荣膺“世界最高建筑物”的称号，成为建筑史上最杰出的成就之一。

在修建科隆大教堂的600多年里，一代代的建筑师们都受着同一种信仰的支配，做到了绝对忠实于最初的设计方案。除了科隆大教堂自身的重要价值和教堂内的艺术珍品以外，科隆大教堂还表现出了欧洲基督教经久不衰的力量。

2.高耸云天的双尖塔和圣彼得钟

大教堂的双尖塔直插云天，如同人类在祈祷的一双手臂，据说教堂越高则灵魂越容易通向天堂。教堂四周林立着无数座的小尖塔，与双尖高塔相呼应。教堂的钟楼上安装着5座响钟，其中24吨的圣彼得钟最大，响钟齐鸣时，声音浑厚深沉。大教堂前现建有“教堂平台”，是举行礼拜仪式和各种聚会的场所。每到夜晚，安装在四周各建筑物的聚光灯向教堂射出一束束青蓝色的冷光，教堂中

科隆大教堂的双尖塔：

科隆大教堂是世界上最高的教堂，大门两边的两座尖塔皆高157.38米，像两把锋利的宝剑，直插云霄。

素有“欧洲最高尖塔”之称的科隆大教堂以轻盈、雅致而闻名，堪称最完美的哥特式教堂。它不但是科隆城的标志，也是德国宗教、民族和艺术统一的象征。

《诺亚与方舟》：科隆大教堂中有无数精美的石雕，这座《诺亚与方舟》雕塑就是其中之一，出自《圣经·创世纪》中广为人知的大洪水的故事。

《圣经》故事彩色玻璃镶嵌画：

大教堂四壁上方的玻璃窗用彩色玻璃嵌出《圣经》故事，这些玻璃镶嵌总计有1万平方米，是教堂的一道独特的风景。

央的双尖塔直刺云霄，一连串的尖拱窗驮着陡峭的屋顶，整座教堂显得清奇冷峻，充满力量。

3.彩色玻璃镶嵌的《圣经》故事

大教堂占地8000平方米，建筑面积约6000平方米，东西长144.55米，南北宽86.25米。该教堂全部由磨光的石块建成，整个工程共用去40万吨石材，加工后的构件总重16 万吨，并且每个构件都十分精确。大教堂内分为5个礼拜堂，中央大礼拜堂穹顶高达43.35米，各堂都排有整齐的木制席位。

在科隆大教堂四壁上方，用彩色玻璃镶嵌出的《圣经》故事十分引人注目。这些玻璃镶嵌总计有1万平方米，采用了大量的金色、红色、蓝色和绿色的玻璃。金色喻示天堂和永恒，红色代表爱，蓝色表示信仰，绿色则代表希望。绚烂的色彩和众多的人物形象，显示了其神秘的宗教气息。

4.盛殓“三圣王”遗骸的金棺

大教堂拱形中厅的圣坛上供奉着盛殓“三圣王”遗骸的金棺，上面镶嵌着各种各样名贵的宝石。科隆从米兰得到“三圣王”遗骸后，为了让“三圣王”的遗骸得到一个品位相当的安身之所，才决定建造科隆大教堂。因此，金棺可以说是科隆大教堂的镇堂之宝。

根据《圣经·马太福音》的说法，“三圣王”是东方的三位智者，为朝拜刚刚降生的耶稣，从东方长途跋涉，来到伯利恒，向耶稣敬献了黄金、乳香、药品等礼物，后来被基督徒尊称为“三圣王”。

科隆大教堂保存有许多珍贵的文物，其中包括成千上万张大教堂当初的设计图纸，它们是研究中世纪建筑艺术和装饰艺术的宝贵资料。这里还有古老的巨型《圣经》、比真人还大的耶稣受难十字架以及教堂内外无数的精美石雕。

5.不可思议的神秘力量

第二次世界大战中，科隆是德国人最后扼守的西线据点之一。成千上万的炸弹将这座城市炸得片瓦难存，而独有大教堂岿然不动。德国人说，触到塔尖的弹药都因为塔身几乎是垂直的而滑了下来，虽然有的落地后也爆炸了，但却因为教堂的塔基都是由两米多高的巨石垒成的，从而成功抵御了冲击。更令人不可思议的是：教堂从上到下，那些五彩缤纷的玻璃也都完好无损，没有一块是因被炸毁后而配上去的。这简直令人难以置信，因为爆炸冲击波肯定会将这些玻璃震得粉碎甚至荡然无存。那么，难道是神的力量使然吗？或许吧。

【百科链接】

哥特式建筑

哥特式建筑是11世纪下半叶起源于法国，13至15世纪流行于欧洲的一种建筑风格。哥特式建筑的特点是具有高耸的尖塔、尖形拱门、大窗户及绘有《圣经》故事的彩色大玻璃。在设计中利用十字拱、飞券、修长的立柱，营造出轻盈修长的飞天感。整个建筑看上去线条简洁、外观宏伟，而内部又十分开阔明亮。哥特式建筑以其高超的技术和辉煌的艺术成就，在建筑史上占有重要地位。

英文名：Saint Peter's Basilica
年　代：建于1505至1626年
位　置：梵蒂冈
特　色：世界天主教会的中心，世界最大的教堂

圣彼得大教堂

梵蒂冈圣彼得大教堂：

圣彼得大教堂属罗马式和巴洛克式建筑风格，是世界上最大的教堂。登上教堂正中的圆穹顶部可眺望罗马全城；在圆穹内的环形平台上，可俯视教堂内部，欣赏圆穹内壁的大型镶嵌画。

1.世界天主教会的中心

圣彼得大教堂是梵蒂冈的教廷教堂，也是世界天主教会的中心，其建造历史可以追溯到4世纪。据说，耶稣12门徒中的最长者圣彼得到罗马传教，被暴君尼禄杀害。4世纪时，君士坦丁大帝皈依基督教，为了纪念耶稣最杰出的门徒圣彼得，就在圣彼得的埋葬地（今天的梵蒂冈）修建了一座小教堂，即“老圣彼得教堂”。

1505年，老圣彼得教堂被拆毁，并在原址上重新建造了一座新教堂，于1626年完工，这就是举世闻名的“圣彼得大教堂”。自1870年以来，大部分教皇的加冕仪式都在圣彼得大教堂举行。1940年，梵蒂冈的发掘者们宣称，他们在教堂的圣坛下发现了圣彼得本人的遗骨，使这座教堂平添了神圣的意味。

圣彼得广场：

圣彼得大教堂正前方的露天广场就是闻名世界的圣彼得广场，建于1667年。圣彼得广场被认为是世界上最壮丽的广场之一，集中体现了巴洛克艺术的精华。

2.平面呈十字形的大教堂

大教堂总面积为2.2万多平方米，长200多米，最宽处达130多米。教堂上面的圆形穹顶为米开朗琪罗72岁高龄时设计的，是一件令今天的建筑师们惊叹不已的建筑杰作。该穹顶在米开朗琪罗去世26年后才由其他建筑家继续完成。

大教堂平面呈十字形，十字交叉处为整个教堂的中心——祭坛。祭坛用大理石和黄金饰物雕琢点缀，是教皇做弥撒的地方。教皇祭坛的四个角上，矗立着4根45米高的壁柱，每根壁柱脚下部均有一座巨大的雕像，雕塑的是隆吉诺、艾丽娜、维罗尼卡和安德列阿等圣人形象。祭坛前面有个地窖，是圣彼得的坟墓。祭坛上方是庞大的圆形穹顶，光线透过黄色玻璃投射进来，更显出一派神秘的气氛。

3.圣彼得广场

教堂前面是著名的圣彼得广场，该广场可容纳50万人，是罗马教廷举行大型宗教活动的圣彼得大教堂是罗马天主教的中心教堂、欧洲天主教徒的朝圣地与梵蒂冈罗马教皇的教廷。整栋建筑的外形呈十字架的结构，神圣而传统，是全世界最大的教堂。

《圣母哀悼基督》：雕像高1.75米，是米开朗琪罗为圣彼得大教堂所作，也是他早期最著名的代表作。作品的题材取自《圣经》故事中基督耶稣被犹太总督抓住并钉死在十字架上之后，圣母玛利亚抱着基督的身体痛哭的情景。

地方。广场略呈椭圆形，地面用黑色小方石块铺砌而成。两侧由两组半圆形大理石柱廊环抱，恢弘雄伟。这两组柱廊为梵蒂冈的装饰性建筑，共由284根圆柱和88根方柱组合而成。这些石柱高达18米，宛如4人一列的队伍排列在广场两边。

靠广场一侧的每根石柱的柱顶，各有一尊大理石雕像，他们都是罗马天主教会历史上的圣男圣女，神态各异，栩栩如生。广场中央矗立着一座方尖石碑，这座石碑高30米，重327吨，原是罗马皇帝卡利古拉为装饰皇宫旁边的圆形广场从埃及运来的。1586年，教皇西斯廷五世下令将石碑移至圣彼得广场。据说为此曾动员900多名工人、150匹骏马和47台起重装置，花了近5个月时间，才完成这项搬迁工程。

【百科链接】

世界上最小的国家——梵蒂冈

梵蒂冈国土面积仅0.44平方千米，是世界上最小的国家，是欧洲独立的主权国家，同时也是全世界天主教的中心——以教皇为首的罗马教廷的所在地。梵蒂冈位于罗马市西北角的梵蒂冈高地上，其领土包括圣彼得广场、圣彼得大教堂、梵蒂冈宫和梵蒂冈博物馆等。国土大致呈三角形，除位于城东南的圣彼得广场外，三面都有城墙环绕。它地处台伯河右岸，以四周城墙为国界。属亚热带地中海型气候。

4.圆形大穹顶和金色华盖

教堂的大穹顶饱含张力，极富弹性，微微向上拉长的穹隆四周，一根根肋架同底座与成对的壁柱相呼应，显得十分和谐。穹顶的顶端还立着一个高27米装饰细致的小穹顶，是建筑师维尼奥拉于1564年设计的，它丰富了整个建筑的轮廓线。从地面到大圆顶顶尖的十字架高达137米，迄今仍是罗马的最高建筑。据说，按照有关规定，罗马所有建筑物的高度都不得超过大穹顶的高度。

金色华盖位于教堂大厅的中央，由意大利著名雕塑家、建筑家贝尔尼尼设计建造。华盖高29米，由4根螺旋形金色铜柱支撑，铜柱饰以金色葡萄枝和桂枝，枝叶间有无数小天使在攀援。华盖内是一只展翅翱翔的金鸽。据说华盖之下是圣彼得的陵墓。梵蒂冈教廷的许多重要活动都在这里举行，如教皇加冕仪式、公会议、颁发通谕等。

5.神圣的艺术殿堂

圣彼得大教堂是意大利文艺复兴时期的建筑家与艺术家米开朗琪罗、拉斐尔、勃拉芒特和小桑加洛等大师们的共同杰作，几乎所有16世纪意大利有名望的建筑师都参与过它的设计建造。教堂外形的圆顶式设计对以后的教堂建筑产生了极大的影响。

从教堂正面台阶拾级而上，四周有众多文艺复兴时期的艺术家的壁画和雕刻，乔托、米开朗琪罗、贝尔尼尼等人的雕塑和绘画令人叹为观止。《圣母哀悼基督》是米开朗琪罗的代表作，作品展现圣母玛利亚右手怀抱着受难后的耶稣，垂首凝目，面部表情悲痛至极的情景，具有强烈的艺术感染力。《小帆》表现了耶稣门徒乘坐小船与风浪搏斗、颠簸前进的情景，画面生动传神。贝尔尼尼的《圣水钵》表现了两个可爱的小天使各捧贝壳状钵体的生动形象。

最有趣的是，教堂内圣彼得青铜像的脚几个世纪以来一直被到这里瞻仰的信徒们用手摸或用嘴亲吻，因此光洁如新。

辉煌的大厅：圣彼得教堂整栋建筑平面走势是一个十字架结构，造型充满神圣的意味，教堂内部装饰华丽，辉煌无比。

Part 4

震撼世界的建筑奇观

● 有人曾说："建筑是凝固的音乐，伟大的建筑就是一部石头史书。"与自然形成的景观不同，这些在历史上留下深刻印记的建筑奇观，无不凝聚着劳动人民的智慧和汗水。伟大建筑的绝妙之处，在于它不仅能够吸引你的目光，更能够深深震撼你的心灵。

英文名：Pyramids of Egypt　位　置：埃及
年　代：大约公元前2700至公元前2500年　特　色：世界上绝无仅有的神秘奇迹

埃及金字塔

1.古埃及最伟大的建筑物

金字塔是埃及的象征。古老的金字塔经受住了时间与风沙的洗礼，几千年后依然屹立在埃及这片土地上，娓娓讲述着过往的故事。

最初的时候，法老陵墓叫"玛斯塔巴"，只是一个大平台，是模仿法老的平台形住房建造的。后来，法老们逐渐发现在平台上再加几层会使其更有气势和尊严。平台就这样一层又一层地被叠加上去，一直叠加到金字塔形制的最终形成。

金字塔是古埃及法老的陵墓，因上窄下宽，像汉字中的"金"字而得名。古埃及文称为"庇里穆斯"，是"高"的意思。千百年来，它们的巨大形象早被人们所熟知，引起过无数的惊叹。代表着古代文明灿烂成就的金字塔，历经岁月的风雨侵蚀，依然耸立在大地之上。因此，阿拉伯人有俗语说："人们怕时间，时间却怕金字塔。"

古埃及人建造金字塔的历史从第三王朝延续到第十三王朝。金字塔到目前为止，尚存70余座，其中最大的一座是耸立在开罗西南方向吉萨高地的胡夫金字塔。

2.埃及现存规模最大的金字塔——胡夫金字塔

胡夫金字塔是埃及现存规模最大的金字塔，被誉为"世界古代七大奇观之一"。它建于埃及第四王朝第二位法老胡夫统治时期，大约在公元前2670年。胡夫金字塔占地5.29万平方米，原高146.59米，因顶端剥落，现高136.5米，塔基呈正方形，每边长约230米，塔的4个三角斜面正对东南西北四个方向，三角面斜度为51度，塔身由230万块巨石组成，它们大小不一，重量范围在1.5吨至16吨之间，平均重约2.5吨。

据一位名叫彼得的英国考古学者估计，假如把这些石块凿成平均1立方英尺的小块，再把它们沿赤道排成一

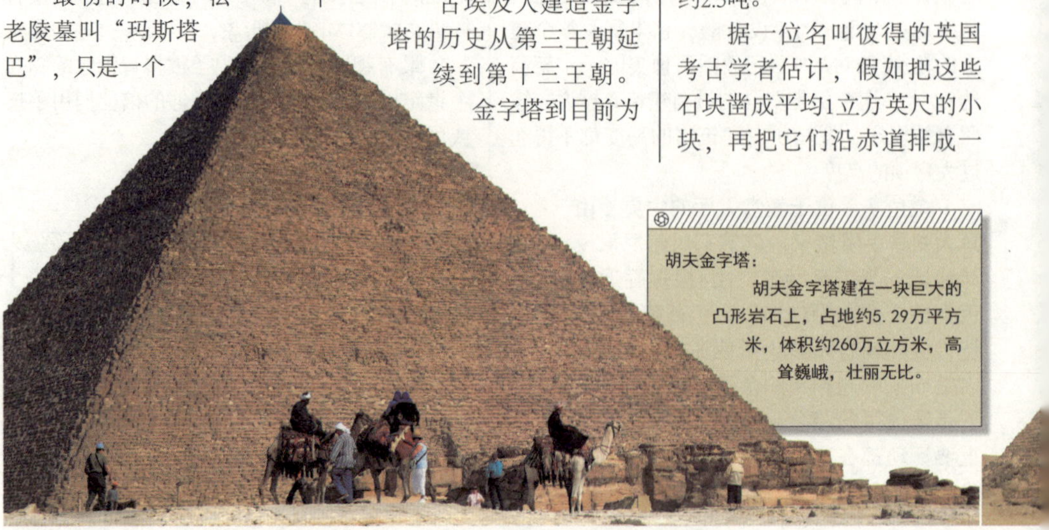

胡夫金字塔：

胡夫金字塔建在一块巨大的凸形岩石上，占地约5.29万平方米，体积约260万立方米，高耸巍峨，壮丽无比。

行，其长度相当于赤道周长的$\frac{2}{3}$。

英国天文学和数学爱好者约翰·泰勒，曾根据文献资料中提供的数据对金字塔进行了研究。经过计算，他发现胡夫金字塔令人难以置信地包含着许多数学上的原理。他首先注意到胡夫金字塔底角不是60度，而是51度，从而发现每壁三角形的面积等于其高度的平方。另外，塔高与塔基周长的比就是地球半径与周长之比。泰勒认为这个比例绝不是偶然的，它证明了古埃及人已经知道地球是圆形的，还知道地球半径与周长之比。

后来，另一位英国人费伦德齐·彼特里和他的父亲又对胡夫金字塔进行了测绘。在测绘中，他惊奇地发现，胡夫金字塔在线条、角度等方面的误差几乎等于零，在350英尺的长度中，偏差不到0.25英寸。胡夫金字塔到底凝结着古埃及人多少知识和智慧，至今仍然是无法解开的谜。

3.金字塔建造之谜

千百年来，“埃及金字塔到底是如何建造的”这个问题一直困扰着全世界的人民。埃及境内大大小小现存的金字塔有70多座，以胡夫金字塔为例，这座金字塔除了以其规模的巨大而令人惊叹以外，还以其高度的建筑技巧而著名。胡夫金字塔塔身的石块之间没有任何水泥之类的黏着物，而是一块石头叠在另一块石头上面垒成的。每块石头都磨得很平，虽已历时数千年，但人们至今也很难把一把锋利的刀刃插入石块之间的缝隙。现代人无法想象这些巨石到底是如何垒起来的。关于金字塔的建成有千百种说法，典型的有“百万奴隶劳作说”“外星文明杰作说”等。还有人把金字塔与神秘学联系起来，认为金字塔是地球前一次高度文明的社会灭亡后的遗产，或者是诸如大西洲文明之类已经毁灭的人类文明的遗留物。

狮身人面像：

哈夫拉是埃及第四王朝的第三位法老，他在吉萨建立了世界上第二大金字塔——哈夫拉金字塔和狮身人面像。狮身人面像又译为“斯芬克斯”，其面部是哈夫拉的脸形。

2000年，法国人约瑟·大卫杜维斯提出了他惊人的见解，声称金字塔上的巨石是人造的。他根据化验结果得出这样的结论：金字塔上的石头是用石灰和贝壳经人工浇筑混凝而成的。此外，大卫杜维斯还提出一个颇具说服力的佐证：他在石头中发现了一缕约1英寸长的人发，唯一可能的解释是，工人在操作时不慎将这缕头发掉进了混凝土中，从而保存至今。但更多的学者则对此提出了质疑，他们觉得：既然开罗附近有许多花岗岩山丘，那么，古埃及人为什么要舍简求繁去用一种复杂的操作方法来制造那些难以计数的石头呢？至今，金字塔究竟由谁建造，依然是个未解之谜。

【百科链接】

埃及金字塔的雏形——马斯塔巴

“马斯塔巴”意为“石凳”，是埃及古王国之前贵族的墓葬形式。坟墓多用泥石建造，呈梯形六面体状，分地下墓穴和地上祭堂两部分。墓中一般有众多墓室，不仅用于放置墓主尸体，还放置陪葬者尸体。此外还有用于放置食物、用具和衣物的墓室。进入古王国时期后，国王开始使用金字塔取代马斯塔巴作为墓葬形式，而最早的金字塔正是从马斯塔巴演进而来的。

英文名：The Great Wall
年　代：约公元前600多年始建，约公元前200多年开始全线修建
位　置：中国的北部，贯穿9个省区
特　色：人类建筑史上最罕见的古代军事防御工程

长城

1.世界上最长的城墙

万里长城是人类建筑史上罕见的古代军事防御工程，凝聚着我们祖先的血汗和智慧。它像一条奔腾飞跃、气势磅礴的巨龙，蜿蜒起伏于群山峻岭之间，是中华民族古老文化的丰碑和智慧的结晶，同时也成为中华民族的象征。

长城始建于2600多年前的春秋战国时期，当时楚国为了防御北方游牧民族的入侵，开始营建长城，随后其他诸侯国也基于同样的目的，陆续开始营建。公元前221年，秦始皇统一全国，派名将蒙恬北伐匈奴，随后征用30万民众修筑长城，完成了将各国长城连接起来的工作。秦长城绵延万余里，从此“万里长城”的称谓便流传下来。

明长城西起甘肃省的嘉峪关，东到东北辽宁省的鸭绿江边，全长约6700千米，而各个时代修筑的长城总长度超过了5万千米。科学家测算，如果把修建长城的砖石土方筑成一道1米厚、5米高的大墙，这道墙可以环绕地球一周有余。

> 万里长城：
>
> 现存最完整的长城是明长城，是当时为北部边防修筑的军事防御工程，经过多次修建，东起鸭绿江，西达嘉峪关，横贯今辽宁、河北、天津、北京、内蒙古、山西、陕西、宁夏、甘肃9个省、市、自治区，俗称“万里长城”。

2.层层布防的防御体系

长城在客观上起到了防止外族入侵、保护中原经济文化发展的积极作用。特别是明长城，已经不再是一道单一的高墙，而是修筑成层层布防的纵深防御体系，重点地区还修筑了多道城墙、关隘。无论从工程技术水平还是设防的严密程度上而言，明长城都是以前的长城无法比拟的。

在绵延万里的长城上，八达岭长城建筑得特别坚固，保存得也最完好，堪称万里长城最具代表性的精华地段，也是游人观赏长城的最佳地方。

八达岭长城位于北京市西北的延庆县境内，距市中心70余千米。八达岭长城随山脊而建，气势雄浑，宛如一条巨龙腾舞于群山峻岭

文明拾贝：为什么在公元前600年，春秋时期的赵国就开始修建长城了？

之间。明清两朝，这里一直是京城的北大门和军事重地。

八达岭长城由关隘、城墙、城台、烽火台四部分组成。墙身异常坚固，平均高度近8米，用长方形大条石砌筑。墙顶用方砖铺砌，地面宽约6米，可容5马并驰，10人并行。墙顶外侧筑有垛口，上有瞭望孔，下有射口。内侧筑有宇墙，主要作为护栏使用。城墙每隔数百米筑有堡垒形状的方形城台。交通要道或险要处筑有碉堡、烽火台，一遇敌情，烽火台的守兵即可点燃烽火，向远方传递情报。

登临八达岭长城之顶，极目远眺，只见群峰耸立，连绵不断，此时大可凭古怀幽，古战场的金戈铁马似乎尽在眼前，游人或能顿悟"不到长城非好汉"一语的真谛。

3.点燃烽火报警的高台——烽火台

烽火台是古代一种警戒和传递军情的工程设施，专指建于山顶、高岗或易于相望之处，供点燃烽火用以报警的高台建筑。

烽火台的建筑早于长城，但自长城出现后，长城沿线的烽火台便与长城密切结为一体，成为长城防御体系的一个重要组成部分，有的甚至就建在长城上。特别是汉代，朝廷非常重视烽火台建筑，在某些地段，连线的烽火台建筑甚至取代了长城城墙。长城沿线的烽火台建筑与长城一样，是"因地制宜，就地取材"：在西北的烽火台多为夯土打筑，也有用土坯垒筑；山区的多为石块垒砌；中东部的则用砖石垒砌或全砖包砌。烽火台的布置除有建在早期长城干线上之外，一般分为三种：一种在长城城墙以外沿通道向远处延伸，以监测敌人动向；一种在长城城墙以内，与关隘、镇所、郡县相连，以便及时组织反击作战和坚壁清野；还有一种在长城两侧（秦汉时有建在长城上的），以便于迅速调动全线戍边守兵，起而迎敌。早期还有与都城相联系的烽火台，以便尽快向朝廷报警。

【百科链接】

孟姜女哭长城

传说秦始皇时期，孟姜女与范喜良是一对相亲相爱的恋人。在他们新婚之际，范喜良被强征去修万里长城。丈夫被征走后长期没有音信，孟姜女思念丈夫心切，便跋涉万里，到长城工地为丈夫送寒衣。不料丈夫范喜良早已被繁重的劳役折磨致死。孟姜女悲恸欲绝，在长城边痛哭，一下子把长城哭倒了，而就在倒塌的长城废墟下，孟姜女发现了丈夫的尸骸。万分悲痛的孟姜女最后投海自杀了。至今，山海关下还有一座孟姜女庙。

◁英文名：Mausoleum of the First Qin Emperor　◁位　置：中国陕西省临潼县

◁年　代：建于公元前245至公元前208年　◁特　色：足以代表中国特色的皇帝陵墓

秦始皇陵

1.我国修建时间最长的陵墓

秦始皇陵是世界上规模最大、结构最奇特、内涵最丰富的帝王陵墓之一。

秦始皇陵位于陕西省临潼县城东5千米，距西安市约37千米，南倚骊山，北临渭水。秦始皇陵墓近似方形，顶部平坦，腰略呈阶梯形，高76米，东西长345米，南北宽350米，占地12.075万平方米。

纵观陵园工程，前后可分为三个施工阶段：自秦王即位第二年（公元前245年）开始到统一全国（公元前221年）的24年，为陵园工程的初期阶段；从统一全国到秦始皇三十五年（公元前212年）历时9年，为陵园工程的大规模修建时期；自秦始皇三十五年（公元前212年）到二世二年（公元前208年）冬历时3年，多是工程的最后阶段。尽管陵墓工程历时如此之久，整个工程仍然只是大体完工。总之，陵园工程由选点设计、施工营造到最后仓促收尾，前后长达37年之久，其修建时间比埃及胡夫金字塔还要长7年。

2.陵墓为何修在骊山？

对古人来说，墓地的选择是一件造福子孙后代的大事，尤其是秦始皇这个企图传继万世的封建帝王，自然对墓地的位置更加重视。他之所以要安葬在骊山，据北魏时期的郦道元解释：“秦始皇大兴厚葬，营建冢圹于骊戎之山，一名蓝田，其阴多金，其阳多美玉，始皇贪其美名，因而葬焉。”

郦道元的观点受到学术界多数学者的肯定，不过也有学者提出异议。持否定意见的一方认为，秦始皇陵选在骊山一是取决于当时的礼制，二是受“依山造陵”传统观念的影响。

近年来，地质学家根据卫星拍照的图片，俯看从骊山到华山的地形非常像一条龙，而秦始皇陵正好位于龙头眼睛的位置。众所周知，自古就有“画龙点睛”之说，到底是古人有“高瞻远瞩”的本领，还是今人附会之风过重，一时间还弄不清楚。

骊山秦始皇陵：

秦始皇陵是中国历史上第一个皇帝陵园。其巨大的规模、丰富的陪葬物居中国历代帝王陵之首，是中国最大的皇帝陵。

秦始皇陵位于陕西省西安市以东37千米的骊山北麓，是中国历史上第一个皇帝陵园。其巨大的规模、丰富的陪葬物居中国历代帝王陵之首，是中国最大的皇帝陵。

安车：秦始皇陵出土的二号彩绘铜马车名叫“安车”，因乘坐这种车辆安稳舒适而得名。车厢顶部有穹隆状的椭圆形车盖，车厢内空间宽敞，可任人坐卧。

秦始皇陵兵马俑坑：

秦始皇兵马俑坑是秦始皇陵的陪葬坑，是世界上最大的地下军事博物馆。最早发现的是一号俑坑呈长方形，东西长230米，南北宽62米，深约5米，总面积14260平方米，四面有斜坡门道，左右两侧又各有一个兵马俑坑，现称“二号坑”和“三号坑”。

3.地宫飞雁真的存在?

秦地宫内有哪些珍贵的随葬品？千百年来由此引发了许多神奇的传说故事，“地宫飞雁”就是其中一个。

【百科链接】

骊山

骊山位于西安临潼县城南，属秦岭山脉的一个支脉，最高峰九龙顶海拔1301.9米，由东西绣岭组成，山势逶迤，树木葱茏，因远望宛如一匹苍黛色的骏马而得名。骊山也因景色翠秀，美如锦绣，故又名“绣岭”。每当夕阳西下，骊山辉映在金色的晚霞之中，景色格外绮丽，有“骊山晚照”之美誉。

《三辅故事》记载，楚霸王项羽入关后，曾命30万人盗掘秦始皇陵。在他们挖掘过程中，突然一只金雁从墓中飞出，这只神奇的金雁一直朝南飞去。到了几百年后的三国时期（宝鼎元年，即265年），一天，有人给日南太守张善送来一只金雁，张善立即从金雁上的文字判断出此物出自秦始皇陵。

这个神奇的传说有没有历史依据呢？近年来有学者著文指出：“这虽然是个传说故事，但说明秦陵内的文物曾经流失在外，并且远达云南以南。至于说金雁制作精巧，不但好看，而且还能飞，这也是有可能的。因为在春秋时期，著名工匠鲁班制造出的木雁就能在天空中飞翔，而且能直飞到宋国的城上。几百年后，秦国的工匠能制造出会飞的金雁，这是可信的。”

4.世界第八大奇迹

兵马俑坑是秦始皇陵的陪葬坑，位于陵园东侧1500米处，于1974年被当地打井的农民发现，由此埋葬在地下2000多年的宝藏得以面世。它被世人誉为“世界第八奇迹”。兵马俑坑现已发掘3座，俑坑坐西向东，呈“品”字形排列，坑内有陶俑、陶马8000多件，还有4万多件青铜兵器。

在这3座兵马俑坑中，1974年发现的一号坑最大，它东西长230米，南北宽62米，深5米左右，长廊和11条过洞组成了整个坑，6000多个与真人马大小相同、排成方阵的武士俑和拖战车的陶马被放置在坑中。在一号坑的东北约20米的地方是于1976年春发现的二号坑，它是另一个壮观的兵阵。其南北宽84米，东西长96米，面积9216平方米，由多兵种联合组成，包括步兵、车兵、骑兵和弩兵等。二号坑西边是三号坑，它南北宽24.5米，东西长28.8米。经有关专家推断，三号坑是用来统帅一、二号坑的军幕。

英文名：Roman Aqueduct
年　代：始建于约公元前19年左右
位　置：法国普罗旺斯地区的尼姆市
特　色：工程杰作，经过了两千年依然能够使用

加尔桥

1.建筑上“最崇高的乐章”

加尔桥位于法国普罗旺斯地区的尼姆市，它横跨加尔河，是罗马人修建的最古老的水利工程之一。公元前19年到公元20年，尼姆被古罗马帝国统治。当时，尼姆陈旧的供水系统已经不能满足古罗马人新建城市的需要，于是古罗马帝国决定修建一条水渠，把50千米外的泉水引到城里。加尔桥就是为了最后将水顺利地引到城市的供水系统，再分至公共澡堂、喷泉和私人住宅而建的。

相传为完成这座庄严、雄伟的古罗马高架渠——加尔桥，至少有1000人劳动了3年时间才建成。它是罗马人为改善生活条件所建的一项重要工程，也是罗马水道桥中规模最大的一座。无论是在形式上还是结构上，加尔桥都充分体现了罗马帝国建筑的辉煌气势和精湛的工艺技能，被人们誉为建筑史上的“最崇高的乐章”。

2.加尔桥的特点

如上所述，为了向法国内地的小城尼姆输入生活必需的淡水，罗马帝国奥古斯都大帝决定修建一条从塞文山到尼姆的引水渠。因为在从水源地到城中蓄水池的48千米的长度中，落差只有17米，也就意味着在设计中每1000米的落差要控制在34厘米的幅度。为了保持这种落差使水流顺畅，设计者修建了许多高架水渠穿越山岭和河谷，这其中就包括跨越加尔河的加尔桥。

加尔桥在当年是一项工程杰作，现在已经成为一个宁静而纯朴的奇迹。最关键的是，它至今还在发挥作用，既能输水也能通行，还是一个著名的旅游景点。

加尔桥共分3层，中、下层是桥体支撑和通行桥，最上层为封闭水渠，十分奇特和壮观。建筑该桥使用的全部是当地的石灰岩。在长达50千米的水渠建筑中，古罗马人除普遍利用拱形建桥以外，还娴熟地运用了连通管原理让水渠跨越山谷。桥的底层桥墩完全建立在河床岩石上，为减轻洪水的侵蚀冲击，设计者在每个桥墩的上游一侧特别设计了一个三角形的分水墩结构，并且挖凿河床以利洪水从桥孔通过。令人惊奇的是，每层的拱门都不相同，而且加尔桥也不是成90度直角跨越加尔河的。

仔细观察还会发现，这条水渠并没有用砂浆来固定，而是完全凭借古罗马工程师的精湛技艺，将一块块重达6吨的巨石堆叠起来。有的石块突出在外，构成一个个图案，作为日后修缮的脚手架。

历经两千年的风风雨雨，加尔桥不仅英姿不减，而且功用依然。据说除了偶尔清理渠内的水垢，它还没有经历过大的维修。

加尔桥：

加尔桥造型雄壮，三层叠拱的建筑方式对以后的建筑产生了较大的影响。由于它具有运输淡水的作用，因而地位显得格外重要。

3.“最漂亮的水管”

加尔桥造型雄壮，三层叠拱的建筑形式对以后的建筑产生了较大的影响。三层拱桥中，底层是人行道，长约142米，高度为22米，有6个拱门，间距16至24米；中间层长约243米，有11个拱门，间距19米；上层有35个拱门，间距为4.6米。上层总高度为7.4米（含水道高），拱跨也很小，因而实体部分占较大比重。桥的宽度下层为6.4米，中层4.5米，上层仅3米，为了抵御洪水，桥身呈轻度曲线，并在桥墩底部建有水角，两旁粗糙的突出物用来连接木脚和手架。

加尔桥宏伟的建筑风格和卓越的实用功能备受人们赞扬。小说《红与黑》的作者司汤达在参观了加尔桥后，深情地写道：“在这里，我见到了只有在梦中才能一见的奇迹……它是上帝赐予的出类拔萃的建筑艺术精品。”司汤达的赞誉为加尔桥赢得了“最漂亮的水管”的美名。

4.最好的保护

毫无疑问，这一建筑杰作是法国的重点保护对象。早在法国大革命前，当地政府就已对削掉的二层桥墩进行修复，并加宽成为桥。现在的法国政府更加重视对加尔桥的保护，针对其独特的历史价值和环境特点，有关部门和专家提出了特殊的理念，即遵循与世界文化遗产相称的高档次文化历史遗址保护，同时尊重当地人的传统生活习惯。具体措施有：参观者可免费进出该遗址公园，但停车场、博物馆则要收费；在设施配备上，新建的博物馆为控制高度，完全隐藏在主要景区之外的树林中，主展厅设在地下；整个遗址区域没有架空电线和路灯，主景区即加尔桥完全呈现其2000年前的原貌。

普罗旺斯：

加尔桥所在的普罗旺斯是法国南部最迷人的地方，极富变化魅力的普罗旺斯尤以种植薰衣草而闻名。每年7至8月间，薰衣草迎风绽放，浓艳的紫色装饰着翠绿的山谷，微微辛辣的香味混合着青草的芬芳，交织成令人难忘的浪漫气息。

【百科链接】

司汤达

司汤达的本名叫“亨利·贝尔”，1783年1月23日出生于法国格勒诺布尔市，是19世纪法国杰出的批判现实主义作家。司汤达在文学上起步很晚，30多岁才开始发表作品。然而，他却给人类留下了巨大的精神遗产：数部长篇，数十个短篇或故事，数百万字的文论、随笔、散文以及游记。他的长篇代表作《红与黑》被誉为“法国批判现实主义文学的奠基之作”。

英文名：Colosseum
年　代：始建于公元72年
位　置：意大利罗马
特　色：庞大的石头建筑，可以同时容纳四五万名观众

古罗马大角斗场

1.古罗马帝国的象征

古罗马大角斗场正式的名称是“科洛塞奥（Colosseo）角斗场”。在意大利文中，“colosseo”就是“高大、巨大”的意思。大角斗场是古罗马帝国的象征，也是迄今留存的古罗马建筑中最卓越的代表之一。

大角斗场的地基原是古罗马帝国暴君尼禄皇帝的金宫中的一个小湖。公元72年，罗马维斯帕西亚诺皇帝为了纪念毁灭耶路撒冷的胜利，强迫几万名犹太俘虏修建科洛塞奥角斗场，以炫耀自己强大的武力。

据说，在建造大角斗场的时候，奴隶们都被戴上脚镣工作，以防止他们逃跑。如果奴隶逃跑后被抓回来，轻则遭到一顿毒打，或用烧红的烙铁在身上烙上印记；重则被钉在十字架上处死。在奴隶主的威逼下，大角斗场工程历时8年，终于在维斯帕西亚诺的儿子蒂托斯即位之后竣工了。

古罗马角斗士：

角斗士的社会地位比奴隶略高。他们经过严酷训练，或两人一组互相格斗，或与野兽搏斗以供奴隶主娱乐，充满了血腥。

古罗马大角斗场：

古罗马最大的角斗场，建于公元72年至80年。其平面呈椭圆形，长径188米，短径156米，四周为看台，外墙高48.5米。虽然半壁围墙已经倒塌，但恢宏的气势丝毫不减当年。

2.无数奴隶的埋骨之所

据历史记载，大角斗场开幕时，各种表演持续了100天。期间，总共有5000头狮子、老虎和其他猛兽以及3000名由奴隶、俘虏、罪犯和基督徒组成的角斗士在比武场上失去了生命，就连该角斗场的设计师高登齐奥也未能幸免。大角斗场是古罗马帝王、贵族们观看奴隶和奴隶，或者奴隶和野兽之间的残酷厮杀并以此取乐的场所。参加表演的角斗士是奴隶主通过一系列残酷手段从奴隶中挑选出来的。奴隶主把大批奴隶关进又潮又湿的地牢里，他们每天不仅只能得到一块很小的面包和一杯冷水，还要忍受奴隶主棍棒、鞭子的毒打。常常在几天后，许多人不是被饿死，就是被毒打折磨死。能侥幸活下来的人，都是身体较强壮的，因此被

古罗马大角斗场位于意大利首都罗马市中心的威尼斯广场南面，古罗马市场附近。它是迄今遗留下来的古罗马建筑中最卓越的代表，也是古罗马帝国永恒的象征。

拱形门洞：

大角斗场内部有三圈不同高度的环形券廊，最上面两层有80个拱形门洞，观众们入场时就按照自己座位的编号，首先找到自己应从哪个底层拱门入场，然后再沿着楼梯找到自己所在的区域，最后找到自己的位子。

选拔成为角斗士，但最终也难以摆脱血染角斗场的命运。

在大角斗场内外死去的奴隶究竟有多少，恐怕已难以计算了。据说有一年，当一位外国使节任期结束准备回国时，教皇抓起角斗场的一把土叫他带回去。这位使节疑惑地问：“一把泥土？带它干什么？”教皇说：“你使劲一捏，奴隶们的鲜血就会从你的指缝间滴落下来。”

后来，由于遭到雷击和地震的破坏，大角斗场逐渐衰落，并一度成为罗马的采石场。1800年后，经过几次较大的修整，大角斗场的面貌又焕然一新，成为世界著名的古迹之一。

3.铁条与天然水泥的结合物

大角斗场是巨石砌就的椭圆形建筑，看上去就像一个露天球场，围墙的半壁已经倒塌，四周的看台还保存得相当完整。入口处有一座称为“凯旋门”的牌坊。现存的角斗场高57米，周长527米，气势恢弘壮观。像古罗马的绝大多数大型建筑一样，这座建筑采用的也是拱形结构，整座建筑由许多大椭圆环和竖向拱形系统组成，并有一套复杂的辅助结构，既省料又结实。建筑这些墙体的材料除了外表和场内观众席的大理石外，还有条石、浮石、砖和混凝土。据估算，仅条石就用了10万立方米。条石和条石之间勾连着铁条，使建筑物的整体性大大增强，这样的铁条就用了约300吨之多。这里的红砖同所有古罗马遗留的建筑物所用的红砖完全一样，十分结实。而古罗马建筑所用的混凝土十分特殊：这是一种火山岩泥土，呈红色，埋在地下未见空气时较软，易于挖取。挖出后用水搅拌，黏性很强，干了之后坚硬如石，性状很像现在的水泥。

大角斗场内部：

大角斗场中央为表演区，长轴86米，短轴54米，地面铺上地板，外面围着层层看台。看台约有60排，分为5个区，最下面前排是贵宾区，最后一排则是给底层妇女使用的站席。

【百科链接】

“嚼大麦者”——角斗士

奥地利科学家研究了迄今发掘的最大古罗马角斗士墓地中的遗骨，发现角斗士是一群体重超标的素食者，以大麦和豆类为主要食物。研究人员对墓地中70多具遗体的骨骼做了化学分析，发现骨骼中锶的含量高，锌的含量低。如果是肉类与蔬菜搭配的正常饮食，骨骼中微量元素锶、锌的含量应该是均衡的。研究人员据此推断，古罗马角斗士长期以大麦和豆类为主要食物，这可能也是古罗马人称角斗士为“嚼大麦者”的原因。

如今的大角斗场，其东北部建筑还基本完整地保留着。在它的南面，有一条由黑石铺成的路仍保持着当年的原始风貌。在西北角的一片草坪上，屹立着一尊尼禄皇帝的巨型镀金铜像，高达35米，相传是建筑艺术家泽诺多罗的经典之作。

英文名：Mesa Verde
年　代：约建于7至13世纪末
位　置：美国科罗拉多州西南部
特　色：四周都是悬崖绝壁，自然天成

梅萨维德

1.“绿色的方山”

1874年，美国一支地理考察队进入科罗拉多高原的西南角，发现了一个印第安人的城寨遗址，但他们草草勘察了一番之后就离开了。

1888年冬天，两个牧民赶着牛群来到这里，前面一片悬崖挡住了去路。只见悬崖上房屋密布，层层叠叠，最前面是一座巨大的宫殿，他们两人随口叫它“悬崖宫”。

发现“悬崖宫”的消息不胫而走后，这里的珍贵文物遭到无可挽回的破坏。1906年，美国国会通过保护悬崖遗址的法令，把这里严密地保护起来，建立了名为“梅萨维德”的国家公园。从20世纪50年代开始，美国开始对梅萨维德遗址进行大规模的发掘和研究工作，修复了部分房舍，建立了博物馆和图书馆，使这里成为世界知名的文化古迹研究基地和游览胜地。1979年7月，联合国教科文组织把它列为世界文化与自然遗产保护单位。从此，梅萨维德成了举世瞩目的观光胜地。

梅萨维德，西班牙语意为“绿色的方山”。悬崖城寨的创造者被称为“普韦布洛”人。普韦布洛也是西班牙语，意为“村庄”。

2.悬崖上的村庄

人们习惯于称梅萨维德为“悬崖村”，因为它不同于现代城市，这里没有相连的街道，没有集中的厂房和商店，没有象征统治者的政权机构，只是一个房屋的聚落。但在占地210平方千米的悬崖上，集中了如此多的村落房舍，而且出现了手工业和物物交换的商业活动；几万人聚集在一起生活，从事农业、手工业，对付共同的敌人。这一切都说明：梅萨维德已经初步具备了城市的形态，是一个由农业聚落向商业聚落过渡的居住地。如果当初没有废弃，用不了多久，这里肯定会出现市场、商店、作坊及管理城市的政权机构，进而发展成为一座宏伟的城市。

此地尚存比较完整的聚落有300多处，每处均以砖墙围护，内有成套的住宅，有公共的庭院和宗教建筑物。其中最大的聚落中心，是一座高楼宫殿，即两个牧民看到的那座“悬崖宫”。整幢建筑沿崖壁而建，布局紧凑。在高楼周围还有圆形、方形、长方形的小屋，其中一间长屋的墙壁长达90米，内部被分隔成150个房间。房屋下面有21个地穴，最大的地穴有7个房间那么大，据称是居民举行宗教仪式的地方。长屋北边有座“杯子房”，内藏430个杯子、盒子、饭碗和缸瓮，可能是祭器贮藏室。

梅萨维德四周都是悬崖绝壁，自然天成，野兽都难以攀登上去。壁面上凿有一个个小洞，仅可容手指和脚趾插入。普韦布洛人就依

梅萨维德悬崖宫：
这座挨着悬崖峭壁建成的宫殿共有150多间房屋，整个建筑沿崖壁而建，布局十分紧凑，房子有方形、圆形和长方形的。

梅萨维德悬崖遗址位于美国科罗拉多州西南部的沙漠与多峡谷的岩石地带，海拔2600米，是建于约7至13世纪末的阿纳萨齐印第安人居所。

巨大圆形地穴：悬崖村中有不少的巨大圆形石砌地穴，据专家们考证，它们很可能是普韦布洛人的宗教圣地。

洞屋内部陈设：

据考证，普韦布洛人已经能够烧制陶瓷和纺织布匹了，这间小屋里的陈设就是那个时期的遗留物。

靠这些小洞上下进出城寨。显然，这样设计是为了抵御外族和野兽的入侵。

3.峭壁居民

约在2000年前，阿纳萨齐部落在梅萨维德附近建立了自己的小王国，成为那里最早聚居并以务农为生的印第安人，即“普韦布洛印第安人”。普韦布洛时代是母系社会，女子掌管家务和祭祀大权，负责在陶器上彩绘染色；男人从事农业劳动，负责狩猎、纺织和制作陶器。这时集市贸易兴起，物物交换出现。在发掘梅萨维德遗址时，曾发现了蓄水灌田的水库、驯养火鸡的残迹、白底黑彩的陶器，以及精美的石器、骨器和手织的棉布，陵墓中还找到了未腐坏的木乃伊。后来，为了抵御其他部落的侵袭，他们迁到峡谷两侧的悬崖峭壁之间，开山凿石，堆砌墙壁，修建峭壁石屋，因此在历史上有“峭壁居民”之称。

4.城市被弃之谜

考古证明，远在公元初始，西方称为“编篮者”的北美印第安人已能编织篮筐、栽种玉米，他们住在洞穴或用土垒成的圆形小屋里。到5至8世纪，这支“编篮人”学会了制陶、种棉织布、建造地面房屋。大约从7世纪开始进入梅萨维德，12世纪进入全盛期，他们聚族而居，建立了规模庞大的悬崖村。

但是，几代人辛勤劳作建造的大村落，为什么又被遗弃了呢？这个谜团一直没有解开。目前，大多数学者认同自然灾害说。

考古学家发现，曾经有一场自然灾害袭击了梅萨维德。1276年至1299年，这里发生了连续24年的大旱灾，断水绝粮，人们向东逃荒，逃到水源充足的地方重新建设了家园。悬崖城从此湮没。今天散居在北美各地的祖尼、霍庇、台瓦、凯烈等印第安人部落，其祖先都是悬崖城的普韦布洛人。

普韦布洛印第安人：

普韦布洛印第安人是北美西南部古老的土著居民，他们居住在城堡式的平顶住宅里。最早前来美洲殖民的西班牙人称这种村落为“普韦布洛”。

【百科链接】

印第安人

印第安人又称“美洲原住民”，分布于南北美洲各国，属于蒙古人种美洲支系。研究者认为，印第安人的祖先可能是大约2万年前从亚洲渡过白令海峡到达美洲的，或者是通过冰封的海峡陆桥抵达的，因为他们与亚洲同时代的人具有相同的文化特色。印第安人在世界上最先种植玉米、马铃薯、向日葵、棉花、金鸡纳树等作物，对人类作出了很大贡献。

1979年7月。悬崖宫是梅萨维德遗址中最大的建筑物，也是这里名气最大的景观。

英文名：Tower of London
年　代：始建于1078年
位　置：英国伦敦东南角的塔山上
特　色：一组庞大的古建筑群

伦敦塔

> 伦敦塔：
>
> 位于泰晤士河北岸的塔山上，是一个占地达18英亩，由城堡、炮台和箭楼等组成的庞大建筑群。它始建于1078年，最初是一座军事城堡。

1.伦敦的卫城

伦敦塔位于伦敦东南角的塔山上，南临泰晤士河，是一组庞大的历史建筑群。伦敦塔沿泰晤士河而建，目的是为了保护伦敦。具有罗马建筑风格特点的白塔，是影响整个英国建筑风格的巨型建筑物。伦敦塔是以白塔为中心建造的一座十分有历史意义的城堡，是王室权力的象征。

1066年，法兰西最强大的诺曼底公国的威廉公爵跨海征服了不列颠岛。同年10月，他在伦敦加冕称王，即威廉一世。这位伟大的征服者开始修筑坚固的城堡，以巩固他的胜利。1078年，他首先在伦敦东南的塔山上修建了著名的白塔，作为驻扎重兵的城堡。从白塔开始，经英国皇室几个世纪的扩建，才形成今天这样规模宏大的建筑群，人们把它们集中起来称做“伦敦塔”。当年，伦敦塔不仅是防卫森严的堡垒和监狱，而且也兼做皇家制币厂、档案馆和皇家天文台，还曾是一座重要的军火库。从13世纪到19世纪，这里还有一座皇家动物园，里面豢养着来自世界各地的珍贵动物。直到1834年，这批动物才被送到新建的伦敦动物园里。如今，伦敦塔已成为对外开放的博物馆，在这里，英国一幕幕历史画面都生动地展现在游人面前。

2.展出御用珍宝的皇家珍宝馆

塔中最有吸引力的地方是珍宝馆，那里展出了全套的御用珍宝。

1650年，奥利弗·克伦威尔短命政体中的清教徒们蔑视君主那些闪闪发光的饰品，卖掉了中世纪的御宝。但有一些幸存下来，并最终回到了王室的藏馆中。珍宝馆主要展出17世纪以来英国各代君王的王冠、王袍、金银珠

血塔：

血塔专门被国王用来囚禁政治犯及国王的死敌，是一座死牢。被关进这座塔里的人大多被处死。

白塔：

伦敦塔的中心是一座高约27.4米的白塔，它也是伦敦塔最重要、最古老的建筑。这座位于要塞中心的诺曼底塔楼，是整个建筑群的主体，通体用乳白色的石块建成。

宝以及所用器皿，其中包括大主教赠送给君主的镶有珠宝的佩剑、君主用来涂圣油的中世纪金质圣油瓶和油匙、加冕长袍，爱德华为查理二世制作的金王冠、嵌满贵重宝石的专为维多利亚女王制作的御室王冠，亨利五世在1415年阿金库尔战役中所戴的头盔以及斯图亚特王室的蓝宝石、镶在节杖上的最大的钻石“非洲之星”，等等。

1994年，位于滑铁卢区底层的一个全新的珍宝馆由伊丽莎白女王二世宣布开放。珠宝陈列在一系列展室里明亮的玻璃柜中，参观者则在自动通道上缓缓通过。设于玻璃柜上方的巨大屏幕显示出这些珠宝的历史全景以及它们在加冕典礼中的作用。

3.伦敦塔内最古老的建筑——白塔

伦敦塔中心是一座诺曼底式的建筑，名叫“白塔”。白塔建成后的5个多世纪里，一直作为英国王室的住所。以后英国历代统治者都以白塔为中心，进行增修扩建，于是在其四周建成了内外四层的防御性建筑。

白塔高27.4米，共分3层，内设大堂、会议厅、会客厅、寝宫和教堂等。白塔的四角建有锥形塔楼，其附属结构的修建持续了几个世纪，最终包括了内场的13个塔和外场的6个塔及2个棱堡。白塔里陈列着5800多件军事物品，从9至10世纪撒克逊时代的锁子甲到第一次世界大战时的毛瑟枪，应有尽有。白塔内的圣约翰教堂是英国现存教堂中最为古老的一座，整座教堂按典型诺曼底式结构修筑，显得宏伟肃穆。

4.古老的锁门仪式

如今的伦敦是一座现代化的城市，但是城内至今还保留着古代一些十分奇特而有趣的仪式，其中就包括伦敦塔里的“锁门仪式”，这在全世界应该算是独一无二的了。每天晚上，差7分10点时，身穿王朝制服的禁卫长会举着蜡烛，让一个人在前面引路，带他到塔楼的每个门户巡查，关好门窗，最后走到白搭拱门前。这时，岗哨会大声喝问：“站住！谁在走动？”禁卫长答道：“钥匙。”岗哨又问：“谁的钥匙？”禁卫长答：“伊丽莎白女王的钥匙。”必须在经过这番盘问后，岗哨才放他到禁卫大队前。之后禁卫长脱帽高呼：“上帝保佑伊丽莎白女王！”塔里的人齐声道：“阿门！”到这时，禁卫长才将钥匙交给塔里的总督，仪式到此全部结束。

【百科链接】

血塔和断头台

伦敦塔里的血塔建于1225年，原称“花园塔”，16世纪末改称“血塔”。它是用来关押重要政治犯和国王死敌的监狱。离血塔不远的一块空地，是当年处决犯人的断头台，在此所设的一块铜牌上记载着死在这个断头台上的一批著名人物的名字。

英文名：Leaning Tower of Pisa
位 置：意大利托斯卡纳省比萨城北
年 代：始建于1174年，1350年竣工
特 色：塔身斜而不倒

比萨斜塔

1.举世无双的钟楼

比萨中央教堂广场位于意大利中部阿诺河口岸的比萨古城内，广场上耸立着一组著名的古罗马建筑。而其中的一座钟楼，便是举世无双的比萨斜塔。

比萨斜塔由意大利人波拿诺·比萨诺设计，于1174年8月9日动工兴建，1350年整体工程才全部竣工。塔体为圆柱形，全部用白色大理石砌成，总重量达1.42万吨，塔高54.5米，共分8层。整个建筑造型古朴而灵巧，为罗马式建筑艺术之典范。大钟置于斜塔顶层，塔内有294级螺旋式阶梯，游人由此登上塔顶或环廊，可尽览比萨城区的风光。

据测定，从1829年到1910年间，斜塔平均每年倾斜3.8毫米。近一个世纪以来，塔已向南倾斜了大约30厘米，塔身超过垂直平面5.1米。从塔下向上望去，斜塔已岌岌可危，塔上的游人好像随时有可能掉下来。1972年10月，意大利发生的一次大地震更使斜塔受到了强大的冲击，整个塔身大幅度摇晃达22分钟之久，极其危险。幸运的是，该塔仍然屹立不倒。

传说在1590年，著名科学家伽利略曾在斜塔上做过有名的自由落体运动实验，从而一举推翻了古希腊著名学者亚里士多德关于“物体落下的速度和重量成正比”的说法，建立了科学的“落体定律”和“惯性定律”。比萨斜塔也因此更加出名，使得世界各地游客纷至沓来，争相目睹斜塔的风采。

2.比萨斜塔倾斜之谜

几个世纪以来，钟楼的倾斜问题始终吸引着好奇的游客、艺术家和学者，专家们曾为比萨斜塔的倾斜原因争论不休。尤其是在14世纪，人们在两种论调中徘徊：比萨斜塔究竟是建造过程中无法预料和避免的地面下沉累积效应的结果，还是建筑师有意为之呢？进入20世

比萨斜塔与大教堂：

意大利比萨大教堂是意大利著名的宗教文化遗产，是意大利罗马式教堂建筑的典型代表。比萨斜塔不过是大教堂的一个钟楼，然而它特殊的外形却使得它喧宾夺主，更为著名。

意大利中部的比萨城内，有一座造型古朴而秀美的钟塔，它不仅以“斜而不倒”的外观令人赞叹，更因为伽利略在其塔顶做过自由落体运动实验而名扬天下，这就是比萨斜塔。

比萨斜塔上的古钟：比萨斜塔声名远扬，吸引着众多的游客前来观赏，但人们似乎更多地只关注它奇特的倾斜现象，而忘却了它只是一座钟楼。

纪，随着人们使用各种先进设备对地基土层进行精确的勘测，以及对历史档案的深入研究，一些事实逐渐浮出水面。

从现在的调查来看，比萨斜塔的倾斜应该是由于建筑师的疏忽造成的。该塔开始建造时也是笔直向上的，但造到第3层时，结构发生了倾斜。主要原因是建筑师对地质结构不太了解，那里的土层强度很差，而用大理石砌筑的塔身又重又高，加上地基仅3米深，所以造成了塔身的不均衡下沉，工程因此被迫停止。

170多年后，人们又继续施工。为防止塔身倾斜，建筑师尽量设法将塔的重心转移，但由于塔身底部三层倾斜已成事实，故全塔建成后，塔顶中心还是偏离了垂直中心线2.1米，而且随着时间的流逝，塔身还在不断地倾斜。尽管如此，比萨斜塔至今仍“斜而不倒”，高高地耸立在比萨中央教堂广场上。比萨斜塔因此闻名遐迩，被誉为“建筑史上的一大奇迹”。

3.被加剧的倾斜

比萨斜塔之所以会倾斜，是由于其地基下面土层的特殊性造成的。比萨斜塔下有好几层不同材质的土层，由各种软质粉土的沉淀物和非常软的黏土相间形成，而在深约一米的地方则是地下水层。这个结论是在对地基土层成分观测后得出的。最新的挖掘表明，钟楼建造在了古代的海岸边缘，因此土层在建造时便已经沙化和下沉了。

根据现有的文字记载，比萨斜塔在几个世纪以来的倾斜是缓慢的，它和地基下方的土层实际上达到了某种程度上的平衡。在建造的第一阶段第3层结束时，钟塔向北倾斜约0.25度，在第二阶段由于纠偏过度，1278年第7层完成时反而向南倾斜约0.6度，1360年建造顶层钟房时增加到1.6度。1817年，两位英国学者格雷斯和泰勒用铅垂线测量斜塔的倾斜度，结果是5度。人们将这一结果与1550年圣乔治·瓦萨里的勘测结果相比，发现斜塔的偏离仅增加了5厘米。因此，当时人们没有对斜塔进行特意的维修。

然而1838年的一次工程导致了比萨斜塔倾斜突然加速，人们不得不对其采取紧急维护措施。当时的建筑师在原本密封的斜塔地基周围进行了挖掘，以探究地基的形态，揭示圆柱柱础和地基台阶是否与设想的相同。这一行为使得斜塔失去了原有的平衡，地基开始开裂，最严重的是发生了地下水涌入的现象。这次工程后的勘测结果表明偏离加剧了20厘米，而此前267年的偏离总和不过5厘米。1838年的工程结束以后，比萨斜塔的加速偏离又持续了几年，然后又趋于平稳，减少到每年偏离约1毫米。

比萨斜塔：

比萨斜塔是比萨城的标志，因其对11至14世纪意大利建筑艺术的巨大影响，1987年和相邻的大教堂、洗礼堂、墓园一起被联合国教育科学文化组织评选为世界文化遗产。

【百科链接】

伽利略的自由落体实验

传说1590年，出生在比萨城的意大利物理学家伽利略曾在比萨斜塔上做自由落体实验，将两个重量不同的球体从相同的高度同时扔下，结果两个球体同时落地。由此发现了自由落体定律，推翻了此前亚里士多德认为的“重的物体会先到达地面，落体的速度同它的质量成正比”的观点。

伽利略生于1564年，卒于1642年。他是实验物理学的开拓者，被誉为“近代科学之父”。

英文名：Angkor
年　代：802年
位　置：柬埔寨暹粒省境内金边湖北面
特　色：世界上最大的宗教建筑群，世界七大奇迹之一

吴哥遗迹群

1.世界上最大的宗教建筑群

吴哥古迹坐落于柬埔寨暹粒省境内金边湖北面，南距暹粒市5千多米，共有大小建筑物600多座，散落在方圆45平方千米的丛林之中，其中有许多佛寺和宝塔，雄伟壮观。吴哥城和吴哥窟（吴哥寺）是吴哥古迹最主要的构成部分。

吴哥城亦称“大吴哥”，城为正方形，城墙高 7米，厚3.8米，每边长约3000米。城外有护城河和横跨护城河的大桥，城中庙宇、宝塔、皇宫鳞次栉比，庄严雄伟。城中央的主体是巴戎寺，巴戎寺由两座造型不同的建筑叠建而成，第三层台基上有一座高48米的大石塔，四周簇拥着48座小石塔。石塔四面皆雕有巨大的人面浮雕，代表佛教中的慈、悲、喜、舍四种无量心。

吴哥窟：

吴哥窟位于柬埔寨暹粒省境内金边湖北面，占地20公顷，是世界上最大的宗教建筑群。

吴哥窟建于12至13世纪，全部用砂岩石重叠砌成，周长约5千米，四周由宽190米的壕沟环绕，主体部分像一座方形的石城。寺内有三层台基，第二层台基四角各有一尖塔，第三层台基中央矗立一尖塔，高达42米，每层台基都有回廊环绕，最底层回廊上的石刻浮雕，是现今世界上最重要的艺术宝藏之一。回廊高约2米，长达800米，浮雕题材取自印度史诗《罗摩衍那》和《摩诃婆罗多》中的神话故事，也有一些反映当时高棉人的战争场面和生活情景。浮雕技法的娴熟，布局构思的精巧，令人叹为观止。

1431年，吴哥王国被暹罗人征服，人们纷纷逃离吴哥城，曾经盛极一时的吴哥城堡渐渐被人们遗忘，转而被高大茂密的森林覆盖。

1992年，联合国将吴哥古迹列入世界文化遗产。

2.谁是吴哥的建造者？

吴哥古迹到底是谁建造的呢？当地人传说是天神及巨人建造的。建造吴哥窟的大石板上下都有两个洞，可能是为了便于运输，但当地人都说这些石头长有四只脚，是它们自己走来建造了这个寺庙。他们认为吴哥窟的塔庙会作祟，所以都不敢接近这里。

吴哥窟中的佛塔：

吴哥窟是世界上最大的宗教建筑，主庙被一排排围墙包围着。吴哥窟中的一些巨型佛塔形似含苞欲放的荷花，奇特雄伟。

根据历史记载，802年，有个吴哥国王来到吴哥，以后这里就形成了古代吴哥王朝的国度。从保存下来的遗迹看，这里的人们信仰印度教、佛教。那么，这些人是从哪里来的？有人分析，他们是从印度经缅甸而来。但吴哥的建筑风格奇特，与印度的完全不同。也有人说吴哥的建造者是由海路顺湄公河而来。到目前为止，吴哥建造者及吴哥艺术的来源依然是个谜。

3.吴哥古迹的宗教意义

吴哥窟是依据印度教的世界观而建的。据印度宗教传说，世界的中心是一座位于大海之中的高山。这座高山就叫“须弥山”，是众神仙居住的地方。须弥山周围有四岳，日与月在山腰间运行。须弥山的周围还有四大洲，这便是吴哥窟主殿五座宝塔设计构想的起源。此外，高山被七重山、七重海一层一层地围绕，最外层的山是铁早山，也即世界的边缘。在这里它们便以环绕着主殿而建的重重回廊和护城河代替。

吴哥窟的佛像：

吴哥窟是人的杰作，但每个设计都是为了体现神性。置身于吴哥窟的佛像间，经常让人分不清自己究竟是站在神的领地，还是人的空间。

4.吴哥居民消失之谜

专家根据吴哥城的规模估计，这里曾生活着200万居民。这个拥有众多人口、宏伟建筑和庄严庙宇的城市，怎么会淹没在丛林中呢？这里的居民又去哪里了呢？

考古发现，吴哥城于15世纪上半叶就废弃了，随后渐渐荒芜。有人猜想是流行瘟疫或霍乱之类的传染疾病，使居民在短时间内全部死亡；也有人认为可能发生了内乱，人们互相残杀，最后城里空无一人；还有人说是外来敌人攻入了城市，把居民掳到别处做奴隶去了。但这些说法都缺乏充分的证据。

吴哥居民的神秘消失，给世人留下了一个难解之谜。吴哥人信奉印度教，而现在柬埔寨却没有印度教；吴哥人精于石头建筑，而后来的柬埔寨人则只是用毛竹造房子……这一系列问题都没有答案。

【百科链接】

发现吴哥古迹

1861年1月23日，博物学家亨利·利奥为了寻获热带动物，在柬埔寨藤蔓纠缠的丛林中探索。他愈走愈深，忽然眼前出现了一片壮丽奇特的景象，他一下子惊呆了：在莽莽林海中，五座高塔像出水的莲花蓓蕾突现在他的眼前，巨大的石雕和各种巍峨的寺庙清晰在目。亨利·利奥的这一发现，使宏伟壮观的吴哥古迹得以重见天日。

英文名：Taj Mahal
年 代：始建于约1632年
位 置：印度阿格拉附近的亚穆纳河畔
特 色：集中了印度、中东、波斯等众多的建筑艺术特点

泰姬陵

1.印度伊斯兰艺术最完美的瑰宝

泰姬陵坐落在阿格拉附近的亚穆纳河畔，是17世纪印度莫卧儿王朝第五代皇帝沙·贾汗为他的宠后泰姬·玛哈尔修建的陵墓，工程浩大，共历时22年才完工。

陵墓建筑在一座7米高、95米长的正方形大理石基座上，四周各耸立着一座高高的尖塔。陵墓东西两侧各屹立着一座红砂岩筑成的清真寺，顶部是典型的白色圆顶，这两座清真寺充分展现了泰姬陵的平衡之美。位于陵墓中央的寝宫高74米，上部为一高耸的穹顶，下部为八角形陵壁。寝宫门窗及围屏都用白色大理石镂雕成菱形带花边的小格，墙上用翡翠、水晶、玛瑙、红绿宝石镶嵌成色彩艳丽的藤蔓花朵，光线所至，光彩夺目，璀璨如天上的星辉。门廊的框上镶嵌着穆斯林经典——《古兰经》的经文。寝宫中央放置着泰姬·玛哈尔和沙·贾汗两人的大理石石棺，两座墓碑均用镶着精美宝石的大理石制成，刻有美丽花纹的屏风护卫在旁边。

泰姬陵建筑集中了印度、中东、波斯的建筑艺术特点，整个布局完美、和谐，代表了印度伊斯兰建筑的最高水平，是建筑史上不可多得的杰作。

2.神奇的美丽

泰姬陵选用了印度的大理石，中国的宝石、水晶和玉，巴格达和也门的玛瑙，斯里兰卡的宝石，阿拉伯的珊瑚等，有一种神奇的美丽。据说，泰姬陵最美丽的时刻，是朗月当空的夜晚，因为白色的大理石陵寝在月光的映照下会发出淡淡的紫色，清雅出尘，美得仿佛下凡的仙女。

泰姬陵：

泰姬陵是莫卧儿王朝第五代皇帝沙·贾汗为其爱妻修建的陵墓。泰姬陵由殿堂、钟楼、尖塔、水池等构成，全部用纯白色大理石建筑，并用翡翠、水晶、玛瑙、红绿宝石镶嵌成色彩艳丽的藤蔓花朵，具有极高的艺术价值。

泰姬陵是一座全部用白色大理石建成的宫殿式陵园，是集伊斯兰和印度建筑艺术于一体的经典作品。古老的爱情故事又使得这座建筑更加凄美迷人，连著名诗人泰戈尔都说，泰姬陵像“一滴爱的泪珠”。

沙·贾汗：沙·贾汗是印度莫卧儿王朝君主，1628至1658年在位。在沙·贾汗的统治期间，莫卧儿帝国的艺术和建筑成就到达顶峰，他为他所钟爱的妻子泰姬·玛哈尔在阿格拉修建了著名的泰姬陵。

泰姬陵旁的清真寺：

在泰姬陵两旁各有一座清真寺，以红砂岩建筑而成，顶部是典型的白色圆顶。兴建这两座清真寺的主要目的，是为了维持整座泰姬陵建筑的平衡效果，以达到对称之美。

泰姬陵外观的颜色会随着阳光、时间和季节的变化而变化。黎明时分，泰姬陵呈现出粉红色，似绽放的花朵；中午，泰姬陵呈白色，光芒耀眼；傍晚，泰姬陵呈灰白色，色泽柔和似珍珠。在圆月退去、星斗闪烁的时候，泰姬陵呈现出白色、琥珀色、灰色、金黄色等多种色彩；在阴云密布的日子里，泰姬陵就好似冬季薄雾中漂浮的海市蜃楼那样忽隐忽现。

泰姬陵内部墓室：

泰姬陵华丽的中央宫室里安放着一大一小两座棺椁，不过这只是两座空棺。沙·贾汗和泰姬·玛哈尔的真实棺椁安放在地下的另一间地室里。

3.美丽爱情的见证

沙·贾汗是莫卧儿王朝第五代帝王，他与泰姬·玛哈尔相亲相爱。泰姬·玛哈尔不仅天生丽质，而且心地仁厚。结婚18年，她不仅辅佐沙·贾汗处理政务，还为他生育了13个孩子。1631年，泰姬·玛哈尔在分娩第14个孩子时不幸难产身亡。泰姬·玛哈尔死后，痴情的沙·贾汗国王痛不欲生，头发因悲伤而变白，穿了近两年的丧服，甚至无心朝政。他发誓要建一座无与伦比的陵墓来纪念爱妻，以表达他对泰姬·玛哈尔刻骨铭心的爱。

于是，沙·贾汗亲自参加设计，动用大量的人力物力，终于在亚穆纳河畔完成了这件举世无双的杰作。沙·贾汗本想在亚穆纳河的另一边为自己建一座同样的黑色大理石陵墓，中间用半黑半白的大理石桥相连接，好穿越阴阳两界与爱妃相见。但他还没来得及实施这项计划，就被他的儿子篡夺了政权，他本人也被软禁起来。沙·贾汗只能每天在被软禁的地方远远地望着泰姬陵。1658年沙·贾汗死后，他被埋葬在爱妻身边。

4.陵墓的诸多含义

泰姬陵建筑群占有一大片长方形区域，南北长约580米，东西宽约300米，中间是一座正方形花园，边长约300米，由两条十字交叉的轴线划分为四等份，这种均匀对称的波斯式正规花园被称做“四分花园”。花园中心有一个凸起的白色大理石水池，4条红砂石砌成的长长的水渠笔直地通向四方，意味着从“伊甸园”流向世界四方的4条河流。而泰姬陵的前面是一条清澈的水道，水道两旁种植有果树和柏树，分别象征生命和死亡。

泰姬陵在总体设计上强调数学计算的精密、几何学构成的均衡、光学效应的变化、宇宙学图解的清晰；在审美基调上追求华贵的简洁、静穆的辉煌、水晶般的纯净和女性式的柔美，堪称巧夺天工。

【百科链接】

泰姬陵与“四”

泰姬陵的建筑概念与数字“四”密切相关：陵墓主体四周有四座高高的尖塔；位于陵墓主体前方的莫卧儿花园以两条十字交叉轴线划分成四个同样大小的长方形。那么，“四”代表着什么呢？“四”是伊斯兰教的神圣数字，象征着神圣与平和。这样的建筑配置方式显示了泰姬陵的高贵与圣洁，寄托了沙·贾汗皇帝对皇后的哀思。

英文名：The Triumphal Arch of Orange　位　置：法国巴黎戴高乐广场
年　代：建于1806至1836年　特　色：气势恢弘，浮雕精工细作，件件精美

巴黎凯旋门

1.巴黎的标志性建筑

巴黎凯旋门（以下简称“凯旋门”）是由戛尔格兰仿照罗马君士坦丁凯旋门设计的，但其工程量却是君士坦丁凯旋门的两倍多。凯旋门完全采用古典的构建方法，高49.54米，宽44.82米，厚22.21米。它基本上是一个巨型方墩，四面各开一门，中心拱门高36.6米，宽14.6米，拱的中心正好位于凯旋门长方形的中心。从协和广场到爱丽舍大街是一条凹形道路，越接近凯旋门地势越高，所以更让凯旋门显得雄伟高大。

凯旋门的每一面上都有许多精美的雕刻，右侧石柱上刻有著名的《出征》，拱门内壁还刻有558名为国牺牲的将军姓名。门的正下方有1920年11月11日设立的无名战士墓，墓前镌刻着“为祖国牺牲的法兰西战士在此长眠”的铭文。墓前点着长年不灭的火炬，还有每天供奉不断的代表法兰西国旗色标的红、白、蓝三色鲜花。每逢节日，就有一面10多米长的法兰西国旗从拱门顶端垂下来，在烈士墓上空高高飘扬。

凯旋门的圆形广场向外延伸出的12条大道，呈星光发射状，向四面八方伸展，树木葱郁，道路整洁，高楼林立，车辆行人川流不息。凯旋门本身就是一件艺术品，整座建筑物都雕有精工细作的浮雕，幅幅精美，令人赞不绝口。

拿破仑加冕仪式：

1804年12月2日，拿破仑加冕称帝。图中他正托起皇后的王冠，给跪在主教坛前的夫人约瑟芬加冕，而教皇庇护七世坐在拿破仑身后。参加加冕式的大臣、将军、官员、红衣主教和各国使节都列席在旁。

2.拿破仑伟大功勋的纪念章

1805年12月2日，正值拿破仑加冕称帝一周年，俄奥联军和法军在奥地利首都维也纳以北120千米的奥斯特里茨村附近展开决战。结果拿破仑运筹帷幄，一举摧毁了第三次反法联盟。

为纪念奥斯特里茨战役的胜利，1806年2月，拿破仑下令在巴黎市中心的星形广场建造凯旋门。当拿破仑于1814年被放逐到厄尔巴岛时，这项工程被迫中止。1815年2月，拿破仑偷偷返回巴黎推翻了波旁王朝，凯旋门又重新开工。可惜还没过半年，拿破仑又在滑铁卢遭遇毁灭性打击，被流放到圣赫勒拿岛。1821年5月5日，拿破仑在圣赫勒拿岛去世，被葬在岛上的托贝特山泉旁。法国人继续完成拿破仑的愿望，于1836年建成了这座宏伟的建筑。当时称“雄狮凯旋门”，后改称“星形广场凯旋门”。

1840年，法国七月王朝的路易·菲利浦派

【百科链接】

弗朗索瓦·吕德

弗朗索瓦·吕德（1784~1855年），法国雕塑家。在雕塑艺术领域，他与浪漫主义雕塑家德拉克洛瓦并驾齐驱，与19世纪法国最杰出的雕刻家乌顿、罗丹等人齐名。其代表作是巴黎凯旋门上的群像浮雕《马赛曲》。其他重要作品有《拿破仑像》《圣女贞德像》《爱神的胜利》等。

他的儿子将拿破仑的遗体接回。同年12月15日，拿破仑的灵柩运回巴黎，人们抬着灵柩穿过凯旋门后，把这位显赫一时的君王安葬在塞纳河畔的荣誉军人院。

《凯旋》浮雕：

这幅浮雕表现了拿破仑胜利归来后举行庆祝仪式的欢腾场面。

3.《出征》

凯旋门浮雕堪称世界艺术的瑰宝。凯旋门内墙的所有雕刻均取材于1792至1815年的法国战争史，共包含96场胜利战役的内容。在外墙西侧有《凯旋》《和平》《抵抗》《出征》四组浮雕，其中有的人物高达4.5米。刻在右侧面向爱丽舍大街的《出征》造型最美，描绘了威武雄壮的义勇军于1792年高唱《马赛曲》出征的光辉场面。

《出征》是浪漫主义大师弗朗索瓦·吕德的不朽杰作。在这件作品中，吕德塑造了1792年一群手持武器雄赳赳地走向战场，为自由、平等、博爱而战，为法兰西而战的革命英雄的形象。整件作品刻画了7个人物，包括6个志愿兵和1个富有寓意的女神。女神凌空飞腾，右手持剑。在女神之下，老军人与裸体小孩处于突出的位置；4名战士剑拔弩张，斗志昂扬。整个画面只通过7个人物，就反映出千军万马、一往无前的气势，洋溢着法兰西人民的爱国主义激情和争取自由的思想。

这块浮雕问世之后，立刻在思想性和艺术性上压倒了其他三块——考尔托维的《凯旋》和艾尔克斯维的《抵抗》以及《和平》。

《出征》浮雕：

巴黎凯旋门外墙上的巨型雕像，以这幅在右侧石柱上的《出征》浮雕最著名，是雕刻大师弗朗索瓦·吕德的不朽杰作。

4.如今的凯旋门

现在，凯旋门内设有电梯，可直达顶端的拱门，人们也可沿着273级螺旋形石梯拾级而上，上去后可以看到一座小型的历史博物馆。馆内陈列着许多有关凯旋门建筑史的图片和历史文件，介绍法国历史上的伟大人物拿破仑生平事迹以及558位随拿破仑征战的将军的名字。另设有两间配有英、法两种语言解说的电影放映室，专门放映一些反映巴黎历史变迁的资料片。

从凯旋门建成到今天，巴黎人民始终保留着这样的传统：每逢重大节日盛典，就有一名身着拿破仑时代戎装的战士，端着锋利的劈刀，守卫在《出征》雕像前，以此鼓舞法国人民为自由而战。每年的7月14日，法国举国欢度国庆时，法国总统也要从凯旋门通过。

凯旋门的无名士兵墓地是供来访的各国元首凭吊的场所。而凯旋门最奇特之处，据说是每当拿破仑周年忌日的黄昏，从香榭丽舍大道向西望去，落日恰好映在凯旋门的拱形圈里。

1988年6月至1989年7月，法国政府用了一年多的时间，对凯旋门门进行了全面维修。

英文名：Eiffel Tower
位　置：巴黎塞纳河南岸马尔斯广场的北端
年　代：于1887年1月26日动工建造
特　色：现代巴黎的标志

埃菲尔铁塔

1. “云中牧女”

埃菲尔铁塔是现代巴黎的标志，也是世界最著名的游览地之一。浪漫的巴黎人给铁塔取了一个美丽的名字——“云中牧女”。

埃菲尔铁塔于1887年1月26日动工，后于1889年5月15日开放，距今已有100多年的历史。它位于塞纳河南岸马尔斯广场的北端，塔身为钢架镂空结构，高320米，有海拔分别为57米、115米和276米的三层平台可供游览，第四层平台海拔300米，上设一座气象站。塔的顶部架有天线，为巴黎电视中心。从地面到塔顶装有电梯，并设有1710级阶梯。

埃菲尔铁塔是为纪念法国1789年资产阶级革命100周年和轰动世界的国际博览会在巴黎举行而建的。它以铁塔设计人——法国著名建筑工程师居斯塔夫·埃菲尔的名字命名，塔下有一座埃菲尔的半身铜像。

埃菲尔铁塔设计草稿：

从当初的饱受争议到后来的备受青睐，埃菲尔铁塔走过了一段不平凡的日子。埃菲尔铁塔如今是名副其实的巴黎宠儿，它已成为了巴黎的新坐标。图为埃菲尔铁塔主要设计者之一的莫里斯于1884年所画的草稿。

2.饱受争议的设计

如同巴黎所有的创新建筑一样，埃菲尔铁塔一开始即受到了大部分巴黎人的冷遇，更不用说那些建筑和城市规划专家尖刻的批评了。虽然铁塔的设计者埃菲尔宣称“法兰西将是全世界唯一将国旗悬挂在300米高空中的国家”，但这也无法打动那些反对铁塔设计方案的人士。《泰晤士报》上甚至刊登了由300人签名的反对埃菲尔的设计方案的呼吁书，他们认为这一剑式铁塔将会把巴黎的建筑艺术风格破坏殆尽，其中包括颇有名望的莫泊桑和小仲马等人。即使在铁塔落成之后，批评的声音也并未停息。建筑师加尼埃向政府请愿，希望把它拆除；法国著名诗人、象征主义代表人物魏尔伦每回路过铁塔都绕道而行，以避免看见它“丑陋”的形象。一时间，由埃菲尔铁塔引起的风波席卷了整个巴黎城。鉴于铁塔在第一次世界大战中在无线电通讯联络方面作出的重大贡献，反对的呼声才逐渐平息。从此，埃菲尔铁塔在巴黎城内有了一个正式的地位，它逐渐被接受、被喜爱，最终名正言顺地登上了画家们的画布。著名的风景画家瓦拉东的独生子乌特

里罗、原始派画家亨利·卢梭等都尽情地描绘过它。

3.钢铁制成的艺术杰作

埃菲尔铁塔采用交错式结构，由4条与地面成75度角的、粗大的、带有混凝土水泥台基的铁柱支撑而形成塔身，内设4部水力升降机（现为电梯）。它使用了1500多根巨型预制梁架、250万颗铆钉，由250名工人花了17个月建成，造价为740万金法郎，并且每隔7年油漆一次，每次用漆52吨。这一庞然大物显示了资本主义初期工业生产的强大威力，与其说是建筑，不如叫作“装配”更为恰当。从设计、分解、生产零件、组装到修整过程中，法国人总结出一套科学、经济而有效的方法，同时也显示出法国人异想天开式的浪漫情趣、艺术品位、创新魄力和幽默感。

就像第二次世界大战胜利后远渡大西洋、在纽约落户的自由女神像一样，埃菲尔铁塔在不和谐中求和谐，不可能中觅可能。它对于新艺术运动的意义，绝不能牵强附会地理解为只是从塔尖到塔基那条大曲线，或是塔身上面一些铁铸件图案花边。铁塔恰如新艺术派一样，代表着当时欧洲正处于古典主义传统向现代主义过渡与转换的特定时期。

从1985年圣诞节起，铁塔改用碘钨灯照明，夜晚塔身呈现金黄色，既节省了电，又更加美观。

4.巴黎的“三个瞭望台”

法国人说，埃菲尔铁塔是“首都的瞭望台”，事实的确如此。埃菲尔铁塔设有上、中、下三个瞭望台，可同时容纳上万人，三个瞭望台各有不同的视野，也带来不同的情趣。一个世纪以来，每年大约有300万人登临塔顶俯瞰巴黎市容。

从埃菲尔铁塔上俯瞰巴黎：

建成后的埃菲尔铁塔高达320米，一直到1931年都是全世界最高的建筑。站在塔上俯瞰巴黎，美景一览无余。

最高层瞭望台离地面276米，若沿阶梯而上，差不多要一个小时，当然也可采用电梯登高。这里最宜远望，全巴黎尽在脚下，当白天视野清晰时，极目可望至60千米开外。

中层瞭望台离地面115米。从这一层向外观望可以看到最佳景色：淡黄色的凯旋门城楼，绿荫中的罗浮宫，白色的蒙马圣心教堂都清晰可见。

最下层瞭望台面积最大，相当宽敞，设有会议厅、电影厅、餐厅、商店和邮局等各种服务场所。在熙熙攘攘的人群中穿行，人们好像置身于闹市，而忘记这里是57米的高空。这里是观赏巴黎近景的最佳地点：北面的夏洛宫及其水花飞溅的喷水池，塔脚下静静流过的塞纳河水，南面战神校场的大草坪和法兰西军校的古老建筑，构成了一幅令人难忘的风景画。

【百科链接】

居斯塔夫·埃菲尔

埃菲尔铁塔的设计者是法国建筑师居斯塔夫·埃菲尔。这位法国工程师不但是位金属结构专家，也是一位作家，早年曾在旱桥方面颇有研究。他一生中杰作累累，遍布世界，但使他名扬四海的还是这座以他名字命名的铁塔。用他自己的话说：埃菲尔铁塔“把我淹没了，好像我一生只建造了它”。

◁英文名：Statue of Liberty　　◁位　置：美国纽约
◁年　代：建造于1874至1886年　　◁特　色：世界上最大的雕塑

自由女神像

1.美国的骄傲和象征

自由女神像由法国雕塑家奥古斯特·巴托尔蒂和居斯塔夫·埃菲尔（他负责雕像的钢架）共同完成，这个象征着自由的雕塑是法国于1876年赠送给美国的礼物，以祝贺美国独立100周年。从那时起到现在，这个矗立在纽约港口的自由女神已经迎来亿万个到美国的移民。

自由女神像头戴桂冠，身披长袍，左手紧握美国《独立宣言》，右手高擎火炬，两眼安详地注视着前方，巍然地屹立在纽约湾的自由神岛上。

她身高46米，连基座92米，重达225吨，仅她高高举起的右手的食指就有2.45米长，是世界上最大的塑像。火炬顶部的瞭望台可以宽裕地容纳15个人。塑像体内共有22层、168级台阶，内部的电梯可以开到10层，游人还可循梯直登巨像顶部极目远眺。

自由女神像已屹立在美国纽约湾100多年了，她经受过无数次狂风与暴雨的洗礼，目睹了美国社会的风云变幻，已成为美国的骄傲与象征。

2.法国人的礼物

1876年是美国独立100周年。为表示对这一节日的祝贺，法国政府决定集资向美国赠送一件富有意义的礼物。他们委托雕塑家奥古斯特·巴托尔蒂设计一件大型雕塑品。

巴托尔蒂是一位热情的爱国者，曾为自由与共和制积极奔走呼号。拿破仑·波拿巴发动政变推翻第二共和国的那一天，巴托尔蒂在巴黎街头目睹了一个令他终生难忘的景象：一位少女手擎火把，高喊着“前进”跳越过路障。波拿巴的士兵朝着这位勇敢的少女开枪射击，少女应声倒地身亡。从那以后，这位高擎火把、不知名的少女就成为巴托尔蒂心目中争取和平自由的象征。

巴托尔蒂接受这一光荣使命后，经过反复考虑，决定为美国人民雕塑一尊自由女神像。女神的外貌设计来源于巴托尔蒂的母亲，而女神高举火炬的右手则是以巴托尔蒂的妻子的手臂为蓝本。神像下面的铁架结构由工程师居斯塔夫·埃菲尔来完成，他正是闻名于世的埃菲尔铁塔的设计者。经过巴托尔蒂与埃菲尔两位天才的精心合作，一件震惊世界的杰作终于问世。1875年，雕像初具雏形，这年11月，法国总统及

> 自由女神像：
>
> 自由女神像是法国于1876年赠送给美国纪念其独立100周年的礼物。女神的外貌设计来源于雕塑家巴托尔蒂的母亲，而女神高举火炬的右手则是以雕塑家妻子的手臂为蓝本。

美国驻法大使观摩了这尊雕像模型。在美国独立100周年的纪念会上，巴托尔蒂展出了自由女神擎火把的手臂，美国人看到后无不为之惊叹。

1886年10月28日，自由女神像最终在大洋彼岸的美国落成揭幕。美国总统克里夫兰致辞后，随着雷鸣般的掌声，“自由女神”向人们展露出庄严肃穆的面容。纽约港口岸边顿时欢声雷动，鼓乐齐鸣，气氛极为热烈。

自由岛：

自由岛地处纽约的入海口，与曼哈顿岛遥遥相望，因岛上的自由女神像而得名。自从1886年10月28日，美国克里夫兰总统在这里主持自由女神像揭幕式后，凡进纽约港的船只都从该岛经过。据估计，已有数百万移民从自由女神像那42英尺高的右臂下进入美国。

3.女神的“近况”

1982年，美国国家园林局的工程师向里根总统报告说，自由女神像的现况令人担忧。她的内体由2000个支撑铁杆加固组合，但许多铁杆锈得只剩下原来的一半。她那重达20万磅的铜皮外衣也被空气、酸雨等腐蚀得比原先薄了许多。火炬的一部分曾落入纽约港的海中，因此整个火炬和右臂的一部分也需重新更换。

里根总统：

美国第40任总统，他在历届总统中就职年龄最大，也是唯一一位演员出身的总统。里根总统任职期间，曾动员美国人拯救日益破损的自由女神像。

里根总统立刻动员全体美国人民来拯救这座雕像，在官方尚未发起这场募捐运动之前，美国人民就已开始慷慨解囊了。纽约的一个退伍军人组织举办了一场游乐晚会，募集到1100美元。泽西市的一个妇女俱乐部提出了一个颇为有趣的口号：“您捐赠的铜币将用来修补自由女神的铜袍”。

【百科链接】

巴黎的自由女神像

在法国首都巴黎，也有3座规模较小的自由女神像：一个陈列在市区中心的国家技术博物馆里，身高2.2米，这是制造纽约的自由女神像时参照的模型。另一个自由女神像耸立在塞纳河的一个名为天鹅岛的小岛上，是法国政府把自由女神像赠给美国后，侨居巴黎的美国人自愿捐款修建的，以表达他们对法国人民的感激之情，其规模仅及自由女神巨像的$\frac{1}{3}$。第三个自由女神像在塞纳河左岸的卢森堡公园，立于西侧的林木中，它的体积更小些。这些小的自由女神像远不如纽约的巨像引人注目，也没有什么名气，但也经常吸引人们驻足观望，并提醒人们：巴黎是自由女神的故乡。

◁英文名：Gaudi Architecture
◁年　代：风行于19世纪末至20世纪初
◁位　置：西班牙巴塞罗那
◁特　色：体现后现代思想的建筑

高迪建筑

1.巴塞罗那最前卫的建筑艺术家

西班牙的巴塞罗那素以独特的建筑艺术著称，但城中几乎所有最具盛名的建筑都出自一人之手。他就是被公认为巴塞罗那建筑史上最前卫、最疯狂的建筑艺术家——安东尼奥·高迪·伊·克尔内特。

作为用建筑表达思想的哲人，高迪对西班牙传统建筑进行了解构。他认为，建筑就是雕塑，就是交响乐，就是绘画作诗。在这一思想的指导下，高迪的建筑风格既不是纯粹的哥特式，也不是罗马式或混合式，而是融东方伊斯兰风格、现代主义、自然主义等诸多元素于一体的作品，是一种“高迪化”的建筑艺术。他拒绝在建筑物上使用直线，认为“直线式”是人为的，“曲线式”才是最自然的。由于高迪摒弃了彻头彻尾的直线设计，而采用不同一般的欧陆风格，因此他设计的艺术建筑物使巴塞罗那成为一座梦幻之城。

古埃尔公园：
古埃尔公园是一个开放式的空间，不管是石阶、石柱还是弯曲的石椅上都布满了马赛克，色彩斑斓，让人有身处梦境之感。

2.古埃尔宫和古埃尔公园

古埃尔宫是西班牙慈善家欧塞维奥·古埃尔委托高迪设计建造的，他也是高迪的主要资助人。古埃尔宫建成于1890年，是古埃尔家的住宅。在这座宫殿里有构建性和装饰性功能的拱门，蘑菇形状和双曲线条的柱头，具有抽象装饰物的烟囱。这座建筑在1944年被巴塞罗那参议院购买下来，1954年改为博物馆，现在是该市的剧院博物馆。

古埃尔公园由高迪设计并参与建造。它实际上是一处住宅区，包括大街、林荫路、广场、行道和步行街。工程开始于1900年，在高迪逝世后的20世纪30年代完成。现在，花园存留下来的部分可以说是高迪智慧的结晶，最能体现现代派的艺术风格。

3.高迪眼中最好的房子——米拉公寓

在巴塞罗那的帕塞奥·德格拉西亚大街上，坐落着一座纯粹现代化风格的楼房——米拉公寓。

马赛克蜥蜴喷泉：
这只以瓷砖拼贴、色彩艳丽的蜥蜴是古埃尔公园的镇园之宝。高迪以蜥蜴作为控制水匣的活门，既美观又巧妙，体现了设计师的幽默和童趣。

文明拾贝：在西班牙发现的最早的人类考古学遗迹，其年代可以追溯到什么时候？

它以怪异的造型而闻名于世，是高迪专门为实业家佩德罗·米拉设计的。

米拉公寓位于街道转角，地面以上共6层（含屋顶层），这座建筑的墙面凹凸不平，屋檐和屋脊有高有低，呈蛇形曲线。建筑物的造型仿佛是一座被海水长期侵蚀又经风化布满孔洞的岩体，墙体本身也像波涛汹涌的海面，富有动感。

在米拉公寓设计中，高迪将伊斯兰建筑风格与哥特式建筑结构相结合，采取自然的形式精心探索一种独特的塑性建筑。高迪自认为这是他建造的最好的房子，因为“那是用自然主义手法在建筑上体现浪漫主义和反传统精神最有说服力的作品”。

古埃尔公园长椅：

这是全世界最长的座椅，它原本是百柱厅的屋顶边缘，高迪结合围墙与座椅，做出了如同蕾丝滚边的曲折座位，并以彩色瓷砖拼贴，创造出丰富的视觉感受。

4. “石头构筑的梦魇”

高迪自1883年开始主持神圣家族大教堂的工程，直至1926年去世。在生前的最后12年，他完全谢绝了其他工作，专心致志于这一教堂的建筑。这是他一生中最主要的作品和最伟大的建筑，也可以说是他心血的结晶、荣誉的象征。

在设计教堂内部装饰时，他想方设法把《圣经》故事中的人物描绘得真实可信。为此，他煞费苦心地去寻找合适的真人做模特。此外，为了在一座门的正面表现被残暴无道的犹太国王希律下令屠杀的数以百计的婴儿形象，他还特地去找死婴，制成石膏模型，挂在工作间的天花板下面，工人见了都感到毛骨悚然。

螺旋形的楼梯、五颜六色的马赛克装饰、宛如从墙上生长出来的栩栩如生的雕像……这些都使庞大的建筑显得十分轻巧，有如孩子们在海滩上造起来的沙雕城堡。不过教堂显得有些恐怖，难怪有民众称之为“石头构筑的梦魇”。

神圣家族大教堂：

神圣家族大教高45米，每一处构造皆有含义：有3个立面，每一面有4座高塔，共12座，献给12位使徒；4座雄伟的钟楼分别献给《福音书》作者；还有两个巨大的圆形拱顶，高达170米，分别献给圣母和基督。

【百科链接】

高迪之死

1926年6月10日，巴塞罗那举行有轨电车通车典礼，全城沉浸在一片喜庆的气氛中。装饰着彩旗、鲜花的电车在欢快的乐曲声和雷鸣般的掌声中开动了，突然，电车把一位老人撞倒了！

起初，没有人知道他就是高迪。他穿着寒酸，形容枯槁，人们以为这个糟老头子只是个乞丐罢了。他被送到医院后不久就断了气。像所有横尸街头的流浪汉一样，再过几天他的尸体就该被送到公共坟场草草埋葬了。没想到有一位老太太竟然认出这个老头就是安东尼奥·高迪，他可是巴塞罗那最伟大的建筑师和最杰出的公民，是整个西班牙的骄傲！出殡那天，巴塞罗那万人空巷，全城的人都出来为他送葬、致哀！

◁英文名：Mount Rushmore　◁位　置：美国南达科他州的拉什莫尔山
◁年　代：雕刻于1927至1941年　◁特　色：20世纪人类雕刻艺术的杰作

拉什莫尔山雕像

1．“总统山”——拉什莫尔山雕像

全美闻名的拉什莫尔山耸立在南达科他州巴登兰以西不远的地方，山高1800多米，因山上雕刻有美国4位著名总统的巨大头像，所以被人称为“总统山”。从左至右，雕刻的4位总统依次是开国元勋乔治·华盛顿、《独立宣言》的起草者托马斯·杰斐逊、奠定20世纪美国基础的西奥多·罗斯福和解放黑奴的领导者亚伯拉罕·林肯。这些石像从下颏到头顶高18米，仅鼻子就有6米长。四个巨像如同从山中长出来似的，山即是像，像即是山，巨像与周围的湖光山色融为一体，成为著名的旅游胜地。每年有200多万来自世界各地的观光者到此来略巨像的风采。

拉什莫尔山雕像是20世纪相对现代的杰作，它们雕刻于1927至1941年间。

2 .20世纪人类雕刻艺术的杰作

这个不同凡响的艺术巨作出自美国艺术家格曾·博格勒姆之手。1923年，美国历史学家多恩·罗宾逊首先萌发出在拉什莫尔山上雕刻巨像的念头，但他只设想在山头上雕刻一些西部牛仔的形象以供人参观。1924年秋，他邀请博格勒姆前来观察地形。博格勒姆一眼望见由花岗岩组成的拉什莫尔山居于群山之上，沐浴在阳光之中，便认定这是他实现自己夙愿、雕凿美国4位著名总统头像最理想的地方。

1927年8月10日，柯立芝总统宣布将拉什莫尔山辟为国家纪念场，雕塑工程正式破土动工。工程伊始，资金全靠私人捐助，联邦政府后来才给予财政支持。由于经费短缺和气候恶劣，工程经常被迫中断，所以工期长达14个春秋，而实际施工时间只有6年半。工程动工之时，博格勒姆已年逾六旬，但他把自己的全部心血都倾注在了这件艺术杰作上，仅艺术造型，就反复设计达9次之多。1941年，博格勒姆与世长辞，没能亲睹工

拉什莫尔山总统雕像：
拉什莫尔山位于南达科他州的西部，花岗岩的一面山体上从左到右分别雕刻着乔治·华盛顿、托马斯·杰斐逊、西奥多·罗斯福和亚伯拉罕·林肯四位美国总统的头像。

乔治·华盛顿率军前往约克镇：

乔治·华盛顿，美国开国总统，美国独立战争大陆军总司令。图为独立战争期间华盛顿率军前往约克镇，准备围剿英军的场景。

程按计划完成。他的儿子林肯·博格勒姆继承父业，终于在1941年底完成了这项工程。

3.科学技术与雕刻的完美结合

在拉什莫尔山石像的雕刻过程中，施工人员采用了现代化的控制爆破新技术。他们用石灰浆勾勒出雕像的大致轮廓线后，再由工程技术人员根据构图需要，按照面积大小、深浅等不同要求，在工作面上用风钻和不同规格的钻头钻出符合要求的小洞眼，然后在小洞眼内填入不同的炸药，并引爆来“造型”。在爆破时需经过精心测算，爆破后的岩石距离成品仅为2.5厘米，可见其定向爆破技术的精湛。爆破后雕像毛坯显现了，数百名雕塑家再乘坐钢索牵引的钢质平台，凌空移动换面，对毛坯进行加工，用电铲一点儿一点儿加以修饰、磨平。所以说，拉什莫尔山的石像是科学技术与雕刻技艺的完美结合，是工程技术人员和雕刻艺术家携手合作，用血汗浇灌出的一朵奇葩！

4“总统山”英姿重现

位于美国南达科他州的“总统山”自雕刻完工后，至今已经历了多年的风吹日晒，其石像面部布满灰尘，模样也不似当年那般清晰。据纪念区的员工介绍，雕刻4位总统的岩石都是花岗岩，而花岗岩上易生苔藓，随着时间的推移，这些苔藓会让岩石产生裂缝，慢慢地裂缝越来越大，最终会让这座宏伟雕像裂成碎片。因此“总统山”所在的美国洛希摩尔国家纪念区不得不采取措施，为4位总统“洗脸”，让他们英姿重现。

承担此次清洗工作的是一个在清洗大型纪念物上经验丰富的德国公司，他们曾为世界上许多著名纪念建筑物做过清理，如巴西里约热内卢的基督像、德国柏林的勃兰登堡大门以及美国的自由女神像等。2005年，这个“洗脸”工程开始，耗时近4个星期。清洁工们借助缆绳悬空操作，用高压热水柱清除了雕像表面积存的灰尘、污垢和已经根植石像上的苔藓。整个清洗过程没有使用化学物质。这项浩大的工程顺利完工后，这4座雕像又重新“容光焕发”。

格曾·博格勒姆像：

1927年拉什莫尔山雕像开始动工后，雕塑家格曾·博格勒姆将自己的全部心血和精力都投注到了这项庞大的工程中，可惜在拉什莫尔山雕像完工前他就辞世了。

【百科链接】

拉什莫尔山雕像选址之谜

首先，拉什莫尔山主要由平整的、纹理细密的花岗岩构成。花岗岩非常坚固，且其化学性质非常稳定，具有耐侵蚀性。另外，海拔1800多米的拉什莫尔山是这一地区的最高峰，同时这座山的花岗岩裸露部分恰好朝向东南方向，这可以使雕像在一天的大部分时间内都沐浴在阳光下，从而呈现出更好的观赏效果。

Part 5

深邃厚重的历史名城

● 有着丰富历史的这些城市，既有庄严的宗教圣城，也有绚丽的艺术之都，更不乏饱经沧桑的千年名城。沉甸甸的历史在这些城市中化作了一砖一石，人们走在大街小巷都能感受到它们所有的光荣和辉煌、痛苦和彷徨。创造城市的人都定格在了历史的记忆中，唯有留存的古城以其独特的魅力代代延续。

英文名：Ancient City of Jerusalem
位　置：巴勒斯坦地区的中部
年　代：建于公元前10世纪
特　色：犹太教、基督教、伊斯兰教共同的圣地

耶路撒冷古城

1.世界名城

在浩瀚的地中海东面、巴勒斯坦地区的中部，有一座闻名世界的古城，这就是犹太教、基督教和伊斯兰教共同景仰的圣地——耶路撒冷。

耶路撒冷在希伯来语中意为“和平之城”，目前的耶路撒冷总面积126平方千米，人口70余万。通常所称的“圣城”即老城，位于东区，只占城市一小角，面积仅1平方千米，四面以城墙围绕，三教圣地均集中于此。老城之内又分为4个不同的区：东部为穆斯林区，西北部为基督教区，南部为犹太教区，西南部为亚拉米亚区（即亚美尼亚区，当地最早的居民区，亚美尼亚人曾建立过沙马尔王国）。城内主要建筑是宗教寺庙，居民多为宗教职业者和经营圣品的小商人。石头民房依山而建，街道狭窄、陈旧而带神秘色彩。

2.三教圣地

公元前12世纪末，犹太教诞生。不久，古以色列的大卫王统一犹太各部族，建立了以色列王国，定都耶路撒冷。大卫的儿子所罗门继承王位后，在耶路撒冷城南的郇山上建起庞大的犹太教圣殿，它极其壮丽华美，教徒们都去那儿朝觐和献祭敬神，于是耶路撒冷逐渐成为犹太人的政治中心和宗教圣地。

1世纪，基督教诞生，该教尊上帝之子耶稣为主。耶稣诞生于耶路撒冷以南17千米的伯利恒的一个山洞里，后来被带到耶路撒冷。他在这里谱写了传奇的人生，并在这里传教复生。这里有耶稣被钉死的受难地、最后一次晚餐的餐室、复活教堂等，因此基督教徒便把耶路撒冷奉为圣地。

7世纪初，伊斯兰教的先

圣城耶路撒冷：

耶路撒冷是位于近东黎凡特地区的一座历史悠久的城市，同时为犹太教、基督教和伊斯兰教三大亚伯拉罕宗教（或称“三大天启宗教”）的圣地。

知穆罕默德在阿拉伯半岛传教。相传在一天夜里，天使把沉睡的穆罕默德唤醒，给了他一匹有女人头的银灰色牝马，穆罕默德随天使由麦加来到了耶路撒冷，接着又踩在一块圣石上飞上了“七重天”并由此悟道。于是耶路撒冷也成为了伊斯兰教的圣地。

正由于耶路撒冷是三大宗教的圣地，因此，为了争夺这块圣地，历史上曾发生过多次残酷的战争。自建城以来，耶路撒冷曾18次被夷为平地，但每次之后都得到重建。

哭墙：

哭墙原本是第二圣殿庭院西侧的围墙，是犹太教徒的朝圣地。相传罗马人占领此城时，犹太人每逢安息日常来西墙下哭泣哀悼，以寄托对故国的哀思。此后，各地犹太人亦常来此号哭，故围墙得名“哭墙”。

3.亚伯拉罕圣石

耶路撒冷老城东区的摩哩山，是三教信徒一体膜拜的圣地。山上有一座俗名“圣石殿”的萨赫莱清真寺，寺中有一块黑褐色的花岗岩，即亚伯拉罕圣石，伊斯兰教徒把它视同麦加的克尔白玄石一样神圣，犹太人、基督教徒也朝它顶礼膜拜。

这块巨石历史源远流长。希伯来人曾在石头上举行宗教仪式，将活人作为祭品。传说亚伯拉罕根据主神耶和华的旨意，将他的儿子以撒捆在这块石头上，准备杀了献祭。耶和华被亚伯拉罕的虔诚感动，放了以撒，并预言道：“犹太人将在这块土地上衍滋昌盛。”后来，以撒的儿子雅各在这块石头上与天使摔跤得胜，天使赐其名曰“以色列”。

公元前10世纪，大卫的儿子所罗门在位时，大兴土木，在亚伯拉罕圣石上建造宏伟的神殿。石下建地下室秘藏金银财宝，并修筑了连接耶布斯人住地的秘密隧道，以供危急时撤退。因此，圣石成了犹太人最神圣的地方，即使最高祭司也只能每年来巡视一遍。后来罗马帝国君士坦丁大帝在神殿废墟上建了基督教堂，在亚伯拉罕圣石上造了祭坛，于是，这块石头又成了基督教的圣石。

【百科链接】

死海

去耶路撒冷，有一半路程要沿死海而行。死海是约旦和以色列的界海，是全球地表最低的地方，低于海平面近400米，因此又有“地球肚脐”之称。海中所含盐分是一般海水的6倍，鱼儿无法生存，岸边也没有植物，因此有了“死海”这个名字。死海的密度远远大于一般海水，人跳进死海不会下沉，反而可体验在其他海洋里无法感受到的漂游之乐。

4.圣殿里的“哭墙”

耶路撒冷犹太教圣迹哭墙又称“西墙”，是耶路撒冷旧城第二圣殿（即古犹太国第二神庙）护墙的一段，也是第二圣殿护墙的仅存遗址，有“叹息之壁”之称。该墙长约50米，高约18米，由大石块筑成。

犹太教把该墙看做是第一圣地，视为本民族信仰和团结的象征。教徒至该墙前时需痛哭，以表示对故国的哀悼并期待复国，故得名“哭墙”。

英文名：Ancient City of Ping Yao　　位　置：山西省中部
年　代：始建于公元前827至公元前782年间　　特　色：中国境内保存最完整的一座古城

平遥古城

1.中国境内保存最完整的古县城

平遥古城是中国境内保存最完整的一座古代县城，是中国汉民族城市在明清时期的杰出范例。平遥古城位于山西，始建于公元前827至公元前782年间的西周宣王时期，为西周大将尹吉甫驻军时修建。自公元前221年，秦朝政府实行“郡县制”以来，平遥城一直是县城所在地，并延续至今。平遥古城历尽沧桑，几经变迁，现在看到的古城是明洪武三年（1370年）进行扩建后的模样。扩建后的平遥城规模宏大雄伟，城周长6.4千米，是国内现存最完整的古代县城原型之一。

平遥古城是一座完全按照中国汉民族传统城市规划思想和布局方式修建的县城。在封闭的城池里，以市楼为中心，有4条大街、8条小街及72条小巷经纬交织在一起，它们功能分明，布局井井有条。城内古居民宅全是清一色青砖灰瓦的四合院，轴线明确，左右对称，特别是砖砌窑洞式的民宅更是具有很浓的乡土气息。全城现存四合院民居3797处，其中有400余处保存相当完好。此外，城池内还建有一些大小庙宇，老式铺面亦鳞次栉比，这些古色古香的建筑原汁原味地勾勒出明清时期市井繁华的风貌。

2. 400余座保存完好的古代民居

平遥古城普通的民居大都为清代修建，这些住宅体型较大，用料讲究。由于山西气候干燥，又未经战争破坏，所以这些民居大多数保存得相当完整。民居平面布局多为严谨的四合院形式，有明显的轴线，左右对称，主次分明，沿中轴方向由几套院组成，一般为三进院呈“目”字形的基本形式。院落之间多用矮墙和装饰华丽的垂花门作为分隔。有的在院落一侧或后面还建有花园。正房一般为三间或五间的拱券式砖结构的窑洞房，在窑洞房的前部一般都加有木结构的披檐和柱廊，上覆瓦顶。正房屋顶是平顶，一般可由两侧砖梯登上，有的

平遥古城墙：

平遥古城墙周长6.4千米，墙高约12米，把面积约2.25平方千米的平遥县城隔为两个风格迥异的世界。城墙以内街道、铺面、市楼保留明清形制；城墙以外则为新城。

还在屋顶上建有照壁式风水楼，也有的在窑洞上再建一层木结构双坡顶的房子。

全城保存得较完好的民居有400余座，其数量之多，保存之完好在国内实为罕见。其中，又以雷履泰故居、冀玉岗旧居、冀氏老宅、侯王宾旧居、王荩廷旧居、王沛霖旧居、程遵濂旧居、梁子章旧居、侯殿元旧居最具代表性。

3.平遥古城的象征——古市楼

古市楼耸立于平遥城的中心，与城墙为一个不可分割的整体，也是平遥古城的象征。古市楼始建年代不详，重修于清康熙二十七年（1688年），后曾有修补。结构为三重檐歇山顶木构架楼阁，通高15.5米，底层面阔，平面呈方形，纵横各为三间，筑砖石台基，四角立通天柱，外包砖墙，东西各有券门一道。二层平座回廊，前后隔扇门装修，内铺楼板，设神龛，南供关圣大帝，北祀观音大士，另奉魁星，屋顶装天花板，楼顶施彩色琉璃瓦，镶嵌成南（喜）北（寿）的精美图案。这是平遥古城内独一无二的楼阁式高层建筑，是登高俯临古城全貌的最佳去处。

4.古代雕塑博物馆——双林寺

三晋大地，古代寺庙星罗棋布，其中平遥古迹双林寺堪称艺苑奇葩，彩塑名扬海外，素有“古代雕塑博物馆”之誉。

双林寺位于平遥古城西南6千米的桥头村，是一座历史悠久的佛寺。寺中现存最古之碑为北宋大中祥符四年（1011年）“姑姑之碑”。其年代久远，字迹模糊，只有第二十行“重修寺于武平二年”尚可辨认。据此推算，该寺至今最少已有1400多年历史。双林寺建筑历经一千多年的风雨兵灾之患，庙貌逐渐毁坏。虽然历代皆有修葺，但在元末已到了“殿楹损壤，厅廊倾颓”的地步。现存建筑皆为明清时期重建或重修的。

彩塑自在观音：

双林寺的东侧为千佛殿，该殿属悬山式建筑，面宽七间。殿内彩塑达500余尊，占全寺彩塑的$\frac{1}{4}$。主像为自在观音，面相恬静妩媚，姿态舒畅自然。

雷履泰故居：

雷履泰是日升昌票号的首任掌柜，中国票号的创始人，在其发迹时，也同北方商人一样大兴土木 ，修建宅院。其旧居始建于道光年间，距今已有180多年的历史。

双林寺坐北朝南，占地面积约15000平方米，禅院在东，寺院居西。

双林寺中的唐槐、宋碑、明钟、彩塑以及古代建筑都是稀世珍宝，其中尤以彩塑艺术闻名于世。现存彩塑2056尊，大者丈余，小者尺许，它们继承了我国唐代以及宋、辽、金、元彩塑的优良传统，具有鲜明的写实风格，是我国明代塑像中的佼佼者。

【百科链接】

日升昌票号

日升昌票号旧址位于平遥古城内西大街路南，是中国第一家票号。它是一家专营存款、放款、汇兑业务的私人金融机构，开中国银行业之先河。它创建于道光四年（1824年），最终成为了中国最大的金融机构。其分号遍布全国30余个城市和商埠重镇，同时还在欧美、东南亚等国拓展业务，以“汇通天下”著称于世，促进了全国金融流通，对当时民族工商业的发展作出了杰出贡献。

◁英文名：Ancient City of Damascus　◁位　置：黎巴嫩山脉与叙利亚沙漠之间

◁年　代：建于公元前2000年前　◁特　色：著名的宗教、政治、贸易中心

大马士革古城

大马士革古城：

大马士革是一座有4000年历史的美丽古城，从古老的罗马帝国、拜占庭帝国、塞尔柱帝国、阿拉伯帝国、花剌子模帝国、伊儿汗国，到帖木儿帝国时代，大马士革一直被誉为“天国里的城市”。

1.中东古城

大马士革古城建于公元前2000年前，是中东地区最古老的城市之一。在中世纪时期，大马士革是繁荣的手工业区。

大马士革处于黎巴嫩山脉和叙利亚沙漠之间的地带，是历史上著名的宗教、政治、贸易中心，现为叙利亚的首府。阿拉伯的古书中，有这样一段话：“人间若有天堂，大马士革必在其中；天堂若在天空，大马士革必与它齐名。”在大马士革众多的古建筑中，记载古城不同时期发展历程的奥马亚大清真寺是朝圣者的首选，它也是伊斯兰教的第四大圣寺。

2.阿拉伯世界古文物荟萃地

公元前64年，罗马人占领了大马士革，大马士革变成罗马叙利亚省的一部分，并日趋繁荣。636年，拜占庭帝国军队失败后，大马士革被穆斯林占领。后来，在奥马亚王朝的哈里发统治时期（611—750），大马士革成为这个庞大帝国的都城，进入了黄金时代。1516年，大马士革和叙利亚一起被奥斯曼土耳其人攻占。随后，奥斯曼土耳其帝国统治大马士革达400年之久。近代，法国殖民主义者也在这里统治过30多年。

连绵不断的帝国战争，不计其数的天灾人祸，使大马士革的许多珍贵的历史文物遭到破坏。但是，今天漫步在大马士革城内，仍然会看到众多的文物古迹。全市有250座清真寺，其中建于705年的奥马亚清真寺是伊斯兰最著名的清真寺之一，也是世界上最古老和最富丽堂皇的清真寺之一。该清真寺附近的罗马神话中主神朱庇特的神庙遗迹和阿拉伯民族英雄萨拉丁的陵墓也是久负盛名的古迹。悠久的历史和众多的文物，使大马士革至今仍享有“阿拉伯世界古文物荟萃地”的美誉。

3.恺撒门与圣保罗教堂

大马士革古城四周有高墙环绕，共修建有八个城门，其中古城最东面的汤马士门，是至今为止保存最完整的。然而最富有传奇色彩的则是另一座看起来很普通的石砌城门——恺撒门。

相传当年耶稣基督的十二门徒之一圣保罗奉耶稣的旨意到世界各地传播福音。有一天，主给他以启示，要他进入大马士革，到城里去宣讲上帝的福音，因为这个城市里居住的是正大马士革是一座有4000年历史的美丽古城，从古老的罗马帝国、拜占庭帝国，一直到阿拉伯帝国时代，大马士革一直被誉为“天国里的城市”。

萨拉丁：萨拉丁（1138—1193）是埃及阿尤布王朝苏丹（1171年至1193年在位）。他不仅是伊斯兰教的英雄，在西方也被视为骑士精神的楷模。为了纪念这位浪漫的英雄，普鲁士皇帝还为大马士革的萨拉丁墓赠送了一座大理石棺。

在经受苦难的上帝的子民。圣保罗在进城之前被再三告诫，他必须从恺撒门进城，否则他将不能得到神的保护。圣保罗完全照做了，进入了恺撒门，来到大马士革。但是城里的异教徒发现了他，要捉拿他当众处死。无路可退的时候，他请人将他放在篮子里，从大马士革堡垒降到了恺撒门，而追他不放的敌人却跌倒在这城门里爬不起来，最终圣保罗因为信奉主的启示而获救。今天，人们可以在恺撒门旁边看到一座基督教堂，这便是为纪念伟大的门徒圣保罗修建的圣保罗教堂。这座大马士革最宏伟辉煌的教堂与恺撒门一起，成为古城的象征。

奥马亚清真寺内部装饰：

在奥马亚大清真寺金碧辉煌的殿内四壁顶棚上，不但雕有精致的花纹，还镶嵌着以黄金、宝石、大理石等制成的艺术雕刻。

4.经历3次火灾的奥马亚清真寺

大马士革古城之内共有250座清真寺，奥马亚清真寺是最著名的一座。它坐落在旧城中央，原本是一座基督教堂，到8世纪的时候，阿拉伯人占领了这个城市，奥马亚王朝的哈里发于705年亲自主持将之改建为清真寺。

这座清真寺富丽堂皇，3个高耸的尖塔分别代表伊斯兰各个时期的建筑艺术风格，它的大门高10米有余，礼拜大厅完全用巨大的石块建造，长136米，宽37米，里面有大理石石柱作支撑，大厅四壁和圆柱上雕刻着精致的花纹，厅顶垂挂着一盏偌大的水晶吊灯。大厅外的广场四周建有走廊，走廊的墙壁上有用金砂、石块和贝壳镶嵌的巨幅壁画，描绘出奥马亚时代大马士革的繁荣景象。但现在我们看到的并非它初建成时的面貌，在1000多年的历史中它共经历了3次火灾，最后一次重建是在1893年。

5.大马士革城堡

大马士革城堡始建于2000多年前，11世纪时彻底重建。城堡占地3.3万余平方米，用巨石垒建而成，四周围绕着护城河，河上架有吊桥。城堡建有用做瞭望和防守的高塔，城堡及城墙上有300多个射孔。在叙利亚历史上，有三位著名的阿拉伯苏丹都曾在这座城堡中指挥军队作战，抵御外族的侵略，他们分别是努拉尔丁、萨拉丁和扎赫尔·倍贝儿。这些伟大的民族英雄早已作古，但是其英雄事迹却千古流传。

【百科链接】

哈里发

伊斯兰教称谓。阿拉伯语的音译，原意为“代理人”或“继位人”。该词被用于指称穆罕默德逝世后继任伊斯兰教国家政教合一领袖的人，伊斯兰教初期执政的四大哈里发即属此范围。后来又为伍麦叶、阿拔斯等王朝的统治者沿用。

奥马亚清真寺：

奥马亚清真寺是伊斯兰教最主要的清真寺之一，被认为是伊斯兰教的第四大圣寺，也是阿拉伯文化遗存的典范。

英文名：Ancient City of Florence
年　代：建于公元前1世纪
位　置：意大利中部地区
特　色：历史悠久的意大利文化名城

佛罗伦萨古城

1.意大利文艺复兴运动的发源地

意大利中部城市佛罗伦萨是一座具有悠久历史的文化名城，它既是意大利文艺复兴运动的发源地，也是欧洲文化的发源地。市区仍保持古罗马时期的格局，尤其以中世纪建筑艺术为其特色。全市有40多个博物馆和美术馆，其中乌菲兹和皮提美术馆举世闻名，意大利绘画精华均荟萃于此。作为文化中心，该市内的大学、科学研究院与图书馆等文化场所随处可见。

百花大教堂：

百花大教堂建筑群由大教堂、钟塔与洗礼堂构成，1982年作为佛罗伦萨历史中心的一部分被列入世界文化遗产。

佛罗伦萨的旧译名是“翡冷翠”，在徐志摩的《翡冷翠一夜》中，“翡冷翠”说的就是佛罗伦萨。“翡冷翠”在意大利语中意为“鲜花之城”，虽然看上去有些匪夷所思，但是这个精致美丽的名字倒颇让人有些幻想。不过佛罗伦萨的基调并不真的如翡翠般嫩绿，色彩鲜艳的墙壁，深绿色的百叶窗，深红色的屋顶才是这里的标志性色彩。

2.百花大教堂

百花大教堂是佛罗伦萨的地标，因外观由粉红色、绿色和奶油白三色的大理石砌成，展现着女性优雅高贵的气质，故又称为“花之圣母大教堂”。

百花大教堂建于1296年。中央的巨大圆顶是由著名建筑家布鲁内勒斯基建造的第一座文艺复兴式圆顶，共花了14年的时间才完成，成为文艺复兴圆顶建筑的楷模。

佛罗伦萨人为了显示自己的地位，想把教堂的穹顶建为当时世界上最大的穹顶，使教堂延期将近20年。但是这一切都是值得的，这座前后花了150多年时间，经过好几代人的努力才最后完工的大教堂已经成为佛罗伦萨的代名词。若想登上大教堂的屋顶，可从右侧内礼拜堂边上的走廊上去。教堂正面进行过两次改建，教堂后的博物馆里收藏了许多伟大的艺术品。

3.艺术之宫——乌菲兹美术馆

在世界所有美术馆中，乌菲兹美术馆以收藏丰富的意大利文艺复兴绘画作品而闻名于世。乌菲兹美术馆建于1560年。实际上，这座由著名画家和建筑设计师G.瓦萨利督造的建筑本身就是文艺复兴建筑的一个代表作。该

乌菲兹美术馆：

乌菲兹美术馆坐落在意大利美丽的古城佛罗伦萨。对于艺术爱好者来说，它是佛罗伦萨最为瑰丽的奇葩，因为它珍藏了许多文艺复兴时期的珍品。

佛罗伦萨共有40多个博物馆和美术馆，60多座宫殿及许许多多的大小教堂，收藏着大量的优秀艺术品和珍贵文物，有“西方雅典”之称。它是世界上文艺复兴时期艺术品保存最丰富的地方之一。

圣乔凡尼礼拜堂：圣乔凡尼礼拜堂呈八角形，建于5世纪至8世纪间，是托斯坎尼地区罗马式建筑的代表。刻有人物浮雕的青铜门是它最引人注目的地方。

建筑位于维琪奥宫和阿尔诺河之间。瓦萨利将两栋平行延伸的狭长的3层楼建筑设计成互相连接的“U”字形，一楼遵照柯西摩一世的愿望，被建造成配有科林斯式石柱的连拱廊。这座建筑物夹着细长的广场对称地迂回，与维琪奥宫、佛罗伦萨大教堂红色的圆顶、平缓起伏的绿色斜坡、经过辽阔平野流向远方的河流等交相辉映，成为近代都市规划的典范之作。

乌菲兹美术馆以收藏绘画艺术品为主，是意大利最大的博物馆，也是欧洲第一个现代化的博物馆，素有“艺术之宫”之称。乌菲兹美术馆共有45个展厅（多按画派风格划分），每个展厅又根据不同的展览主题分成不同的展室，藏品超过10万件。乌菲兹美术馆珍藏了大批意大利文艺复兴时期的绘画作品、书籍资料及雕塑陶瓷等，其中不乏名家名作，如波提切利的《维纳斯的诞生》、拉斐尔的《金丝雀的圣母》、提香的《花神》等，其中《花神》是意大利的国宝级文物。

4.圣乔凡尼礼拜堂的青铜门浮雕

圣乔凡尼礼拜堂即面对着百花大教堂的八角形教堂，建于5世纪至8世纪之间，是托斯坎尼地区罗马式建筑的代表。

圣乔凡尼礼拜堂最具观光价值的就是三面青铜门浮雕：入口处南侧的青铜门是由安德烈·比萨诺于1330年制作的，门上28张图样是关于约翰传教的故事；东侧礼拜门是由吉尔伯提自1425年起花27年时间制作的，门上10张图样描述亚当和夏娃及《旧约圣经》的题材，被米开朗琪罗誉为“通往天堂之门”；北侧青铜门也是吉尔伯提的作品，门上浮雕由28张图样组成，主题是表现基督的生涯及其十二门徒的事迹。

【百科链接】

乔托钟塔

乔托钟塔位于百花大教堂旁边，由建筑家乔托于1334年开始建造，外观是一个四角形的柱状塔楼。乔托将粉红色、浓绿色、奶油色这三种颜色以几何学的配色方式调和，使建造出的钟塔与周围环境和谐统一。钟塔底部刻有精致的浮雕，塔内还有通达顶部的楼梯。

《春》：

《春》作于1478年，作者波提切利时年37岁，正处在他艺术生涯的巅峰时期。作品取材于当时著名诗人波利希安的寓言诗：一个早春的清晨，在优美雅静的果林里，端庄妩媚的爱与美之神维纳斯位居中央，正以闲散幽雅的表情等待着为春之降临举行的盛大典礼。

英文名：Ancient City of Venice
年　代：始建于5世纪
位　置：意大利亚得里亚湾西北
特　色：举世闻名的“水都”

威尼斯古城

1.水上都市

威尼斯是意大利东北部城市，主要建于离岸4千米的海边浅水滩上，有铁路、公路桥与陆地相连。它由118个小岛组成，并以180条水道、378座桥梁连成一体，以舟相通，有“水上都市”之称。

相传威尼斯的历史开始于453年。当时威尼斯地方的农民和渔民为逃避崇尚武力的游牧民族的袭扰，转而避往亚得里亚海中的一个小岛。8世纪时，威尼斯成为亚得里亚海贸易中心。10世纪时，威尼斯地区曾建立城市共和国，是地中海最繁荣的贸易中心之一。新航路开通后，威尼斯因欧洲商业中心转移至大西洋沿岸而衰落。1866年，威尼斯并入意大利王国，以旅游业和生产珠宝玉石工艺品而著称。现在作为驰名的旅游中心，威尼斯每年都有超过300万的游客前来观光。古老的圣马可广场是城市活动中心，广场周围耸立着大教堂、钟楼等拜占庭和文艺复兴时期的建筑物。离岸2千米处的线状沙洲——利多是欧洲最著名的海滨浴场，每年旺季游客云集。

【百科链接】

叹息桥

叹息桥建于1603年，因桥上死囚的叹息声而得名。叹息桥两端连接着原威尼斯共和国总督府和威尼斯监狱，是古代由法院向监狱押送死囚的必经之路。叹息桥造型属早期巴洛克式风格，呈房屋状，上部穹隆覆盖，封闭得很严实，只有临运河一侧有两个小窗。当犯人在总督府接受审判之后，重罪犯会被带到地牢中，在经过这座密不透气的桥时，只能透过小窗看看蓝天，想到从此将失去自由，便会不自主地发出叹息之声。

另外还有一个有趣的传说：一名死囚看见从前的恋人在桥的另一端与新欢亲热，不禁深深叹息，叹息桥从此成为见证恋人爱情的地方。据说恋人们在桥下接吻，他们的爱情就可以天长地久。

威尼斯狂欢节：

威尼斯狂欢节在世界上赫赫有名，目前是全世界四大狂欢节之一。节日里，人们戴上面具，穿上华服，彼此间问候：“你好，面具先生。”在陌生与神秘中体会快乐与放纵。

威尼斯是一个美丽的水上城市，它的风情总离不开“水”。蜿蜒的水巷，流动的清波，使得威尼斯就好像一个漂浮在碧波上的浪漫的梦，诗情画意挥之不去。但谁也看不出这个如此多情的城市，曾拥有全欧最强大的人力、物力、财力。

威尼斯外形像海豚，城市面积不到8平方千米。整个城市只靠一条长堤与意大利大陆半岛连接。

2.威尼斯最长的街道——大运河

在淤泥中，先祖们建起了水上威尼斯城。这个不到8平方千米的城市，却被一百多条蛛网般密布的运河割成一百多座小岛，岛与岛之间只凭各式桥梁错落连接，初来乍到的人很快便会迷失其中。好在有大运河呈“S”形贯穿整个城市，该运河号称“威尼斯最长的街道”。

沿着这条大运河，可以饱览威尼斯的风情而不用担心迷路。沿岸的近200栋宫殿、豪宅和7座教堂，多半建于14至16世纪，涵盖了拜占庭风格、哥特风格、巴洛克风格、威尼斯风格等，所有的建筑地基都淹没在水中，看起来就像水中升起的一座艺术长廊。平日里大运河就像一条熙熙攘攘的大街一样，各式船只往来穿梭其上，最别致的当然还是贡多拉小船。“贡多拉”是威尼斯的一大特色，据说其制作严格而又讲究：它长11米，宽近1米半，以栎木板为材料，用黑漆涂抹七遍始成。

3.世界上最美的教堂——圣马可教堂

圣马可教堂位于威尼斯市圣马可广场东面，它是中世纪欧洲最大的教堂，同时也是集拜占庭风格、伊斯兰风格和文艺复兴风格等各种风格于一体的杰作。

这座教堂是威尼斯执政官米斯蒂纳诺·帕尔蒂西帕齐奥于829年开始兴建的，原为存放耶稣圣徒、威尼斯庇护神圣马可的遗体的纪念建筑，故名圣马可教堂。其建筑豪华显赫，宏伟壮观，有“金色大堂”之称。927年毁于大火，后又于1043年至1071年由执政官多米尼克·孔塔里尼重建，1807年改为威尼斯主教座堂。

现存的教堂平面呈希腊十字形，上覆5座半球形圆顶，正面宽达51.8米，还有5座棱拱形的罗马式建筑的大门，顶部建有东方式与哥特式尖塔和各种大理石塑像、浮雕与花饰。中间大门的穹顶阳台上高高耸立着手持《马可福音》的圣马可塑像，6尊飞翔的天使簇拥在塑像之下。此外还有4匹著名的古代鎏金铜马和3根悬旗的青铜塔柱，其装饰之繁复，如瓔珞缤纷，不胜枚举，使圣马可教堂有了“世界上最美的教堂”之美誉。

教堂的中心部位有高耸的正厅和隆起的内殿，两侧翼廊另建有小礼拜堂以及由壁柱与圆柱支撑而成的供妇女专用的廊台。内殿正中有一块巨大的希腊大理石，因其呈波浪状纹理，被威尼斯人称之为“海石”。主祭坛之下是圣马可墓。祭坛后方高处建有宽3.4米，高1.4米的金色围屏，它包括80多幅描绘耶稣和圣母、门徒圣马可的瓷片，瓷片上用约2500多块钻石、翡翠、宝玉和水晶堆叠成有立体感的天使、先知、福音书作者和东方帝王像，这些都是中世纪金匠的不朽之作。再往后是浸礼所，其建筑辉煌华美，中心是大圣水盆，上面站着施洗者圣约翰的青铜塑像。

圣马可教堂：圣马可教堂是威尼斯的骄傲，是东方艺术、拜占庭艺术、古罗马艺术、中世纪哥特式艺术和文艺复兴艺术等多种艺术式样的完美结合体。

英文名：Ancient City of Prague
年　代：始建于9世纪
位　置：捷克拉贝河支流的伏尔塔瓦河畔
特　色：欧洲的历史名城

布拉格古城

1.千塔之城

布拉格是捷克共和国的首都和该国最大的城市，位于该国的中波希米亚州伏尔塔瓦河流域。

布拉格始建于9世纪。1345年至1378年，在查理四世统治时期，布拉格因成为神圣罗马帝国兼波希米亚王国的都城而达到鼎盛时期。第一次工业革命以后到第二次世界大战以前，布拉格属于欧洲工业较发达的城市之一。布拉格在奥匈帝国内拥有举足轻重的地位，当时曾是一个多民族混居的城市，多元文化是其显著特色。不过经过两次世界大战之后，布拉格已经基本上成为由捷克民族组成的单一民族城市。

如今的布拉格是一座著名的旅游城市，市内拥有为数众多的各个历史时期、各种风格的建筑，从罗马风格、哥特风格、文艺复兴风格、巴洛克风格、洛可可风格、新古典主义风格、新艺术运动风格到立体派和超现代主义风格都有体现，其中以巴洛克风格和哥特式风格为主。布拉格建筑给人整体上的观感是建筑顶部形式多变，并且建筑色彩极为绚丽夺目（红瓦黄墙），因而使该城拥有“千塔之城”“金色城市”等美称。

2.建筑之宝——圣维特大教堂

圣维特大教堂是历代国王举行加冕典礼的场所，有“建筑之宝”的美誉。这里收藏有波希米亚国王查理四世的纯金皇冠、金球及令牌，塔顶还有文艺复兴风格的大钟。教堂内的钟楼是俯瞰布拉格市景最好的地方，登高瞭望，就可以领略到令人屏息的百塔美景。

尖塔、尖拱顶与飞浮雕，是圣维特教堂外观的三大特色，此外该教堂还融合了巴洛克、文艺复兴等风格。教堂的大门是朝南的金色大门，门上有查理大帝与4位主要建筑师的半身浮雕。教堂内典雅宽

圣约翰雕像：

圣约翰雕像无疑是查理桥上众多雕像中最引人注目的一个，用生命保卫他人爱情的圣约翰得到了后人的尊敬和爱戴。无论何时，经过查理桥的人们总会停下脚步，观瞻圣约翰雕像的同时也为自己的爱情祈福。

查理桥：

查理桥以建造它的国王名字命名，承载着这个国家的光荣与历史。该桥始建于1375年，到15世纪初才告落成。

布拉格位于欧洲中部的波希米亚平原上，跨拉贝河支流伏尔塔瓦河两岸。始建于9世纪的布拉格依山傍水，是世界上最漂亮的城市之一。城中各种风格的建筑鳞次栉比，高塔攒聚，有“千塔之城”之誉。

布拉格天文钟：天文钟位于布拉格美丽的老城区广场北部旧市政厅的外墙上，主要由3个部分组成：能显示太阳和月亮在天空位置的钟面，一个到整点就会有耶稣十二门徒木偶轮流出来报时的装置和一个表示日月的转盘。

广，西门上的艺术极品“玫瑰之窗”将教堂内的光影抚弄得迷离游移。圣殿内侧的圣约翰之墓是1930年时，由巴洛克建筑师艾拉许运用20吨银打造，并饰以众多浮雕木刻的华丽之墓，据说圣约翰的遗骨迄今仍未腐烂。再往前则是圣温萨斯拉祭堂，那里有宝石磨光拼凑的图画墙、镶金光亮的哥特式金塔圣礼祭坛，件件都是艺术精品，让人大开眼界。教堂的地下室为皇室陵墓，保存了查理四世和他的4位妻子、温斯拉夫国王、玛利亚泰瑞莎女皇等人的遗体，此外这里还残留有10世纪圆形教堂的地基。

3.查理桥

查理桥之所以得名，与当时雄霸一方的国王查理四世有关。这位头顶神圣罗马帝国皇帝尊号、“史上最出色的捷克人”将自己的名字赐予该桥。1357年7月9日5时31分，大桥正式破土动工，这个时间数字的排列由当时御用星象家测算，是祈祷坚固和永恒的咒语。

查理桥全长516米，宽9.5米，由波希米亚出产的砂岩砌造而成，共有16座圆拱。桥墩两侧石栏上有30座造型各异的巨型人物雕像，他们大都是捷克历史上对天主教有重要贡献的圣徒。光墩座就高丈余，连同人像巍然矗立，人们只可仰望。雕像有独像，也有群像，简直就是露天的天主教雕像展。这些雕像并非与查理桥同时诞生，而是由布劳恩和布罗考夫等雕塑大师于18世纪初逐个添加，落成于不同年代。其中一座圣路易特盖尔达的雕像，居然耗费了雕塑家布劳恩26年的时间，是众雕像中艺术价值最高的一座，精美程度令人赞叹。这30座巴洛克风格的雕像和桥头早先遗留的罗马式尤蒂斯桥塔楼，与查理桥同时兴建的一东一西两座哥特式塔楼浑然一体，共同打造出今天查理桥的非凡艺术价值。

【百科链接】

为爱情祈福的圣约翰雕像

查理桥上的诸多雕像每一座都有故事，每一段故事都为后人唏嘘传颂，成为这座桥最吸引人的元素，这恐怕是当初建桥的查理四世没有想到的结果。其中最有趣、最引人驻足的是位于桥中段北侧的圣约翰雕像。圣约翰是一名主教，被当时支持宗教改革的国王杀害，尸体还被人从查理桥上丢入河中，这一场景被雕塑家刻在雕像的墩座上。这个故事还有另一个版本：国王怀疑皇后与人私通，逼迫皇后的祷告神父圣约翰说出皇后的情人是谁，圣约翰不从，被恼羞成怒的国王投入河中。圣约翰用生命保护了皇后的爱情，因此备受女人们的爱戴，每当经过他的雕像，妇女们都会抚摸墩座上的浮雕，为自己的爱情祈福。久而久之，这幅被磨得金光闪闪的浮雕便成了桥上最独特的景观。

英文名：Ancient Cities of Kathmandu
位　置：喜马拉雅山脉南麓
年　代：最早的古城帕坦约始建于298年
特　色：城内建有大量寺庙和佛塔

加德满都古城

1.尼泊尔的心脏

加德满都谷地坐落在印度与中国之间，位于举世闻名的喜马拉雅山脉南麓海拔1500米处，是尼泊尔的心脏。当地人称加德满都谷地为“科特巴尔”，意思是“剑劈出的峡谷”。巴格马蒂河及其支流穿过这片谷地，它东西长32千米，南北宽25千米。在其周围已经发现了许多遗址，包括巴德冈（有的译为“帕德冈”）、帕坦、加德满都接见厅（城市广场）、斯瓦亚姆布与博德纳特佛教圣庙、伯舒伯蒂与钱古·纳拉扬印度神庙等。

2.古老的传说

关于加德满都这个名称的来历，当地流传着许多有趣的传说，其中流传最广的一种说法与加德满都河谷有关，大意是这样：

远古时代，加德满都河谷是一个巨大的龙潭湖，人们为了生存，只得栖息在河谷两旁的高山上，行走十分不便。

一天，中国五台山的文殊菩萨路经这里，得知百姓疾苦，于是善心大发，挥起神剑，劈开一座大山，形成一个巨大的峡口，湖水沿峡口倾泻而出，湖水流走后该地形成一个富饶的谷地。于是，百姓欢天喜地地来到谷地，修建房屋，定居下来，这便是加德满都。

人们为了报答文殊菩萨的恩德，便在斯瓦亚姆布山上修建了一座文殊菩萨庙。直到现在，每年二月的春王节，许多当地百姓都满怀虔诚的心情，来到文殊菩萨庙，敬献香火，顶礼膜拜。

3.寺庙之城——加德满都

加德满都城现为尼泊尔的首都，面积50余平方千米，始建于732年。它原名“康提普尔”，意思是“光明之城”，历史上曾经是皇家首都与宗教中心。12世纪，李查维王朝国王用一棵独木建造了一座塔庙，成为城市的中心，以后城市围绕着塔庙扩建。到1593年，这里更名为“加德满都”，意思是“独木庙”。

印度教、佛教、喇嘛教三教汇聚于此，城内修建有大量的寺庙和佛塔。加德满都有寺庙2700多座，形成了寺庙多于住宅、佛像多于居民的独特景观，有“寺庙之城”的称号。

加德满都城因众多的寺庙和佛像以及一些其他类型的精美建筑而闻名于世。加德满都城

斯瓦亚姆布佛塔：

建于公元前3世纪，是亚洲最古老的佛教圣迹之一，也是尼泊尔开展国际佛教交流的中心。纯白色的塔基，金黄色的塔身，高耸的华盖与宝顶，在阳光照耀下交相生辉，它是斯瓦亚姆布纳特寺的主体建筑，被誉为尼泊尔佛教金塔建筑的杰出典范。

加德满都谷地位于喜马拉雅山南麓尼泊尔境内，面积570平方千米。河谷中坐落着加德满都、帕坦和巴德岗3座城市，俗称加德满都三镇。加德满都拥有2700多座佛寺，有“寺庙之城”的称号。

释迦牟尼金身塑像：据传佛祖释迦牟尼曾亲临斯瓦亚姆布山，并收1500名弟子。这尊高近7米的释迦牟尼金身塑像位于斯瓦亚姆布佛院北面新建的大乘教喇嘛寺中。

转经轮：

绝大多数尼泊尔人信奉藏传佛教，转经轮是他们不可或缺的法器。转经轮又称“嘛呢”经筒，与六字真言（六字大明咒）有关。藏传佛教认为，持颂六字真言越多，就表示对佛越虔诚，最终可脱轮回之苦。

内的斯瓦亚姆布佛塔有2500年的历史，是典型的佛塔建筑代表。塔的基座有5层，每一层形状不同，象征着“地、风、水、火”和“生命精华”。基座之上是13层鎏金尖塔，象征知识的13个层次。金色宝顶高耸入云，塔顶伞盖象征着“涅槃”的境界。佛塔周围建有方形坛和众多的小祭台。

加德满都市郊大峡谷的东西两侧，有两座栖居着数百只猴子的古庙。大小猴子整天围着寺庙里精美的石雕、尖塔、佛像嬉戏、晒太阳或玩耍，别有一番情趣，吸引了众多的游客。

4.精致艺术之都——帕坦

尼泊尔著名的古城帕坦也在这个谷地上。它位于加德满都城以南5千米处，约建于298年，是尼泊尔最古老的城市，也是古代加德满都谷地的商业中心。11至18世纪，尼瓦人的帕坦王国定都于此地。这里不仅是加德满都谷地又一个建筑艺术的集中地，而且也是大乘金刚佛教以及尼瓦传统工艺的大本营。这个城市是按照佛教经轮形状设计的，城市正中有一座覆钵式佛塔，以皇宫为中心，四方的佛塔呈放射状分布。国王居住的皇宫内，有精美的浴室和华丽的宫殿。城内有136座寺庙，还有55座尼瓦多层屋顶庙宇，有“精致艺术之都”之称。

帕坦的杜尔巴广场及广场四周尖塔庙宇林立，帕坦旧皇宫就在广场之上。旧皇宫包括慕尔宫院、毕迪亚寺和塔蕾珠寺，建于1666年。附近还有一座德古塔蕾庙，是当时马拉王族奉祀的神庙。

5.信仰者之城——巴德冈

巴德冈又名“巴克塔普尔”，梵文意思为“信仰者之城”，位于加德满都以东约14千米处，始建于389年。13世纪，马拉王朝在这里定都，直到1768年，这里都是尼泊尔的政治文化中心，也是中世纪尼泊尔艺术和建筑的发源地。

市中心广场中央的“五十五窗宫”是马拉王朝的故宫。广场一侧还有著名的尼亚塔波拉塔，建在石砌的5层台阶上，又称“五层塔”。巴德冈最著名的名胜是黄金门，大门的镀铜门框上雕刻着许多神灵，门楣镶嵌在大门上方，上面刻有摩诃维希那瓦神像和鹰神葛鲁达。镀金屋顶以大象和狮子为装饰，盖在黄金大门上边。此门是马拉国王札亚蓝吉下令建造的，是当时众多尼泊尔优秀工匠的杰作。

【百科链接】

尼泊尔的“德赛节”

又称杜尔加祭典，每年9月至10月间的月圆之时在尼泊尔各地举行，连续进行9天，因而又叫"九夜节"，意为"女神的九夜"，相传是为了纪念降魔女神杜尔加战胜恶魔玛希哈的节日。另外，因为这个时候正是秋谷登场的前夕，人们也在节日里庆贺一年的丰收。

◁英文名：Old Towns of Djenné
◁年　代：正式建立于765年
◁位　置：马里中部尼日尔河内三角洲最南端
◁特　色：独特的撒哈拉-苏丹建筑风格

杰内古城

1.“尼日尔河谷的宝石”

杰内古城被世人誉为“尼日尔河谷的宝石”。在14至16世纪末被摩洛哥征服前，杰内是西非最美丽的商业城，自公元前250年开始该地区便有人居住。杰内建城后发展成撒哈拉黄金贸易的中心，15至16世纪间杰内成为伊斯兰教义传播的中心。

杰内古城参与了和非洲、马格里布以及欧洲之间的贸易往来。它和廷巴克图相互联系，并拥有一支庞大的船队。同时，它也是伊斯兰教的传播中心，十五六世纪是杰内古城的繁荣发展时期。16世纪末，杰内古城在外敌的不断入侵下衰败了。

2.热带水乡

杰内古城毗邻撒哈拉和多雨的苏丹地区，建造在尼日尔河流域一个防御性的小岛上（尼日尔河三角洲的最南端、尼日尔河支流巴尼河的左岸），从河边到廷巴克图只有500千米。碧绿的巴尼河缓缓流过市区，市内沟渠纵横，小桥卧波，流水潺潺，各式建筑掩映在高大挺拔、郁郁葱葱的芒果树、棕榈树、香蕉林中。城内百花竞放，芳草如茵，向人们展现出一派热带水乡泽国的城市景象。

杰内古城区的民宅也独具风格：数户人家居住在一个硕大的方形院落内，两层平顶式住房整齐划一地面向院落中央的公共场院，四周是以泥沙抹面的院墙，远远望去，高于院墙的宅舍犹如一块块切削整齐的光面巨石。院落仅有一个供出入的大门，木制的院门上钉有粗大的铁钉，住户轮流在出入口担任警卫职务，迎宾送客，护卫各户的财产。在炎热的西非地区，这种民宅造价低廉，朴实大方，隔热防尘，舒适宜人，经久耐住，曾享誉一方，如今在许多西非国家仍然保留着这样的民宅。

杰内古城作为一座著名的历史文化古城，还为研究西非早期的水稻种植、青铜器和铁器的使用以及伊斯兰教在西非地区的形成和发展提供了极为珍贵的资料。

3.苏丹建筑艺术的代表

杰内古城所在的小山丘位于没有任何村庄的平原中部，处在尼日

> 杰内古城：
> 杰内古城正式修建于765年，兴起于奴隶贸易和黄金交易的繁荣时期，是古代西非的商业中心。

杰内古城以光辉灿烂的伊斯兰文化和盛极一时的摩尔式建筑闻名于伊斯兰世界和撒哈拉以南的热带非洲地区，是一座富有珍贵历史文化价值的城市。

杰内大清真寺：该寺是1907年至1909年按15世纪苏丹建筑风格重建的，建造时没有用一砖一石，而是用一种特殊的黏土和椰树树枝为骨架建造而成，建筑面积达3025平方米。

造型奇特的杰内建筑：

杰内古城民居的院墙是用泥沙涂抹的，画有装饰的壁柱、雉堞以及护墙，使建筑立面及其互不相连的通道显得精细别致。

杰内传统手工织品：

极具非洲风情和杰内特色的手工纺织品，上面的人物和花纹看起来具有一种野性和古朴之美。

尔河泛滥时淹没不到的地方。其中大清真寺占据了集市广场，宽窄不一的蜿蜒的沙石街巷向广场两边延伸，总共占地20万平方米，由防护城墙围挡的11个街区形成了自然的城市规则。

在古代，杰内古城是繁华的商业中心，以光辉灿烂的伊斯兰文化和盛极一时的摩尔式建筑闻名于伊斯兰世界和撒哈拉以南的热带非洲地区，是一座富有珍贵历史文化价值的城市。城内的古建筑约有2000座，都被完好地保存下来。为了适应季节性洪水，房屋建在了小丘之上。

杰内古城建筑风格统一，是苏丹建筑艺术的代表。用灰泥涂抹的实心黏土块是气候干旱国家的常用建筑材料。画有装饰的壁柱、雉堞以及护墙，使建筑立面及其互不相连的通道显得精细别致。作为城市景观主体的大清真寺丰富了城市的立体线条。杰内古城是前伊斯兰文化在尼日尔河内三角洲发展的杰出典范，整个古城更是一段辉煌历史时期的展现。

4.用黏土和树枝建造的清真寺

杰内古城中最值得夸耀的，是城中央那座1907至1909年间按15世纪苏丹建筑风格重建的杰内大清真寺。它造型奇特，建造时没用一砖一石，而是用一种特殊的黏土和椰树树枝为骨架建造而成，占地面积6375平方米，建筑面积达3025平方米。

在寺内，100根粗大的四方体泥柱支撑着祈祷大厅的屋顶，屋顶上密密地排列着104个直径10厘米的气洞。寺院的主墙是由3座塔楼构成的，塔楼在5根泥柱的连接下成为一体。高大宽阔的寺门更是壮观。该清真寺向外突出的房架巧妙地起到了装饰效果。式样独特、结构新颖的寺院是苏丹建筑艺术和撒哈拉建筑风格的完美结合。重建的清真寺被视为非洲建筑史上的一大杰作，也是西非伊斯兰教的象征。不过这里只有伊斯兰教徒才能入内。

【百科链接】

摩尔式建筑

摩尔式建筑的特色包括不加装饰的拱顶、简单的圆拱马蹄形，或是拥有繁复装饰的拱形、有亮丽釉彩的青花瓷砖以及阿拉伯文或者几何图形的装饰。在开放空间中，水是重点，通常花园中会有喷泉或水道，而建筑物前的水池则有制造倒影并结合光线产生明暗变化的作用。

巴基斯坦伊斯兰堡的沙阿·费萨尔清真寺。它占地18.97万平方米，光是大厅和庭院就能容纳10万名朝觐者。

英文名：Old Town of Lijiang

位　置：中国云南省丽江纳西族自治县

年　代：始建于13世纪后期

特　色：融合了多种民族建筑艺术的精华

丽江古城

1.茶马古道上的重镇

丽江古城位于云南省丽江纳西族自治县，地处云贵高原地区，是“茶马古道”上的政治、军事和文化重镇。

明朝地理学家徐霞客在《滇游日记》中用“民房群落，瓦屋栉比”来描述当时丽江城的盛况。丽江古城在明朝末期居民已达千余户，城镇营建也已颇具规模。如今，我们可以看到丽江古城内的街道一般是依山傍水修建，以红色角砾岩铺就，石上花纹图案自然雅致，与城市环境相得益彰。城内还保存着大片明清时的民宅，均是土木结构的瓦屋面楼房，多为三坊一照壁的格局。庭院内种植花木，摆设盆景。城内水渠密布，跨水临渠的建筑十分普遍。丽江古城的建筑布局灵活，注重装饰，精雕细刻，融合了纳西、白、藏、汉各民族建筑艺术的精华。

2.中国唯一一座没有城墙的古城

丽江古城是由大研古城、白沙古镇、束河古镇这三个相对独立的城建单元共同组成的统一体，主要部分是大研古城。大研古城坐落于玉龙雪山脚下的金沙江畔，古城东南是数十里的良田阔野，其整体形状犹如一块碧玉大砚，所以取名大研古城（砚与研同音）。大研古城地处滇、川、藏交通要道，古时候频繁的商旅活动，促使当地人丁兴旺，很快成为远近闻名的集市和重镇。从元初至清初的近五百年里，丽江地区皆为中央王朝管辖下的木氏土司世袭统治。据说，木氏土司家族比较忌讳修筑城墙，因为这样像给“木”字加框，变成了“困”字，很不吉利。所以，丽江古城就成为我国历史文化名城中唯一没有城墙的古城。

丽江古城风貌：

丽江古城历史悠久，古朴自然，城市布局错落有致，既具有山城风貌，又富于水乡韵味。丽江民居既融和了汉、白、彝、藏各民族民居的精华，又有纳西族住宅的独特风采，是研究中国建筑史、文化史不可多得的重要遗产。

丽江壁画：

丽江壁画布局周密，色彩富丽，造型精美，人物形象逼真，明显吸取了东巴画风格粗犷、笔法洗练等特点，具有很高的艺术成就。

3.东方威尼斯——大研古城

大研古城依山傍水，古朴如画，其街道、住宅、桥梁、水流浑然一体，处处透出自然与和谐。大研古城内的屋宇，因地势和流水而错落起伏，一般由木石与泥土构筑而成，既美观实用，又风格独特。

四方街位于大研古城中心，是历代的集市中心，也是丽江古街的代表，据说是明代木氏土司按其印玺开头形状而建。从四方街四角延伸出四大主街，四通八达，周围小巷通幽，如蛛网交错，往来顺畅。街道全用五彩石铺砌，平坦洁净，晴不扬尘，雨不积水。几乎每条街道一侧都伴有潺潺流水，水边杨柳垂丝，柳下小桥座座，形成“家家流水，户户垂杨”的独特风貌，被誉为“东方威尼斯”。

在大研古城区内的玉河水系上，修建有354座桥梁。桥梁的形制多种多样，较著名的有锁翠桥、马鞍桥、仁寿桥等。城内早年依地下涌泉修建的白马龙潭和多处井泉至今尚存，人们创造出“一潭一井三塘水”的用水方法，即头塘饮水、二塘洗菜、三塘洗衣，既科学又卫生。居民还以水洗街，只要放闸堵河，水溢出石板路面顺势下泄，便可涤尽污秽，保持街市清洁。

4.少数民族艺术的奇葩——丽江壁画

明朝时期，丽江木氏土司统治处于鼎盛时期，于是大建宫室，建成了一批颇具规模的建筑群。如现存的白沙琉璃殿、大宝积宫和大定阁等庙宇均为该时期所建。为了装饰庙宇及宗教用途，土司组织汉、藏、白等民族画家在庙宇内绘制各种壁画，共历时300多年才完成。

丽江壁画主要分布在古城及周围15座寺庙内，以遗存于丽江白沙村大宝积宫的壁画最为杰出。大宝积宫现存壁画558幅，其中琉璃殿所存的壁画为丽江壁画的精华之作。这些壁画把多种宗教及各教派内容融合并存，反映了纳西族宗教文化的特点。如大宝积宫的大型壁画《无量寿如来会》，就是把汉传佛教、藏传佛教和道教的百尊神佛像绘制在了一起。

【百科链接】

纳西古乐

纳西族人大都能歌善舞，在古城多彩的节庆活动中，除了通宵达旦表演的民族歌舞和乡土戏曲外，业余演奏的“纳西古乐”最为著名。其中，《白沙细乐》为集歌、舞、乐为一体的大型古典音乐套曲，被誉为“活的音乐化石”；另一部《洞经音乐》则源自古老的道教音乐，它保留了许多早已失传的中原辞曲音韵。

大水车：

位于古城与新城交界处的大水车是丽江古城的标志，来往穿梭的旅人们总免不了停下脚步和它合影留念。

◁英文名：Maritime Greenwich

◁年　代：于15世纪初始具规模

◁位　置：英国伦敦城外的泰晤士河畔

◁特　色：国际标准时间的产生地

格林尼治古城

1.“伦敦咽喉”

距离伦敦城8千米的泰晤士河畔，有一座闻名世界的小城——格林尼治。从海上经过泰晤士河河口进入伦敦的船只，必须从这里经过，因此这里有“伦敦咽喉”之称。15世纪初，英国王室就将此地作为卫戍伦敦的要塞，在这里设置炮台和瞭望塔，还在这里修建了许多宫殿。

格林尼治的著名建筑不胜枚举。位于格林尼治附近的建筑和花园，分别是17世纪和18世纪以科技和艺术两种风格建造的典型产物。比如，英国第一个具有帕拉迪奥风格的建筑“皇后之屋”是由伊尼哥·琼斯建造的皇家海军学院是由顶级建筑大师克里斯托夫·雷恩设计建造的花园以建筑师安卓的设计为基础格林尼治皇家天文台则是雷恩和科学家罗伯特·胡克二人的杰作。

2.国际标准时间的产生地

1675年，英王查理二世决定在格林尼治山顶的瞭望塔处建立英国皇家天文台。那时英国正在进行大规模海外殖民，但海上航行只能凭借日月星辰来判断船只所处的纬度，而无法确定其经度。于是英王规定皇家天文台的任务是寻求确定经度的办法。到1767年，经过几十年的努力，格林尼治的皇家天文学家们摸清了主要天体的准确位置和运行规律，制成了世界上第一张海图。之后，英国的海员可以根据星星的位置确定船的方位。1884年6月26日，国际经度会议通过决议：以通过格林尼治天文台的经线为本初子午线，即零度经线，以此计算地球上的经度；以格林尼治为世界时区的起点；以格林尼治天文台计时仪器来校准时间。从此，格林尼治因其天文台而闻名于世。1924年，格林尼治天文台第一次通过英国广播公司向太空播发时间信号，使世界无线电听众可以根据这种时间信号校正自己的钟表。

3.皇家海军学院

格林尼治皇家海军学院，因坐落在伦敦郊外的格林尼治而得名。皇家海军学院是整个格林尼治最壮观的建筑，也是具有井然有序的轴线配置和匀成比例的古典主义建筑。学院最早是供海军伤病官兵进行疗养的皇家医院。1873年，皇家医院转型为皇家海军学院，成为训练当时世界上最强大的英国海军的主要场所。

格林尼治天文台：

也称旧皇家天文台，位于格林尼治公园的小山坡上，由鼎鼎大名的建筑师雷恩设计，屋顶下有英国最大的天文望远镜。另一端同样由雷恩设计的弗兰斯提之屋，是英国第一位皇家天文学家弗兰斯提研究天文之处，屋顶上方的红球每到下午1点钟就会从杆上掉落，让航行于泰晤士河的船只对时。

格林尼治城是一座拥有世界时区起点和皇家夏宫的历史古城。它位于伦敦东南泰晤士河南岸，是海上船舶从泰晤士河进入伦敦港的必经之地，有“伦敦咽喉”之称。

皇家海军学院：皇家海军学院位于伦敦格林尼治，1694年初为海军医院，1873年改作皇家海军学院，由克里斯托夫·雷恩设计建造。

皇后之屋：

皇后之屋与海事博物馆相连，1637年完工，后来成为查理一世和玛利亚皇后的住所。因为玛利亚皇后非常喜爱这个宅第，故逐渐形成了“皇后之屋”的称呼。

学院内部分四个区：左上区为教室；右上区悬挂历代海军将领的画像、著名海战画等，纳尔逊的画像即收藏于此；右区楼下为餐厅、教堂；左区楼下为模型陈列室，数百年所造船式皆在其中。学院教授的学科分为数学、物理、化学、炮台、机器、外语等。中国政府早期派遣的海军留学生大都就学于此。

4.首开帕拉迪奥风格的“皇后之屋”

斯图亚特王朝首任君主詹姆士一世委任从意大利归国的新锐建筑师伊尼哥·琼斯，为自己的爱妻安妮皇后在都铎王朝的宫殿原址上盖了一栋万世长存的“皇后之屋”。不料詹姆士一世将该案托付给琼斯之后，安妮皇后却在三年内不幸殒命，建造工程因此暂告终止。

后来，这栋尚未完工的房子又被转赠给继任皇位的查理一世。他的皇后玛利亚对格林尼治的环境颇为喜欢，也相当赏识琼斯的设计风格，便于1629年由琼斯继续完成该屋的兴建。

“皇后之屋”是英国有史以来第一栋呈现帕拉迪奥风格的建筑物。所谓“帕拉迪奥”，原本是文艺复兴末期一位意大利建筑师的名字，他的设计概念源自欧陆古文明，除了重视建筑外观的对称与和谐外，也考虑到内部的使用功能，比起一味强调华丽繁复的都铎时期建筑物，更给人一种清新可喜的安宁感。“皇后之屋”是英国帕拉迪奥风格的开创者，它的存在和影响力大大改变了17世纪以后的英国建筑风格。

17世纪中叶在格林尼治所建的房屋，目前还能见到的尚有两栋：一栋是1669年由约翰·韦伯所建的查理王之屋的东翼；另一栋是由雷恩和罗伯特·胡克在1675年所完成的弗兰斯提屋，它是皇家天文台的一部分。前者虽然只是查理所规划的王宫局部，但由于其充满古典美的建筑形制而成为建筑典范。

查理二世：

查理二世（1630—1685），查理一世之子，1651年加冕，史称查理二世。1675年，国王查理二世颁诏，决定将瞭望塔改建成英国皇家格林威治天文台。

【百科链接】

赫斯特蒙苏

英国英格兰东南部的城镇，位于伦敦以南，距英吉利海峡13千米。第二次世界大战以后，皇家格林尼治天文台迁至此地，设在一座15世纪的赫斯特蒙苏古堡中，有护城河和城墙，占地15公顷。山上的铝屋和砖造建筑内，有各种计时仪器和天文照相机等设备。

◁英文名：Old Town of Havana　　◁位　置：古巴的南部海岸

◁年　代：1898年起成为古巴首都　　◁特　色：浓郁的美洲文化特色

哈瓦那古城

1.加勒比海的明珠

哈瓦那作为古巴的主要城市和首都，大约起源于1515年。当时在古巴的南部海岸有一座小镇，在1519年至1520年间，这座小镇迁移到了今日哈瓦那所在的位置，此后便逐渐发展起来，成为美洲地区重要的造船和贸易中心。为防止该市遭受海盗的袭击，当地人在1538年建起了城堡，城防体系由此发展起来。1592年它被冠以“首都城市”的称号，后来还被称为“加勒比海的明珠”。1607年这里被宣告成为西班牙殖民地的首都。

哈瓦那古城的城墙始建于17世纪，到18世纪时，市政厅及周围的第一剧院和步行大道也陆续建成。从19世纪中叶起，古城内大规模的建设浪潮开始转向城外，这一趋势一直持续到20世纪，尤其古城墙在1860年被拆除后，城外的发展就更为方便了。哈瓦那的人口，已由1592年的5000人左右增加到1997年的200万人以上。虽然城市的发展颇具规模，但原城墙内的部分即古城仍保留着其独有的特征，如今已成为重要的旅游胜地。

哈瓦那古城全景：

哈瓦那是古巴首都和全国经济、文化中心，也是西印度群岛中最大的城市和著名良港。它位于古巴岛西北哈瓦那湾阿尔门达雷斯河畔，扼守墨西哥湾通往大西洋的大门，具有重要的战略地位。

2.哈瓦那中心广场

该市最叫人流连的，无疑是哈瓦那中心广场——当时西班牙殖民者居住的地方，也是现今所有来到古巴的人必到之处。

中心广场的气氛与整个哈瓦那大相径庭，说它如梦似幻都不过分。年代久远的神龛前，立着一棵同样古老的橡树，冬

历史名城哈瓦那是西印度群岛著名的良港和最大城市。古城至今还留有许多西班牙式古老建筑及防御工事，其中兵器广场是殖民时期的建筑杰作之一。

特里尼达小城风貌：离哈瓦那不远的特里尼达小城处处体现着古巴殖民时期的风情。小城里的街道都是用小石头子铺成的，城中心有一座教堂和一个古钟楼，还有很多殖民者修建的豪宅。

日的阳光透过茂密的树叶，投射下星星点点的温暖的光晕。说是冬日，只是近赤道的纬度在正午的阳光不那么灼人而已，对于从其他国家来的游客，倒有可能会有初夏的感觉。广场边散落着一些书摊，五颜六色、装帧精美的如同电影道具般的古书摆了一层又一层。游客要是在广场周围的小路上迂回，随时都有惊喜。那些石头仿佛会说话，被雕刻过的或是没被雕刻过的，都在低沉地喃喃自语着，毫不掩饰地给每一个经过的人看它风化剥落的内里的颜色。以往这里车水马龙盛极一时，现今只剩下一堆叫人唏嘘的石头而已。

城中古堡：

哈瓦那古城至今还保存着完好的殖民时期建筑，位于哈瓦那城中的两座古堡中最大的一座还保留着每晚9点举行鸣炮仪式的传统。

3.人间伊甸园——巴拉德罗海滩

巴拉德罗是世界上最美丽的海滩之一，是集大海、沙滩、阳光、蓝色为一体的美丽的海滩，也是古巴以热带风情著称的旅游度假区。到过古巴的人称：“不到巴拉德罗就不知道古巴的秀美。”蓝天白云，碧蓝清澈的海水，平缓的细白沙滩，紧紧攥在手心也会从手指之间溜走的洁白细沙以及那拂去热带骄阳的灼热而令人舒坦的微风，让任何休闲度假者的睡梦都更加甜美。

这里的海水全年都适于游泳，即便是不会游泳的人也能享受畅游大海的乐趣。向海里走出很远的距离，海水也只漫到你的腰部，并且海滩还有天然的诱人之处：洞穴、湖泊、岛礁、考古场所、潜水、治病的泥潭和灼热的细沙，美丽的海底珊瑚世界和奇特的海洋生物等。20世纪初，首批美国人来到巴拉德罗旅游，并修建了一些建筑，其中的杜邦别墅是巴拉德罗最诱人的地方。在别墅里登上瞭望的平台，可以欣赏美丽的风光。有很多人到这里举行婚礼、度蜜月，参观杜邦别墅和那个时代赫赫有名的护壕。如今巴拉德罗已有8千米长的海滨浴场、9家大酒店、13座别墅村。

那里的尤姆河山谷仿佛是自然形成的一个半圆形梯状露天大剧场，背后是150米高的小山，被许多人视为印象最深刻的景色之一。

120千米长的海滩、洁白的细沙、清澈的蓝色海水、蔚蓝色的天空、旖旎的风景、充足的阳光、含碘的空气，使巴拉德罗得到了“人间伊甸园”的美称。

【百科链接】

古巴的交通

古巴的汽车没有报废之说，只要是还动得了，不管有多慢或多不稳，都可以开到街道上。所以古巴的司机都是修车好手，只要有机会停下来，他们都会打开前盖或是后盖折腾一番。还有一种骆驼车，车头是卡车车头，因车厢高低起伏酷似骆驼驼峰而得名，它是城市公共交通的主要依托。但是骆驼车数量有限，人们若想出行到比较遥远的地方，就要靠搭车。古巴有相关法律规定，凡政府用车或公务用车，只要还有空位，就一定要让沿路有搭车需要的国民上车。

英文名：Old Town of Quebec　　位　置：加拿大魁北克省
年　代：于17世纪初具规模　　特　色：有着“北美直布罗陀”的美誉

魁北克古城

魁北克城夜景：
魁北克城名胜古迹甚多，是北美洲的一座历史名城。如今分为新旧两市区，旧市区仍保有18世纪时法国城市的动人风貌。

1. “北美直布罗陀”

魁北克市是魁北克省首府，也是加拿大法兰西文化的发祥地。城市位于圣劳伦斯河沿岸，建在狭长的高地上，扼守进入北美大陆的门户，固有“北美直布罗陀”之誉。

魁北克市历史遗迹区，差不多有一半的建筑是建于1850年之前的。魁北克市原为印第安人居留地，1680年法国人在此建立永久居留地，1832年建市。魁北克历史遗迹区风景如画，处处保留着浓厚的法国色彩。尽管今天这座城市已经发展为一个有60万人口的大都市，但这块面积为1.35平方千米（占城市面积的5%）的历史遗迹区却幸运地被完整保存了下来。

魁北克市还是北美最古老的罗马天主教城市，全市有50座教堂。著名的罗马天主教圣玛利亚大教堂就在其中，它仍保留着1647年修建的围墙。此外，维克图瓦尔教堂内有鲁本斯的名画。建于1639年的于尔絮利纳修道院，是北美最古老的女子学校，院内有1757年死守魁北克城的法国主将孟康的墓园；有1717年开始点燃的长明灯，它们经历两个世纪也未曾熄灭过；还有附设博物馆中陈列的圣器，令人一窥昔日修女的生活。

2.加拿大的“法国文明的摇篮”——皇家广场

魁北克城分旧城和新城两部分：旧城全由城墙包围，新城在城墙以外。市区分上城区、下城区和新城区。上城区位于高坡之上，周围有平均高达35米的古老城墙，是北美独一无二的拥有城墙的城市。下城区是商业区，位于上城区东北方，这里的皇家广场，被称为加拿大

魁北克古城，是墨西哥以北唯一仍有古城墙环绕的城市。魁北克古城分为上城区和下城区两部分：上城区是政治、文化中心；下城区则是魁北克城居民区以及海运和贸易集散地。

小香普兰街：小香普兰街历史最为悠久，是商业广告、雕木招牌云集的场所。整条商业街十分狭窄，熙熙攘攘的行人穿梭来往，是到魁北克购物的必到之处。

的“法国文明的摇篮”。广场周围有许多拥有几百年历史的老屋。从20世纪60年代开始，这里被魁北克政府辟为历史文物特区。

法国人极其固执地保卫着自己的传统和文化，使这里成了彻底的法国圈，而魁北克城也将那部分18世纪的历史建筑原样封存了起来。该省法律规定：在公共场所，法语不能比英语写得小；所有在省内销售的商品，可以只写法语，但不能光有英语。甚至还设有“法语质量监督办公室”，该机构负责及时将互联网上出现的新词翻译成法文。

3.北美最古老商业街的情趣——小香普兰

出皇家广场，转几个弯，便有一条斜坡的窄街——小香普兰。在这里闲逛十来分钟，滋味便从眼里生出来：每家的店标都摆足了“pose”（姿势），再小的店面也不马虎；女艺人在浓荫下摇曳生姿，唱着《卡门》；旁边一家专门烹饪兔子肉的餐厅门口，橡皮兔凸着滚圆的肚子招徕着过往的游客。与别的旅游地一样，这里最多的也是T恤，T恤上面常常写些搞笑的英文。

4.魁北克城地标——芳堤娜城堡大饭店

在魁北克城，无论站在哪个角度，都能望见那座绿顶红墙的地标——芳堤娜城堡大饭店，它可能是世界上被拍摄得最多的饭店。1893年，加拿大太平洋铁路公司修建了这座欧洲古堡造型的豪华饭店，并以新法兰西帝国总督芳堤娜的名字命名。第二次世界大战期间，著名的魁北克会议就在这里召开，罗斯福、丘吉尔和当时的加拿大总理在此共同规划了欧洲战后蓝图。城堡里，罗斯福、伊丽莎白二世、影星格蕾丝·凯丽等17个著名人物下榻过的房间，已正式以他们的名字命名。

【百科链接】

加拿大第一所大学——拉瓦尔大学

位于加拿大魁北克省的首府——魁北克市的拉瓦尔大学是加拿大的第一所大学，而且它在科研领域中的排名位居加拿大大学的前十位。

拉瓦尔大学的历史可追溯到1663年，新法兰西的第一位主教——拉瓦尔的弗兰主教在法国国王路易十四的授权下成立了魁北克研究院。1852年，维多利亚女王颁布了皇家宪章，将魁北克研究院改为拉瓦尔大学。1878年拉瓦尔大学在蒙特利尔建立了新校区，此校区以高等教育为主。1920年蒙特利尔校区改为蒙特利尔大学。拉瓦尔大学是北美洲第一所以法语授课的高等教育院校。

芳堤娜城堡大饭店：坐落在加拿大魁北克市圣劳伦斯河北岸，是加拿大太平洋铁路公司建于19世纪末的一系列古堡大饭店之一，建于1893年，外表形似童话城堡。

英文名：Ouro Preto
年　代：建于1698年
位　置：巴西米纳斯吉拉斯州东南部
特　色：黑金之城，别具一格的“米纳斯式巴洛克风格”

奥罗普雷托

1. 1平方千米的古城

在巴西米纳斯吉拉斯州东南部，有一座小巧玲珑的山城。那里四季如春，气候宜人，它就是巴西历史上淘金热的发源地和独立运动的摇篮——奥罗普雷托，又名“黑金城”。它海拔约1100米，方圆只有1平方千米左右。18世纪，这里曾掀起过淘金热潮，该城也是当时这一地区的首府。现在这一切已经成为历史，但黑金城的旧时风貌却基本保留下来。

为了保护殖民时代的建筑，城市当局禁止旅游车穿越市区狭窄的鹅卵石街道。公共汽车设在城市之外，不能驶入城内，游人只能乘出租车进城。黑金城不仅得到巴西当局的保护，也受到了世界的重视，被联合国教科文组织命名为“国际文物”。

现在的黑金城是一座引人注目的艺术宝库，在巴西有着不可替代的特殊地位。自1933年它被归为“国家财产”后，整个城市被精心地保护起来，所有街道、广场、教堂、住宅被原封不动地保留下来，一砖一瓦、一草一木都不许随意改动。许多已消失的古老建筑，又按原样重新修建起来。

2.黑金城的淘金热

黑金城的得名是因为这里的金矿中含有金属元素钯。钯有吸收气体的特性，使黄金表面呈现出黑色的光泽，因而奥罗普雷托城又被称为“黑金城”。当初，由于这里出产的这种未经冶炼的天然贵金属貌不惊人，以至那些来新大陆寻金发横财的欧洲殖民者在很长时间里也没有认出它来。

后来在17世纪末，一个远征队从陶巴蒂出发去米纳斯吉拉斯掠夺印第安人。当时天气炎热；旅途劳累，饥渴难耐，远征队中有一位名叫杜阿尔特·罗佩斯的混血种人到米纳斯吉拉斯山地小河中取水时，捡到一些黑色小石块，发现在这黑色的石头中竟蕴藏着闪闪发光的黄金。消息传开，寻金者蜂拥而至，于是一个个金矿床被发现和挖掘了。1698年，一个新的城镇诞生了。当时这里的开采量十分惊人，一度使巴西黄金产量占了世界总产量的70%。在淘金热达到高潮时，黑金城的人口激增到七八万，其中5万人是来自非洲的奴隶。

黑金城在淘金热中虽盛极一时，但殖民者只顾掠夺黄金，其他经济活动并没有得到相应开展。当这种贵金属资源渐趋枯竭时，人口又开始外流。到18世纪末，这座美丽的小山城已经冷落下来，人口只有万余。据统计，1996年黑金城人口为2万。米纳斯吉拉斯州的首府后来也迁到了新建的贝洛奥里藏特。也许正是这个缘故，小城旧貌才得以完整地保留下来。

奥罗普雷托：

奥罗普雷托海拔约1100米，方圆约1平方千米，城中建筑多为巴洛克风格。窄小的街道随城市的地形高低起伏，虽经几百年风雨仍然保存完好。

淘金热时期的开采场面：

17世纪末，来自葡萄牙的远征队伍来到巴西的米纳斯吉拉斯州掠夺印第安人，无意中在黑色石块中发现了黄金，之后引发了大批的人口迁徙，兴起了淘金的热潮。当时巴西黄金产量一度占到了世界总产量的70%。

3.专供黑色人种祈祷的“金色教堂”

黑金城内建有17至19世纪不同时期和风格的教堂、民居、雕塑等，尤以融汇了欧洲巴洛克建筑与巴西特种质材和特色装饰图纹为一体的“米纳斯式巴洛克风格”而著名。其中最有特点的是一座由黑色人种出资兴建、专为黑色人种祈祷用的“金色圣欧菲姬妮教堂”。

它的建造者是一个名叫弗朗西斯科的黑奴，他原是非洲安哥拉一个部落的酋长，后被拐卖到黑金城当了淘金奴。在黑金城，金矿主通常会采用一种奖励机制来刺激奴隶劳动，根据生产量，奴隶可以得到微薄的报酬，挖出的金子越多，收入的金子也越多。弗朗西斯科的收成出奇的好，几年下来，他就用积攒下来的黄金赎回了自由身，然后又赎出他的儿子，接着又逐一赎出整个部落，之后他们共同凑钱造起了一座属于自己的教堂。欧菲姬妮本来是一位努比亚（东非古国）女王的名字，她成为流落巴西的黑奴的保护神，但名义上却披着欧洲天主教圣女的外衣。

耐人寻味的是，“金色圣欧菲姬妮教堂”里还有中国人的印迹，那是悬挂在教堂侧墙上的四块木屏壁画。据说作者是从澳门到巴西淘金的中国工匠，其中一幅画着《鲁宾孙漂流记》的场景，另有一幅表现的是天主教节日的画面，有几个长辫马褂、中国人打扮的看客好奇地站在一旁观望。壁画上，红底黑线的图案看上去还真有点中国工笔画的味道。

4.“巴西的米开朗琪罗”

著名雕刻家、建筑师安东尼奥·里斯本是一个白人木匠与混血女奴的私生子。由于天生残疾，他的绰号“阿莱哈丁诺（小跛子）”比本名更有名。他40岁时染上一种全身溃烂的奇症，手指严重扭曲，工作时不得不让助手把钉锤、凿子用带子捆在手腕上。他的腿不能直立，只能跪着工作，到后来甚至只能躺着进行雕刻；脸也因病而变形，变得丑陋不堪，为了不吓着别人，他在头上套了一只仅露出眼睛的布袋，平时只在夜晚工作，出门时总是坐在轿子里，避免被人看见。就是在这样艰难的条件下，里斯本在黑金城完成了一系列精美的教堂雕刻，在巴洛克的繁复形式中注入“洛可可”的流畅元素，创造出巴西式的巴洛克风格，在身后得到了“巴西的米开朗琪罗”的美誉。

安东尼奥·里斯本的代表作是阿西西的圣方济各教堂。为使教堂主体看起来更突出，他创造性地把通常是方柱体的钟楼改成了圆柱体，并让钟楼的位置略退后一些，使其具有独特的风格。

【百科链接】

“咖啡王国”——巴西

巴西位于南美洲东南，地处热带和亚热带，独特的地理和气候条件很适合种植咖啡，加之劳动力廉价，咖啡种植业迅速兴起。巴西以咖啡质优、味浓而驰名全球，是世界上最大的咖啡生产国和出口国，素有“咖啡王国”之称。热情奔放的巴西人酷爱咖啡，每年巴西人均咖啡消费量超过3千克。

Part 6

智慧超群的文化奇迹

● 确切地说，文化是指一个国家或民族的历史、地理、风土人情、传统习俗、生活方式、文学艺术、行为规范、思维方式、价值观念等。文化具有与人类本身同样古老的历史，是人类精神文明与物质文明的总和。本章将散落的文明采撷成精华，展现人类历史的灿烂文明。

◁英文名：Oracle Bones
◁年　代：制作于3000多年前的殷商时期
◁位　置：中国河南省安阳市小屯村
◁特　色：中国古代最早的“档案库”

神谕甲骨

1. “龙骨”现身

清朝光绪年间，河南安阳小屯村的剃头匠李成染了一身疮，没钱医治，痛痒难忍。一天，他试着将一些当地的甲骨碾成碎粉敷在脓疮上，结果疮很快就好了。他就把这件事告诉了村里人，一些上了年岁的人说这是神仙显灵，一些读书人就说这些甲骨是“龙骨”。

当时农民缺少文化，不知甲骨为何物，用它充当药材，使许多珍贵的甲骨资料遭到毁灭。后因其上刻有字体，被一些古董商所搜集。这些甲骨被贩卖到北京、天津以后，最终被专家鉴定为殷商时期遗物。安阳这个被历史遗忘的地方顿时名声大震。

安阳殷墟甲骨文的发现，是我国学术史上的一件大事，使殷商文化的研究峰回路转，柳暗花明。它的发现，促进了中国传统学术向现代学术的转型，不仅为殷商考古学提供了契机，也为新史学的发展奠定了坚实的基础。

2. “龙骨”的由来

安阳出土的“龙骨”其实是商代人用来占卜的工具。在科学不发达的商代，人们普遍比较迷信，从商王到平民的一切活动，都是根据上苍的意志来行事的。在商王宫廷里有一种地位较高的占卜官，他平时收集一些乌龟的腹甲和牛、羊、猪的肩胛骨。每当商王要决定一项活动或询问一件事情时，他即拿出一片甲或骨，在其背面挖上槽或凿上几个洞，然后用燃着的木枝去烧。烧热到一定程度，甲或骨即随着“噗”的一声响，爆开一些裂缝。占卜官就根据这些缝的深浅或走向来判断上苍的意志，并向商王报告，商王则据此来决定一切行动。占卜后，又用刀子把占卜的内容和结果刻在卜兆的近处，这就是卜辞。刻有卜辞的甲骨被当做档案资料妥善收藏在窖穴中，遂流传于后世。甲骨文的内容十分广泛，明确记载了商王室的活动和当时的经济及社会生活情况。因此，

> 安阳殷墟遗址：
> 殷墟是中国商代晚期的都城遗址，横跨安阳洹河南北两岸，现存有宫殿宗庙区、王陵区和众多族邑聚落遗址、家族墓地群、甲骨窖穴、铸铜遗址、制玉作坊、制骨作坊等众多遗迹。

甲骨是中国古代占卜时用的龟甲和兽骨的制作统称。其中龟甲又称为“卜甲”，多用龟的腹甲制作；兽骨又称为“卜骨”，多用牛的肩胛骨制作，也有的用羊、猪、虎骨及人骨。卜甲和卜骨，合称为“甲骨”。

殷墟博物馆：位于安阳市西北郊小屯村， 因坐落在“殷墟宫殿区”而得名。该院坐北朝南，建于洹水之滨，仿商代的古建大门以红、黑两色为主色调，三门并峙，设计简约，洋溢着3000年前殷商王室的气息。

甲骨文的大量发现，为我们研究商朝的历史提供了极其宝贵的资料。

甲骨文残片：

出土于殷墟，上面留存着一些古文字，但辞意待考。

3.从中药到文物——揭秘神谕

“龙骨”上刻有很多符号，但一般人都不知道这种符号的意思，就称其为“神谕”。1899年，晚清国子监祭酒大臣王懿荣，因病去一家药铺买药，大夫给他开的药方中有一味药是“龙骨”。王懿荣拿到药一看，龙骨上刻着一些细密的似字非字的符号，他极认真地查看之后，觉得好像是古代文字，这激起了这位爱好古董的大臣的极大兴趣。他问药铺掌柜这种龙骨还有多少，老板查了一下，回答共有12片，王懿荣以2两银子一片的高价全部将它们买走。后来，他又通过古董商买了大量的这类“龙骨”，开始深入细致地进行研究，他异常兴奋地得出结论：这是中国最古的甲骨文字！“龙骨”上的“神谕”就是中华文字的祖先。

当时的学者们纷纷前去找王懿荣探讨切磋，此后又各自找了很多甲骨文争相研究，“甲骨文”作为一门学问就从这时开始了。人们发现这些刻有甲骨文的“龙骨”，主要来自河南安阳小屯村一带，经考证，那里正是3000多年前商朝的首都。其后，王国维对这些甲骨文上的资料进行了考据，进一步证实这里就是盘庚迁都后的都城。

方彝：

方彝是商晚期的一种特殊酒器，仿建筑之形而造。这件出土于安阳殷墟妇好墓的青铜器是商代酒器中绝无仅有的罕见珍品。整个器体为长方形，长边口沿各有7个缺口，是专为放置酒斗而设计的。

1928至1937年，中央研究院历史语言研究所考古组有计划地进行殷墟发掘，先后发掘了15次，共得甲骨约25000片。以后殷墟仍不断有甲骨出土。除殷墟外，1953年和1954年在郑州商代中期遗址中还捡到有字甲骨2片。自1954年始，又先后在山西洪洞、北京昌平、陕西丰镐、周原遗址、岐山凤雏出土西周时期有字甲骨约300片。

4.中国古代最早的“档案库”

甲骨文现在主要是指殷墟甲骨文，即中国商代后期（公元前14至公元前11世纪）王室用于占卜记事而刻在龟甲和兽骨上的文字。它又称为“契文”“龟甲文”或“龟甲兽骨文”。商朝人用龟甲、兽骨占卜后把占卜时间、占卜者的名字、所占卜的事情用刀刻在卜兆的旁边，有的还把若干天后的吉凶应验也刻上去。不过具体的情形因甲骨分期而有详略差异，大致上以武丁时期的刻辞最为完整，同时也是现存数量最多的时期。

殷墟甲骨文是殷王朝占卜的记录，是目前已知的中国最早的成熟的文字，被称为中国古代最早的“档案库”。目前发现了大约有15万片甲骨，4500多个单字。这些甲骨文所记载的内容极为丰富，涉及商代社会生活的诸多方面，不仅包括政治、军事、文化、社会习俗等内容，而且还有天文、历法、医药等科学技术。从甲骨文已识别的约1500个单字来看，它已具备了“象形、会意、形声、指事、转注、假借”的造字方法，展现了中国文字的独特魅力。

【百科链接】

殷墟

殷墟是中国商代晚期的都城遗址，横跨安阳洹河南北两岸，现存有宫殿宗庙区、王陵区和众多族邑聚落遗址、家族墓地群、甲骨窖穴、铸铜遗址、制玉作坊、制骨作坊等众多遗迹，是中国历史上第一个有文献可考，并为甲骨文和考古发掘所证实的古代都城遗址，距今已有3300年的历史。

英文名：Sumerian Cuneiform
位　置：西亚大部分地区
年　代：大约出现于公元前3500年
特　色：在字母发展史上有巨大贡献

苏美尔楔形文字

1.古波斯国的"麻雀脚印"

1616年，一些意大利人来到波斯（今伊朗）游览，他们在游览古迹时，发现不少崖壁上刻着一些奇怪的图画，它们就像许许多多只麻雀留下的一片片脚印，神奇而有趣。有一个叫彼得·德拉瓦勒的人对此十分感兴趣，便将这些"麻雀脚印"抄下来带回了欧洲。经过仔细琢磨，他认定这不是一般的饰纹，而是古波斯铭文。这是一种木楔形状的文字，人们将它称做"楔形文字"。

令人难以置信的是，对楔形文字破译的重大突破缘于一次酒后的赌注。1802年，德国一位27岁的中学教师格罗特芬德在饮酒时与朋友打了个赌，他说自己预感到一定能破解楔形文字，随即便根据手头少量的资料开始了钻研。他大胆地猜想古波斯首都的三种楔形文字，对照石碑上的第一组文字应是波斯语的拼音文字，而铭文的内容是某王的名字和王衔。就这样，利用严密的逻辑分析法经过一步步推测，格罗特芬德最终获得了成功，破译了部分楔形文字。

2.楔形文字与亚述学

楔形文字（cuneiform）来源于拉丁语，是cuneus（楔子）和forma（形状）两个单词构成的复合词。由于笔画成楔状，颇像钉头或箭头，故楔形文字也叫"钉头文字"或"箭头字"。

公元前3500年左右，青铜时代的苏美尔人用泥版通过图画的形式记录账目。这些符号渐渐地演化为表意符号，至于那些无法描绘的东西则用任意指定的办法来表达。

古波斯遗迹：

古波斯历史源远流长，通过接连不断的扩张战争，发展成为一个横跨美索不达米亚和印度的大帝国。古波斯帝国时期修建了很多宏伟的宫殿，从现存的古遗迹中依稀可见当时的辉煌。

经过巴比伦人、亚述人、阿拉米人的使用和改造，苏美尔楔形文字成为一种半音节文字，在字母发展史上有所贡献。楔形文字有意符和音符，其符号共有500种左右，其中有许多具有多重含义，其"准确含义"只能根据上下内容来确定，这就使得楔形文字体系比后来的字母文字体系更难以掌握。尽管如此，在公元前3500年至公元前1000年的两千多年间，楔形文字一直是美索不达米亚唯一的文字体系。到公元前500年左右，这种文字甚至成了西亚大部分地区通用的商业交往媒介。考古学家发现了大批刻有各

贝希斯敦铭文崖壁：

古波斯国王大流士一世为了颂扬自己的丰功伟业，命人用古波斯语、埃兰语、阿卡德语三种楔形文字书写了同一篇文章，镌刻在崖壁上。后世学者正是通过对三种铭文的反复比较，才最终解读了楔形文字。

种楔形文字的泥版和铭刻，这些泥版和铭刻自19世纪以来被陆续译解，从而形成一门研究苏美尔人历史的新学科——亚述学。

3.世界上最早的学校

大约在公元前2600年以后，楔形文字由象形文字演变成抽象符号，大大减少了字符数目。此时，楔形文字大约有600个字符，标准字形也已固定。而为了学会书写和阅读楔形文字，则需要在学校中经过多年的严格训练。

苏美尔人创办了世界上最早的学校，被称为“埃都巴”，意思是泥版房。“埃都巴”是为培养书吏而建立的，最初的课程是临摹符号和记忆大量单词，当学生们凭记忆能正确地书写数百个符号时，就算掌握了入门知识。下一步要学习语法，接着学习书写句子和故事，最终能书写契约和其他文书。

学生们读的“书”也是泥版做的，每块泥版重约1千克，50页课本，就有50千克重。这种“书”有规则地安放在特制的架子上。学生的学习生活很单调，对他们的要求却很严格。但是这些学生毕业后工作都有保障，并且在特权阶层中有一席之地，成为秘书、书吏或官员。苏美尔人发明的这种文字后来被阿卡德人（两河流域南部的古代居民，在今伊拉克境内）接受。接下来的巴比伦人、亚述人和波斯人也沿用这种文字。到公元前1500年左右，整个西亚地区都使用了楔形文字。

后来，腓尼基人在楔形文字的基础上，创造了腓尼基字母文字。它更简单，更易于掌握，很快为人们所接受。至此，楔形文字也逐渐被人们遗忘。

苏美尔楔形文字泥版：

苏美尔文明是目前所知的全世界最早产生的文明。在苏美尔发现的含有楔形文字的泥版被确定为制作于公元前36世纪。

【百科链接】

“楔形文字”与天文事件

20世纪70年代起，考古天文学家提出了一个爆炸性的观点，认为楔形文字起源于6000年前的一次天文事件——船帆座×号超新星的爆发，从而引起世界学术界对楔形文字起源的新一轮争论。

这一观点起源于一个苏美尔学专家的假设。苏美尔学专家乔治·米查诺斯基在对楔形文字的研究中发现了一个现象，即在较早的泥版文书记载中大量出现对同一颗星的记录，因此他提出了苏美尔文明的起源与这颗星有关的假设。1980年，美国国家航空和宇宙航行局的天文学家里查德·斯特塞经过精确计算，论证了这一假设的合理性。他认为，米查诺斯基所说的这颗文明之星，就是6000年前爆发的船帆座×号超新星。

英文名：The Dead Sea Scrolls
年　代：约在公元前233年左右
位　置：死海西岸的北部角落
特　色：其大量的古代经卷被西方学术界称为当代最重大的文献发现

死海古卷

1.牧羊少年发现的稀世珍宝

1947年的春天，两个阿拉伯的牧羊少年正在死海西北面的一个山崖脚下放羊。他们发现有几只山羊从羊群中走失了，于是沿路寻找。其中一个少年阿狄布无意中看到绝壁上有一个狭窄的洞口，就往崖壁上的一个小洞里扔了一颗石子，他原以为会听到石子击打石块的响声，却没想到洞中传来了什么东西破碎的哗啦声。他自以为找到了宝藏，于是把朋友阿美·穆罕默德叫来一同爬进洞里。这个洞长26英尺，宽6英尺，他们在洞里找到许多2英尺高的圆形陶罐。两人兴奋不已，连忙扭开罐盖，却发现里面不是他们所期待的黄金和珠宝，而是一卷卷用麻布裹着的黑色发霉的东西。其中有12幅卷轴，用薄羊皮条编成，外面盖一层腐朽的牛皮。他们把卷轴打开来时，发现其中一面有用古希伯来文写的一行行手稿。两个少年大失所望，只好把这些卷轴拿到耶路撒冷去卖，希望能换一点钱。

他们所发现的就是稀世的古代手稿《死海古卷》。后来其中5幅存在叙利亚圣马可正教修道院中，其余的则由希伯来大学收藏。

2.《死海古卷》引发的热潮

《死海古卷》不仅可以用来修订此后的一些《圣经》抄本，还由于其所描绘的年代接近于基督教发源的年代，对研究基督教的起源有着直接的帮助。所以古卷发现后，犹太教和基督教学者中曾涌现出一股研究《死海古卷》的热潮。不过在《死海古卷》被发现的40多年间，大部分珍贵的原始资料一直被一个由以色列政府文物管理部门认可的8人专家小组所垄断。世界各国众多学者为了争取到对这批文物的研究权，曾打了不少笔墨官司。迫于舆论的压力，以色列文物管理部门终于在20世纪90年代取消了对古卷研究权的限制。古卷现存于耶

发现《死海古卷》的山崖：

《死海古卷》被藏在死海西北的山洞中。1947年，这些珍贵的经卷在一个叫库兰的洞穴里被发现，随即轰动世界。

《死海古卷》远在公元前1世纪就被藏在死海西北山洞中，直到1947年才又重见天日。这些浩如烟海的古卷，在近代考古史上实为罕见，西方学术界称为“当代最重大的文献发现”。

《圣经》手抄本：现存于世的最古老的《圣经》手抄本是用希伯来文字书写的，这本手稿是考古学家进一步了解宗教秘密的重要资料。

古卷残片：

《死海古卷》大多数是用皮革、纸草，甚至金属片写成，皮革和纸草不易保存，因此大多数古卷都残破不全。其中一百卷是《圣经》抄本，除了《以斯帖记》外，有全部的希伯来文《圣经》。

路撒冷博物馆中，成为该馆的镇馆之宝。

3.无可估量的古迹价值

耶路撒冷的美国东方研究所所长约翰·崔弗博士在审查圣马可正教修道院所得的稿卷时，无意之间发现其中一部分正是《旧约·以赛亚书》的原资料。从古拙的字体推断，卷轴当属耶稣降生以前的物件。据说现存希伯来文《旧约》经文，最早的也只有1300年的历史，没人见过更早的抄本。因此，《死海古卷》是一次空前的惊人发现。

此后，考古学家和当地的贝督因阿拉伯人开始在死海沿岸大肆搜索。到了1965年，他们又找到了10个洞穴，发现约4万个卷轴和残卷。芝加哥核子研究所的专家们把第一个洞中包扎稿卷的麻布碎片用火焚烧，然后用碳14测定法测定后，鉴定其年代约在公元前233年左右。毫无疑问，这些遗本具有无可估量的价值。

4.现存最古老的《圣经》手抄本

在《死海古卷》之前，人们所拥有的最早的《圣经》手抄本，是在10世纪左右用希伯来文写成的马索拉译本。它是由专门保存《圣经》的犹太文士们抄写、保留下来的，他们被称为马索拉人，就是“传承者”的意思。而另一个地位同等重要的译本，是由70位犹太学者，用希伯来文翻译、希腊文写成的“七十士译本”。现在普遍认为，翻译者所用的希伯来文原稿，最早可追溯到公元前3世纪，也就是在新、旧约之间。因为这两个译本抄写或翻译的原本是最早的，因此，后来大部分的《圣经》都以这两个译本为根据。而《死海古卷》的成书时间则比这两个版本提早了近一千年。

这些被发现的卷轴，为圣经学者带来许多新的资料。现在学者们还在埋首拼凑和研究数以千计的残篇断稿。相信还要等很多年，《死海古卷》的全部秘密才能被解开。

5.丰富的内容和严谨的拼写

《死海古卷》的内容非常丰富，主要包括三大类。首先，古卷中近一百卷的书卷，是《旧约圣经》的经卷。除了《以斯帖记》外，《旧约圣经》的每一卷书都在古卷中出现了，而且许多卷都出现了多次。其次，古卷包括了许多《圣经》的注释、评论、解经书、次经和伪经。最后，古卷中还有不少非圣经的文献。在非圣经文献中，有很大一部分是关于世界末日的预言书以及神毁灭邪恶势力、弥赛亚再来时的公义国度的著述。

据估计，古卷中昆兰的《以赛亚书》与我们现有的希伯来文《圣经》在一对一的单词比较上，达到了95%以上的准确性。剩下的5%，则主要是由于笔误或拼写的演变造成的。

【百科链接】

《以赛亚书》

《死海古卷》中，《以赛亚书》是保存最完整的一卷。这本书是《圣经》的第23本书，由以赛亚执笔，大约在公元前723年之后完成，主要记载了关于犹大国和耶路撒冷的背景资料以及当时犹大国的人民在耶和华面前所犯的罪，并透露耶和华将要采取判决与拯救的行动。《以赛亚书》有很多关于弥赛亚和福音的预言，因此有人认为《以赛亚书》是《旧约圣经》的福音书。

英文名：Rosetta Stone　　位　置：埃及尼罗河三角洲
年　代：公元前196年　　特　色：解读古埃及历史的钥匙

罗塞塔石碑

1.刻有三种古文字的石碑

今日被存放在大英博物馆埃及厅中展示的罗塞塔石碑，是个高约1.144米、宽0.723米、厚0.279米，略呈长方形但实际上缺了许多边角的平面石碑，它由大理石制造，重约762千克。大理石的黑色表面上刻有涂上白漆的文字，为三种古文字。石碑的两侧刻有后人加上的文字，其中左侧为“1801年时由英军在埃及获得”，右侧为“国王乔治三世捐赠”。这块石碑曾在1998年时由大英博物馆的古物维护专家以现代化的手法将其清理干净还原了原貌，上述刻字因是近代人类文明事迹的见证之一，故而被保留了下来。除此之外，石碑底部左侧也有一个小角落蓄意被保留而没有清理，主要的目的是为了对照，让人们知道清理前与清理后的差异。

2.解读古埃及历史的钥匙

罗塞塔石碑是由一群生活于埃及托勒密王朝时代的祭司所制作的，作为当时的国王、年仅13岁的托勒密五世加冕一周年时的纪念。石碑上的内容，主要是叙述托勒密五世自父亲托勒密四世处袭得王位的合法性，以及托勒密五世的许多善行。

罗塞塔石碑由上至下共刻有同一段诏书的三种语言版本，分别是埃及象形文（又称为圣书体，代表献给神明的文字）、埃及草书（又称为埃及通俗体，是当时埃及平民使用的文字）与古希腊文（统治者的语言，这是因为当时埃及臣服于希腊的亚历山大帝国，来自希腊的统治者要求文书中添加希腊文的译版）。在4世纪结束后不久，埃及象形文的读法与写法彻底失传，虽然之后有许多考古学家与历史学家极尽所能，却一直解读不了这些神秘文字的结构与用法。直到1400年之后罗塞塔石碑出土，它独特的三语对照写法，意外成为解码的关键，成为解读古埃及象形文字的钥匙。因为三种语言中的古希腊文是近代人类可以阅读的，利用这一关键来对比分析碑上其他两种语言的内容，就可以了解这些失传语言的文字与文法结构。

在许多尝试解读罗塞塔石碑的学者中，19世纪初期的英国物理学家托马斯·杨是第一个证明碑文中曾多次提及“托勒密”这一人名的发现者。

3.著名学者商博良

商博良是法国的历史学家、东方语言学家，也是第一位识破古埃及象形文字结构并破译罗塞塔石碑的学者。他出生于法国南部的洛特省，年轻时已表现出出色的语言天赋，19岁时成为勒诺布尔公学的历史学教授，20岁

罗塞塔石碑：

罗塞塔石碑用大理石制成，高1.144米，宽0.723米，制作于公元前196年，刻有埃及国王托勒密五世的诏书。该碑碑文使用古希腊文字、古埃及象形文字和埃及草书三种字体刻制，成为后来了解古埃及语言与文化的关键之物。

 文明拾贝：商博良什么时候公布了罗塞塔石碑的释译成果？

罗塞塔石碑因发现于埃及尼罗河口的港湾城市罗塞塔而得名，上面刻有古埃及象形文字、埃及草书和古希腊文对照的铭文，成为解读古埃及文字的关键。

著名学者商博良：让·弗朗索瓦·商博良（1790—1832），法国历史学家、语言学家。他是第一位识破古埃及象形文字结构并破译罗塞塔石碑的学者。

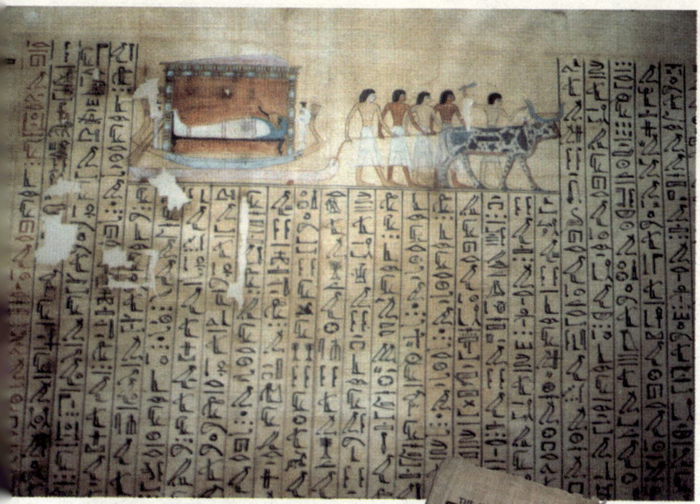

埃及草书：

莎草纸是古埃及人广泛采用的书写介质，它用当时盛产于尼罗河三角洲的纸莎草的茎制成。大约在公元前3000年，古埃及人就开始使用莎草纸，用它来书写文件。

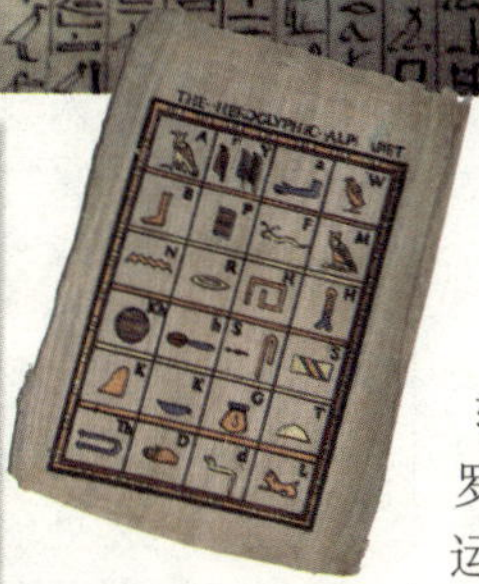

埃及象形文字字母表：

古埃及象形文字的解读，揭开了古埃及文明的神秘面纱，并应运而生出现了现代埃及学。科学家们试图从文字的记录中更多地了解古埃及的人文历史和生活风俗。

时就已经掌握除法语以外的拉丁语、希腊语和许多古代东方语言，包括希伯来语、古印度梵文、古代伊朗的阿维斯坦语和帕拉维语、阿拉伯语、波斯语和汉语等。

商博良从1822年到1824年完全投入到了对罗塞塔石碑的研究中，发表了多篇研究论文，成功地译解出古埃及象形文字的结构。这些符号有些是字母，有些是音节文字，有些则是义符，一个符号代表一个事物。他编制出完整的埃及文字符号和希腊字母的对照表，为后来解读大量的古埃及遗留下的纸草文书提供了非常有用的工具。

4.罗塞塔石碑“争夺战”

1801年，拿破仑的大军被英军打败并投降，也结束了法军在埃及为期三年的占领期。埃及的占领权易手，掀起了这批法军在埃及收集到的古物所有权的争议。当时法国的科学家们希望能保留这批古物并在6月开罗破城时，带着它们避走亚历山大港，但英军却认为这些古物是没收品，应当属于英王乔治三世的财产。当时，法国著名自然学家艾奇恩那·若弗鲁瓦·圣·蒂莱尔曾致信英国大使威廉·理查德·汉密尔顿，威胁说如果英方强取豪夺，他们将焚毁这批古物。英军在占领亚历山大后，与法方签订亚历山大协约，正式结束法军在埃及的占领。根据此协约，法军在占领期间于埃及发现的古物也应一同转移给英方，但法军在撤退时并未依约交出罗塞塔石碑，而是将它藏在一艘小船上准备偷运回欧陆。然而功败垂成，此船半途被英军捕获。事后双方协议，法方可以保留之前的研究成果与石碑的拓印，但英方则获得石碑的实际拥有权。

罗塞塔石碑在1802年运抵英国，并且以英王的名义捐献给大英博物馆作为收藏。从此之后，罗塞塔石碑一直被展示在大英博物馆的埃及馆中，是该馆最引以为傲的镇馆之宝之一。

【百科链接】

罗塞塔石碑的衍生意义

作为埃及文明主要象征的罗塞塔石碑，常被看做是破解古埃及象形文字的钥匙，因此也常用来喻指解决一个谜题或困难事物的关键线索或工具。另外，由于石碑上的刻文被用来作为语言翻译的参照，因此有一款非常受欢迎的多国语言学习软件也以它来命名。

英文名：Venus De Milo
年　代：大约创作于公元前2世纪末
位　置：希腊米洛岛
特　色：举世闻名的古希腊后期雕塑杰作

米洛斯的维纳斯

1.爱与美的女神

维纳斯是罗马神话中的爱与美之神，也是象征丰饶多产的女神。传说她是在大海的泡沫中诞生的，后来在三位时光女神和三位智慧女神的陪伴下，来到了奥林匹斯山。众神被其美丽容貌所吸引，纷纷向她求爱。后来，主神宙斯在遭其拒绝后，把她嫁给了丑陋而瘸腿的火神赫菲斯托斯，但她却爱上了战神阿瑞斯，并与之生下小爱神厄洛斯。维纳斯后来曾帮助特洛伊王子帕里斯拐走斯巴达国王墨涅拉俄斯的妻子——全希腊最美的女人海伦，从而引起希腊人远征特洛伊的十年战争。

2.最美的女神雕像

《米洛斯的维纳斯》是举世闻名的古希腊后期雕塑杰作，它又被称为《米洛斯的阿佛洛狄忒》《断臂的维纳斯》《维纳斯像》等，是一座高2.04米的大理石雕像。

雕像自出土起，就被公认为是迄今为止希腊女性雕像中最美的一尊。多少年来，人们对她倾注了不计其数的赞美和歌颂。雕像表现出的爱神的身材端庄秀丽，肌肤丰腴，美丽的椭圆形面庞，希腊式挺直的鼻梁，平坦的前额和丰满的下巴，平静的面容，流露出希腊雕塑艺术鼎盛时期沿袭下来的理想化传统。她那微微扭转的姿势，使半裸的身体构成了一个十分和谐而优美的螺旋型上升体态，富有音乐的韵律感，充满了巨大的艺术魅力。

尤其令人惊奇的是她的双臂，虽然已经残断，而残缺的双臂似乎更能诱发出人们美好的想象，增强人们的欣赏趣味。雕像没有追求纤小细腻，而是采用简洁的艺术处理手法，体现了人体的青春、美和内心所蕴涵的美德。

整个雕像的比例也是十分耐人寻味的：它接近于古希腊著名雕塑家利西普斯所追求的那种人体美比例，而且雕像的各部分比例几乎都蕴涵着黄金分割的美学秘密。

《米洛斯的维纳斯》是古人对于人体美的赞颂和肯定，为后世的雕刻艺术树立了不朽的典范。

女神维纳斯：

维纳斯是罗马神话中的爱与美之神，也是象征丰饶多产的女神，在古希腊神话中称为阿佛洛狄忒。传说她在大海的泡沫中诞生，是宙斯和大洋女神狄俄涅的女儿。

【百科链接】

黄金分割

黄金分割是一种数学上的比例关系。把一条线段分割为两部分，使其中一部分与全长之比等于另一部分与这部分之比，其比值的近似值是0.618。由于按此比例设计的造型十分美丽，因此称为黄金分割，也称为中外比。黄金分割具有严格的比例性、艺术性、和谐性，蕴藏着丰富的美学价值。

3.女神断臂之谜

《米洛斯的维纳斯》是由若干块断片经过精心接合加工后公之于世的。考古学家推测该雕像在罗马时即已失去手臂，因此雕像又同时以“断臂维纳斯”著称于世。

此后，修复原作的双臂成为艺术家、历史学家最神秘也最有兴趣的课题之一。归纳起来，当时有多种修复方案：左手持苹果、搁在台座上，右手挽住下滑的腰布；双手拿着胜利花圈；右手捧鸽子，左手持苹果，并放在台座上让它啄食；右手抓住将要滑落的腰布，左手握着一束头发，正待入浴；与战神站在一起，右手握着他的右腕，左手搭在他的肩上……但是，只要有一种方案出现，就会有一种反驳的观点出来，最终得出的结论是保持断臂反而是其最完美的形象！

除了双臂复原的争论以外，还有许多其他问题也引起人们的兴趣。譬如，她真是维纳斯吗？也许是大海女神、胜利女神吧？作者是谁？制作年代、地点又是怎样的？……一大堆问题挑起了大家的论战。最后，除了她是维纳斯，并创作于公元前2世纪末这个看法比较统一以外，其余的只好作为一系列悬案留待后人去考究了。

4.雕像真正的发现者

1820年，一个名叫伍蒂埃的法国海军见习军官来到当时尚属于土耳其奥斯曼帝国殖民地的希腊米洛斯岛。在希腊农民伊奥尔科斯的带领下，伍蒂埃在岛上的一个山洞内发现了一座小小的庙宇，在庙内的大堆沙土中有一座断了双臂的美女雕像，这便是被后人称之为“米洛斯的维纳斯”的雕像。可惜当时，伍蒂埃和伊奥尔科斯寻找多时，却始终没有找到维纳斯雕像所缺损的双臂。

维纳斯和阿多尼斯：

爱神维纳斯的传说频频出现在历代文学家的作品中。其中又数她和美少年阿多尼斯的爱情故事最为著名。

《米洛斯的维纳斯》：

被公认为迄今为止希腊女性雕像中最美的一尊，虽然雕像的双臂都已缺失，但根本无损维纳斯的整体之美。相反，残缺的断臂似乎更能诱发人们美好的想象，增强人们的欣赏趣味。

当时伍蒂埃决定把雕像抢购回去，因而付给伊奥尔科斯定金100银币。这时伍蒂埃所在的军舰奉命航赴土耳其首都伊斯坦布尔，一上岸他便赶忙去拜见法国驻土耳其大使利维埃尔侯爵。在问明原委后，侯爵立即派使馆文化参赞偕同伍蒂埃去办成交手续。

不想在此期间，英国官方也风闻此事，派出“荷兰”号驱逐舰开赴米洛斯岛抢夺雕像。当法、英掠夺者几乎同时赶到米洛斯岛时，雕像却已被希腊庙宇总管买去送人，并已将雕像装箱搬上了土耳其军舰。法国方面岂肯坐失这块嘴边肥肉，经过一番争夺后，终以8000银币把这个稀世珍宝抢购了回去。

伍蒂埃押着雕像返回法国海港土伦后，即被调职巴黎。谁知第二年法国报纸上的一则消息给了伍蒂埃当头一棒，因为法王路易十八，还有那位大使利维埃尔侯爵，都认定维纳斯雕像的发现者不是伍蒂埃，而是他的顶头上司海军大尉杜尔维尔。这口气憋了30多年，直到1874年出版了一本《回忆录》后，他才最终把事实真相公之于众。

英文名：Tomba Script
年　代：产生于7世纪
位　置：中国云南省丽江
特　色：人类社会文字起源和发展的“活化石”

东巴象形文字

1.东巴文——丽江魂

有这样一种说法：到丽江不读东巴文，不算到过丽江。丽江除了有让人惊心动魄的山、令人难以忘怀的水、美不胜收的云霓外，更令人着迷的是东巴文化。东巴象形文字便是东巴文化的杰出代表。

东巴文不是完全依赖珍贵的纸张而生存下来的，它是一种民族文字，是阳春白雪，也是下里巴人。每到年关，丽江纳西人家的门楣上都会出现用东巴文写成的对联，看那飞翔着的鸟与盛开着的花，看那游走着的鱼与舞蹈着的蝶，一幅幅很古老而又现代的画便在民间展开。当你走在四方街熙熙攘攘的人群中，举目四顾的时候，你会发现一些商店里、一些产品上，甚至一些服装上，都会有东巴文。

至于东巴文是谁创造的，谁也说不清楚，只能归于劳动人民。如今，一部分东巴文书写的经卷已散失于国外，它们被收藏在美国国会图书馆、哈佛大学博物馆、柏林国立图书馆和伦敦大英博物馆，此外日本、奥地利、意大利、加拿大等国也有部分收藏。东巴文以其独特的魅力吸引着国内外的学术界。

2.智者的文化

东巴文化是纳西族的传统文化，因源于东巴教而得名。至今保留在民间的东巴象形文字，被誉为当今世界唯一活着的象形文字。用东巴文字记载的东巴经文典籍，多达2万余册、1500多种，内容凡哲学、历史、宗教、医学、天文、民俗、文学、艺术等无所不包，堪称纳西族古代社会的“百科全书”。这些经书被收藏在国内外许多图书、文博机构。东巴教共有30多种祭祀仪典，用于祭祀仪式的法器、画卷及著名的《东巴舞谱》，无一不是中华文化艺术之瑰宝。

东巴画卷《神路图》局部：

画中骑马的是东巴教祖师丁巴什罗，下面是东巴族舞者。相传丁巴什罗是用纳西象形文字书写东巴经典的创始人。

东巴文化是深深扎根于民间，并吸取民间文化给养的一种文化。其中经书最多，创世史诗《创世纪》、英雄史诗《黑白争战》

东巴象形文字是一种十分原始的图画象形文字。从文字形态发展的角度看，甚至比甲骨文还要原始，属于文字起源的早期形态，是人类社会文字起源和发展的"活化石"。

东巴画：东巴画是东巴文化的重要内容之一，它的内容主要表现古代纳西族信仰的神灵鬼怪和各种理想世界，也反映了古代纳西族社会的世俗生活。

⑤ 白地村白水台风光：

东巴经典《圣祖丁巴什罗传》载，丁巴什罗的故乡是一个白天白地、白山白海的地方。这个传说所指的地方就是现今中甸三坝乡白地村的白水台，也即东巴教的发源地。

和悲剧长诗《鲁般鲁饶》并称为纳西族"三大史诗"，是东巴文化中最为璀璨的"三颗明珠"。《创世纪》以蛮荒年代开天辟地为背景，讴歌了纳西族祖先创造世界的丰功伟绩和征服自然的大无畏精神。《黑白争战》通过"董"和"术"两个部落之间战争故事的描写，揭示了善良战胜邪恶、光明战胜黑暗的主题。《鲁般鲁饶》是一部描写奴隶为追求自由婚姻而殉情的悲剧性史诗，是现实主义的不朽之作。

3.目前世界上唯一"活着"的象形文字

东巴文是一种原始的图画象形文字，主要为东巴教徒书写东巴经文之用，故称"东巴文"。纳西话叫"思究鲁究"，意为"木迹石迹"，也就是见木画木、见石画石的意思。东巴文创始于唐代，至今已有一千多年的历史，大约有1400个单字，现仍为东巴（祭司）、研究者和艺术家所使用。当今学者们认为它比巴比伦楔形文字、古埃及圣书文字、中美洲玛雅文字和中国甲骨文字显得更为原始古朴，是目前世界上唯一"活着"的象形文字，被视为全人类的珍贵文化遗产。这种古文字对研究比较文字学和人类文化史具有很高的学术价值，是人类社会文字起源和发展的"活化石"。

随着纳西族社会的发展和民族文化的相互影响，在明末清初，从东巴象形文字演变发展而来的还有一种标音文字，称"哥巴文"。"哥巴"是弟子的意思，"哥巴文"的意思是丁巴什罗后代弟子创造的文字。哥巴文是对东巴文的改造和发展，东巴人也用它写了200来册经书。这种文字笔画简单，一字一音，比象形东巴文进了一步。哥巴文虽有2400多个符号，但重复的较多，常用的只有500多字，标音不标调，同音和近音代替的很多，因此运用不广。纳西族创造了这两种古文字，而且至今还使用它们，这在世界文字发展史上的确是个奇迹。

【百科链接】

学术界的东巴文研究成果

东巴文从20世纪20年代以来，引起了国内外学术界的广泛关注。法国学者巴克是最早研究东巴文的外国学者，他在1913年出版的《么些研究》（么些即今纳西族先民）中，介绍了他在丽江搜集到的370个东巴象形文字。美国学者洛克编有《纳西语英语百科词典》两卷，也对收集研究东巴文字作出了贡献。中国学者李霖灿编著的《么些象形文字字典》，以及由方国瑜编撰、和志武参订的《纳西象形文字谱》等，都代表着东巴文字研究领域的高水平。